KB233984

번역연구

번역연구

번역연구

번역비평의 충실성과 가독성을 중심으로

김명균 지음

머리말

　인터넷이 발달한 현 사회에서 번역의 중요성은 지대하다. 우리가 보는 모든 외국서적과, 전 세계에서 매일매일 일어나는 모든 사건과 기사들이 일반인들에게 읽히는 것은 바로 번역의 힘인 것이다. 번역이 없다면 우리는 얼마나 많은 지식·정보와 동떨어져 생활하게 되겠는가. 이렇듯 번역의 힘은 인류를 발전시키는 중요한 요소인 것이다. 그러나 '번역이란 무엇인가?'라는 질문에 대해 많은 나라들에서는 자국(自國)의 문화적 특징이나 정책에 따라 다르게 이해하고 규정할 수밖에 없다. 고대로부터 활성화된 번역을, 강대국들은 자신의 문화를 약소국에 전달하기 위한 수단으로 활용한 반면, 약소국에서는 자국에 존재하지 않는 강대국의 문화를 받아들이는 매개체로 사용했다. 번역 없이는 자국의 문화가 세계로 전파될 수 없으며, 자국의 문화와 타국의 문화를 연결할 수 있는 매개체가 존재하지 않는 것 또한 사실이다. 즉, 번역은 인류가 서로 공유하면서 살아가는 데 있어 필수불가결한 요소인 것이다. 따라서 번역하는 일은 언어와 전혀 다른 배경을 지닌 사람들을 연결시켜 주는 일이며, 단순하게 한 언어에서 다른 언어로 변환시키는 작업이 아니라 문화까지 전달하는 매개체인 것이다.

　번역에 종사하는 번역자는 번역 시 원저자의 메시지가 포함되어 있는 원문텍스트에 속한 언어와 문화를 번역문텍스트 대상 독자에게 충실히 이해시키기 위해서 의미에 맞게 텍스트를 변형시킨다. 그러나 번역자는 원문텍스트가 전달하고자 하는 의미를 넘어서서 번역해 번역자 자신의 의미를 포함해 전달하는 것 또한 경계해야 한다. 번역의 행위는 번역자 자신의 개념을 번역문텍스트 대상 독자에게 전달하는 것이 아니라 원문텍스트에 함유되어 있는 원저자의 의미를 전달하는 것이기 때문이다. 번역자가 원문텍스트의 언어와 문화를 언어와 문화적인 특성이 전혀 다른 번역문텍스트를 읽는 독자들에게 가독성 있게 잘 이해시키기 위해서 너무 현지화 중심으로 번역을 하면 번역의 범위를 이탈하는 새로운 창작이 될 수 있다. 또한 번역자들은 번역을 할 때 항상 자신의 번역전략을 중심으로 가장 충실한 번역을 염두에 두고 번역에 임해야 한다. 이렇게 충실하면서도 좋은 번역을 하기 위해 번역자가 가장 많이 고려하는 것이 바로 원문텍스트의 충실성과 번역문텍스트의 가독성이다. 번역비평의 양대 축인 '원문텍스트의 충실성'과 '번역문텍스트의 가독성'을 다 고려해서 번역한다는 것이 번역자에게 얼마나 어렵고 힘든 작업이겠는가.

특히 문학적 성격을 문장 전체에 함유하고 있는 문학텍스트의 번역은 다른 텍스트들과는 달리, 원문텍스트와 번역문텍스트 간에 존재하는 언어적 상이함뿐만 아니라 의사소통적인 요소 등 여러 상이한 점들로 인하여 번역문텍스트 독자들에게 제 모습을 확연하게 드러내 외적 명시화하지 않고, 오히려 언어가 만들어 놓은 촘촘한 그물망 속에 내연화되어 있어 더욱더 어렵다. 따라서 이러한 언어적 특성을 가지고 있는 문학작품을 번역하려는 번역자는 원문텍스트와 번역문텍스트에 대한 풍부한 지식을 갖추고 있어야 하는 것은 물론이거니와,

그렇게 내재하고 있는 것을 눈치 채고 외적 명시화하는 능력도 갖추고 있어야 한다. 번역을 평가하는 주된 잣대로 사용하는 '충실성(faithfulness)'과 '가독성(readability)'이라는 두 가지 기준에 대해 문학번역자는 항상 번역전략 수립 시 깊이 숙고해야 할 것이다.

한 작품의 번역이 얼마만큼 완성도를 갖추고 있느냐 하는 번역의 가치평가는 원문텍스트가 전달하고자 하는 바를 번역자가 얼마만큼 이해하였고, 어떠한 부분에 중점을 두어 표현하였는가라는 '비평'의 차원을 벗어나서는 결코 이루어질 수 없는 일이다. 이를 평가하지 않고서는, '충실성'과 '가독성'이라는 번역비평 개념은 사용하는 이가 원하는 바에 따라 얼마든지 다양한 요소로 사용될 수 있으며, 심지어 동일한 번역의 예, 혹은 번역전략을 놓고서도 정반대되는 평가를 할 수 있는 위험요소를 갖게 된다.

번역에 있어서 이러한 어려운 점을 바탕으로 필자는 본 저서에 번역비평에 있어서 충실성과 가독성의 개념을 설명하고 번역의 기본개념과 정의 그리고 번역자가 지향하는 번역전략은 어떠한 것인가에 주안점을 두고 텍스트를 분석하였으며, 번역을 공부하는 이들에게 조그마한 도움을 주기 위해 이 책을 집필하였다. 특히, 기호 간 번역인 원작과 드라마·영화에 대한 각색, 최근 영미 드라마·영화의 자막번역 등 많은 관심을 받고 있는 영상번역에 대한 부분도 영상번역의 이론과 실제를 통해 내용을 정리하였다. 물론 영상번역 중 많은 학생들이 관심을 갖고 있는 애니메이션과 액션영화에 대한 더빙번역·자막번역의 이론과 실제가 빠져 있어 아쉬움이 남으나 이번 출판에 빠져 있는 부분을 중심으로 증보판을 준비할 것이다.

끝으로 이 책을 맡아 출판해주신 한국학술정보(주) 채종준 대표이

사님을 비롯하여 편집 선생님들과 그 밖의 관계자 여러분과 항상 따뜻
한 관심을 보여준 내 사랑하는 가족에게 고마운 마음을 전하고 싶다.

2013년
김명균

∷ CONTENTS

제1장

서 론

번역은 문자가 생긴 이래 오랜 옛날부터 행해져 왔고 지금까지도 계속되고 있는 인류의 보편적 행위이다. 그것은 한 언어권의 문화가 다른 언어권으로 이동할 때 번역이 그 매개체 역할을 담당해왔기 때문이다. 번역은 문화와 문화를 이어주는 가교 역할을 한다. 번역은 고대부터 현재까지 계속 인류와 함께 발전해왔으며[1] 지금도 계속되고 있는 행위이다. 일부 학자들은 언어의 차이와 언어에 반영된 문화의 차이를 지나치게 강조하면서 번역은 불가능하다고 주장하였지만, 어떤 문화권의 언어가 다른 문화권의 언어로 옮겨질 땐 언제나 어떤 형태로든 번역이라는 작업이 행해졌다. 이러한 실제 번역활동은 번역의 이론이나 번역학의 존재 여부와는 상관없이 인류에 의해 끊임없이 이루어졌으며 동시에 발전해왔다. 인류의 발전은 곧 번역의 역사인 것이다. 이집트 고대제국에서부터 현대까지 번역의 역사는 끊임없이

---

1) 최정화, 『통역 번역자에 도전하라』, 넥서스, 2001, p.152.

발전해왔으며, 그러한 발전의 토대하에서 인류를 더욱더 문명화된 세계로 이끌어왔다. 현대의 세계 주요나라에서 번역은 근대사상의 형성과 깊은 관련이 있다. 영국, 독일, 프랑스를 비롯하여 서양은 중세 이래 라틴어로만 통하던 학술용어를 모국어로 고쳐 사용함으로써 독특하고 새로운 근대사상이 싹트는 계기를 이루게 된다. 일본은 1868년 메이지시대에 서양문물을 적극적으로 받아들여서 서양의 전문서적들을 번역함으로써 동양에서 가장 빠른 근대화의 기틀을 마련하였다. 특히 19세기 초 일본의 번역에 대한 열기는 서구 선진문명을 소개해 빨리 배우고자 하는 욕망에서 시작되었지만, 번역에 접근하는 기본자세는 주체적인 학문의식과 언어관에서 비롯되었다. 일본인들은 서양 학문과 과학기술 서적을 번역하되 일본식으로 소화해서 옮겼다. 이에 반하여 한국의 근대화는 서양의 과학기술을 직접적으로 접촉하여 우리나라의 것으로 옮기는 작업[2] 없이 일본의 근대화를 매개로 하여 서구를 중역하는 과정에서 이루어진 것이라고 할 수 있는데, 손쉽게 서양문화를 이식할 수 있었던 편리한 면도 없지 않았지만, 독자적으로 서양문화를 받아들여 우리 나름의 번역어를 만들어낼 기회를 얻지 못한 아쉬움이 남는다. 특히 우리나라 학계에선 번역이 경시되는 경향이 있었는데, 이러한 번역의 의의와 가치에 대한 인식 결여는 자연스럽게 번역자의 책임의식 결여[3]로 이어져 왔다. 번역의 학문적 가

---

2) 최정화, 2001, pp.60~62.

3) 이러한 번역자의 책임의식 결여로 인해 번역의 모든 문제가 발생하기도 한다. 이와 같은 맥락에서 논문 쓰기와 번역의 어려움을 비교한 김용옥의 글은 번역을 지향하는 번역자의 임무가 얼마나 중요한지를 생각할 수 있다. 김용옥은 "논문을 쓰는 일은 그것에 대한 철저한 지식이 없더라도 가능하다. 해석이 안 되는 부분은 슬쩍 넘어갈 수도 있고, 또 책을 다 읽지 않더라도 동사서사(東抄西抄)하여 적당히 일관된 논리의 구색만 갖추면 훌륭한 논문이 될 수도 있다. 허나 번역의 경우는 전혀 이야기가 다르다. 그 작품의 문자 그대로 '완전한' 이해가 없이는 불가능하다. 모르는 부분을 슬쩍 넘어갈 수도 없고, 또 전체에 대한 지식이 없이는 부분의 철저한 해석조차도 불가능하다. 그리고 모든 인용 출전에 대한 완전한 조사를 강요당한다. 그야말로

치, 특히 비중 있는 고전 문학작품에 대한 좋은 번역이 학문 공동체에 기여하는 정도를 감안한다면 원저자의 저서 이상의 가치를 인정받아도 무방할 것이며, 번역을 통해 해당 작품에 대한 인식의 깊이를 더하고 성찰할 수 있는 좋은 기회가 될 것이다.[4]

번역은 원저자가 쓴 원문텍스트의 모든 구성요소를 빠짐없이 번역문텍스트로 전환할 수가 없다. 특히 본 저서에서 다루고자 하는 문학작품일 경우는 원저자의 메시지가 함축되어 있어서 비문학작품 텍스트와는 달리 번역하기가 훨씬 복잡하다. 비문학텍스트의 가장 커다란 특징은 번역자가 그 텍스트에 함축되어 있는 정보의 정확한 전달에 중점을 두면서 번역하는 것이다. 그러나 문학텍스트의 번역은 다른 학술분야 혹은 기술분야의 번역과는 갈라지는 요소도 있고, 그 차이는 어떤 일반론에서도 유효하다. 일로서의 번역을 말할 때도, 문학텍스트의 특수성을 전제하고 이야기하지 않으면 자칫 혼동이 생길 수 있다. 말하자면 발터 벤야민(Walter Benjamin)의 유명한 주장[5]과도 같

에누리 없이 그 번역자의 스칼라십이 완전히 노출된다. 이러한 '노출'을 두려워한 한국 학자들은 여태까지 창조적 '논문'이라는 표절행각에만 분주했던 것이다. 이런 현상은 비단 동양학계에만 국한되지는 않는다고 본다. 이런 문맥에서 해방 후 30년간의 한국학계를 넓은 의미로 '표절의 시대'라 불러 무방할 것이다. 이제 우리는 이 표절의 시대를 청산해야 할 시점에 이른 것이다"라고 논문쓰기와 번역에 대해 비교(최의식, 「문학번역의 이론과 실제-발자크의 『고리오 영감』을 중심으로」, 홍익대학교 대학원, 2008, p.2 재인용)하면서 번역자가 번역 대상독자를 위해 번역하는 것이 얼마나 어려운지를 강조하였다. 즉, 번역자는 번영행위를 함에 있어서 모르는 부분을 슬쩍 생략하거나 삭제하는 행위가 아닌 책임 있는 번역행위를 해야 함을 시사하는 것이다.

4) 최의식, 2008, pp.1~3.

5) 발터 벤야민은 "의미는 결코 개별적 단어나 문장과 같은, 상대적인 독립성에서 찾아지지 않는다. 오히려 의미는 끊임없이 유동(游動)하다가, 때가 되면 모든 다양한 의도의 모드들이 만들이내는 조화 속에서 순수한 언어로서 모습을 나타낸다"라고 주장하였다. 또한 그는 "문학창작과 달리 번역의 자리는 언어의 숲 한가운데 있는 게 아니라 바깥에 서서 숲이 무성한 산마루를 바라보고 있는 곳에 있다. 번역은 숲 속으로 들어가지 않고 숲 속을 향해 외친다. 메아리가 울려 퍼져 낯선 언어로 되어 있는 작품을 자국어로 공명하게 해줄, 바로 그 표적의 한 점을 겨냥하는 것이다"는 비유를 통해서 텍스트의 의미가 번역자의 읽기를 통해 재구축되는 과정의 메커니즘을 훌륭하게 묘사하였다. 또한 칼 러빗(Carl R. Lovitt)은 "번역은 창조가 아니라, 언어적 능력과 지식으로 부족한 상상력을 보충해야 하는 기예다. 핸디캡을 안고 있는 번역의 기지와 한계는 하나의 언어적 창작물에 새겨진 휘발성 관념을 다른 언어로 전유하는 것이다. 언어를 가지고 언어에서 작업

이 문학텍스트에서 전달해야 하는 이른바 의미는 미끄럽고 유동적이고 포착하기 어려운 어떤 것이다.6) 이와 같이 문학텍스트의 번역은 다른 여타 텍스트들과는 달리, 원문텍스트와 번역문텍스트 간의 존재하는 상이한 언어적 체계뿐만 아니라 문화적인 차이 등 여러 상이한 점들로 인하여 원저자가 독자들에게 전하고자 하는 메시지는 쉽사리 제 모습을 확연하게 드러내 보이지 않고 오히려 언어의 촘촘한 그물망 속에 숨어 있기 마련이다. 따라서 이러한 특성을 가지고 있는 문학텍스트를 번역하려는 번역자는 원문텍스트와 번역문텍스트에 대한 풍부한 지식을 갖추고 있어야 하는 것은 물론이거니와, 그렇게 내재하고 있는 것을 눈치채고 표출시키는 능력도 갖추고 있어야 한다. 이러한 특징은 번역을 평가하는 주된 잣대로 사용해왔던 '충실성(faithfulness)'과 '가독성(readability)'이라는 두 가지 기준이 과연 어디에 근거하고 있는 것인지 다시 한 번 생각해볼 여지를 남기는 질문이기도 하다. 한 번역자가 번역을 수행할 때, 혹은 연구자가 번역을 평가할 때 원천텍스트에 대한 충실성을 가장 큰 주안점으로 삼는다면, 이 '충실성'이란 과연 원천텍스트들이 이루는 수많은 요소들 중 어떤 것에 대한 충실함을 가리키는가? 또한 번역문텍스트의 '가독성'을 주안점으로 내세울 때 우리가 그 주체로 삼는 독자의 상, 독자의 '가독' 수준은 무엇을 기준으로 설정되는 것인가? 결국, 한 작품의 번역이 어느 정도의 완성도를 갖추고 있느냐 하는 평가는 원천텍스트가 말하고자 하는 바를 번역자가 얼마만큼 이해하였고, 어디에 중점을 두

하면서 번역은 '언어의 장막 뒤에', 너머에, 앞에 자리한 의미에 도달해야만 한다"라고 언급하면서 번역된 문학텍스트는 원전의 거울상이며, 그로테스크한 도플갱어라고 강조하였다(김선형, 「문학번역의 이론과 실제 그리고 평가-번역자의 입장에서」, 영미문학연구회, 2008, pp.65~66 재인용).

6) 김선형, 2008, p.65.

어 번역하였는가 하는 '비평'의 차원을 벗어나서는 결코 이루어질 수 없는 일이다. 이를 논하지 않고서는 '충실성'과 '가독성'이라는 개념은 사용하는 이가 의미하고자 하는 바에 따라 얼마든지 다양한 기준으로 사용될 수 있으며, 심지어 동일한 번역의 예 혹은 번역전략을 놓고서도 정반대의 평가로 작용할 수 있을 위험을 무릅쓰게 되는 것이다.[7] 번역자는 이러한 번역평가에 있어서 정반대의 평가에 노출되어 있어도 이를 극복할 수 있는 적절한 해결방법을 통해 목표언어로 최대한 살려 번역하는 것 또한 번역자의 임무이다. 모든 번역의 과정을 통해 번역자는 상황에 따라 번역작품의 완성도는 달라진다. 따라서 충실성을 강조하여 동일한 원작품을 번역한다고 해도 번역자에 따라 각각 다른 번역작품이 나오게 되는 것이다.[8]

충실성을 강조하는 번역인식과 관련된 대표적인 예로 『70인역 성경, The Septuagint』[9]에 얽힌 전설을 들을 수 있다. 그 전설은 70여 명의 번역자들은 공동 작업한 것이 아니라 격리된 방에서 구약 전체의 내용을 모두 각각 번역하도록 명령받았는데, 나중에 그 번역들을 대조해보니 놀랍게도 70개의 번역이 모두 한 자의 오차도 없이 동일했다는 내용이다. 물론 이 전설은 아무리 '신적인 절대 메시지'를 전달

---

7) 김희진, 「문학번역의 충실성 개념 재고-『이상한 나라의 앨리스』에 나타난 음성적 언어유희의 한국어와 프랑스어 번역을 중심으로」, 『통번역학연구』, 제13권 2호, 한국외대출판부, 2010, pp.83~84.

8) 송수진, 「토마스 하디의 『더버빌가의 테스』 영한 번역연구」, 성균관대학교 번역대학원, 2002, p.1.

9) 70인역 성서는 현재 전하는 가장 오래된 그리스어역(語譯) 구약성서이며 프톨레미 2세 필라델푸스(Ptolemy II, Philadelphus)왕의 명에 의하여 알렉산드리아에서 70(혹은 72명)의 유대인이 70일(혹은 72일간)에 번역해냈다고 전해지고 있다. 72명의 학자가 이 번역작업에 종사해서 붙여진 이름이다. 본래는 헤브라이어(語) 원전의 '율법' 부분을 가리키는데 초대 그리스도 교회에서는 여기에다 '예언서', '제서(諸書)'의 번역까지 포함시켜서 약기호(略記號)로 LXX라 불렀다. 번역된 고장은 이집트의 알렉산드리아이며 이 지역의 디아스포라·유대인(人)들의 요구에 따라 처음에는 B.C. 3세기 중엽에 '모세 5서(율법서)'가 번역되었고, 그 뒤 약 100년 사이에 현재의 정경(正經)의 거의 전부가 번역되어 나왔다. 성서연구에는 물론, 언어학상으로도 중요한 자료인데, 신약성서의 문체와 사상을 연구하는 데 특히 귀중한 자료이다(출처: http://100.naver.com/100.nhn?docid=149591).

하는 성경이라 할지라도 완전한 허구이다. 번역이란 것이 서로 다른 사람에 의하여 각각 이루어질 경우 절대로 완전히 동일한 번역이 나올 수 없으며, 심지어 동일 번역자에 의한 번역이라 해도 번역할 때마다 그 모습이 달라지는 작업이기 때문이다. 그런데도 이 전설 안에 내포된 신적인 절대 메시지에 대한 믿음은 하나의 진실이 되어 서구 번역의 역사에서 종종 번역자의 발목을 잡는 기준이 되었다. 특히 19세기는 서구의 번역자에서 원전/원문화에 대한 절대 우위를 내세워 충실성을 강조하는 번역태도가 가장 중시되었다. 19세기 이전까지 서구 유럽사회에서 번역은 상대적으로 중요한 문화적 위치를 누리고 있었으며, 번역작업 역시 대부분 학력과 지식을 갖춘 학자 혹은 문인들에 의해 이루어졌다. 번역자의 위치 역시 하락하였으며, 앵무새처럼 원전의 목소리를 되받아 울려주는 단순 언어 전환적 지식만이 번역자의 자질로 요구되었다. 이 과정에서 충실성에 대하여 원전/원작자/원문화를 중심으로 한 번역의 잣대가 또 하나의 새로운 개념으로 마련되게 되는데, 그것이 바로 가독성이다. 번역에 있어서 가독성의 개념은 일반적으로 충실성과는 반대되는 영역의 개념으로 이해되어 왔다. 번역하는 언어(translating language)권 문화의 독자가 읽기 편하도록, 즉 번역하는 언어의 어법과 용법, 그리고 그 문화적 쓰임새에 최대한 맞게 번역할 것을 요구하는 것이기 때문이다. 이런 점에서 가독성은 분명 표면적으로는 대상문화(target culture)권의 독자의 편의와 요구를 우선시하는, 즉 수용자 혹은 독자 중심의 번역인식인 것처럼 보인다. 또한 충실성을 지나치게 강조함으로써 어색하고 생경한 번역투의 문장으로 흐를지 모르는 위험을 견제하기 위한 수단으로 종종 가독성이 내새워지는 것도 바로 이러한 믿음에서 기인한다.[10] 이러한 번역평가(the evaluation of translation) 기준의 주안점은 번역작품 속의 오류와 그 오류의 원인을 원문텍스트와 번역문텍스트를 비교해봄으로써 확인하고 번역자의 번역의 방법과 결정이 적절한지에 대해 밝히는 것이다. 번역평가를 통해 번역자의 언어능력 및 원저자의 메시지의 이해를 통한 작품의 번역능력, 번역자의 번역기준을 살펴볼 수 있고 번역작품의 질적 평가를 내릴 수 있다. 이러한 번역평가를 바탕으로 번역비평(translation criticism)이 이루어진다.[11] 베르너 콜러(Werner Koller)는 번역의 비평에 대해서, "번역비평가는 목표언어 텍스트의 언어·문체 분석을 통해서 번역에 관여하는 언어·문체 자질에 대한 참조사항을 지니게 된다. 그런 자질들의 전체 목록은 물론 출발언어 텍스트 분석에서 출발하여 원본과의 비교를 통해 비로소 확인될 수 있다. 마찬가지로 번역본의 언어·문체 형성에 대한 평가라든가 등가요구의 분석에 대한 평가 그리고 번역목적에 대한 평가 역시 원본과 비교한 후에야 비로소 허용되는 것이다. 단지 번역자의 오류가 명백한 경우에만 출발언어 텍스트와 비교하지 않고서 질에 대한 판단을 할 수 있다"라고 설명한다.[12] 즉, 번역비평가는 번역비평에 있어서 원문텍스트와 번역문텍스트와의 철저한 비교를 통해서 번역의 가치를 평가할 수 있다는 것이다.

본격적인 논의에 앞서 본 저서의 구성은 필자가 지금까지 학회에 발표한 번역 관련 논문과 소설을 영상화한 자막연구 논문들의 중심들인 이론적인 제시를 통해 구성하였음을 밝혀둔다. 본 저서는 참고

---

10) 조성원, 「번역평가 기준으로서의 '충실성'과 '가독성'에 대하여-영미문학연구회 번역평가사업에 대한 소고」, 영미문학연구회, 2007, pp.101~105.

11) 송수진, 2002, p.2.

12) Werner Koller, 『번역학이란 무엇인가』, 박용삼 역, 숭실대학교출판부, 1990, p.284.

문헌을 제외하고 모두 제5장으로 구성되어 있는데, 제1장에서는 서론, 제2장에서는 번역의 개념, 번역등가의 개념 및 문학번역의 개념에 대해 설명을 한다. 제3장에서는 번역의 비평, 충실성의 개념과 가독성의 개념 및 자국화와 이국화의 개념과 텍스트 분석 등에 대해 설명을 한다. 제4장은 학회에서 발표한 논문을 중심으로 관련 이론들을 추가하여 편성하였으며, 제5장에서는 우선적으로 영상번역의 이해를 위해 영상번역의 정의에 대해 살펴보았으며, 기호 간 번역의 이론을 중심으로 원문텍스트를 영상으로 각색한 영화의 충실성과 가독성을 바탕으로 한 자막연구에 대해 설명한다. 특히 본 저서의 제2장과 제3장은 제4장의 논문 형성에 중심을 이루는 번역비평의 양대 축인 충실성과 가독성에 대한 포괄적인 이론을 제시한다. 그리고 제2장과 제3장은 본 저서의 이론적 중심으로서 번역자가 취해야 할 번역전략에 대해 설명하며 번역비평의 큰 중심축인 원문텍스트의 충실성과 번역문텍스트 독자를 위한 가독성의 구성요소 및 개념을 번역학자의 중심이론 등을 통해 설명한다. 제4장에서는 제2장과 제3장의 번역의 이론과 번역비평의 중심개념을 통해 토마스 하디의 『더버빌가의 테스』 5~7종의 번역문텍스트와 루이스 캐럴의 『이상한 나라의 앨리스』 5종의 번역문텍스트를 원문텍스트와 비교하여 충실성과 가독성의 측면에서 분석하여 텍스트 분석의 사례를 통해 설명하고자 한다. 특히, 제4장과 제5장의 번역과 각색 및 자막번역 연구에 관련된 연구논문은 2009년 2월부터 2011년 12월에 신영어영문학회 신영어영문학(2009년 2월), 현대영어영문학회 현대영어영문학(2011년 11월), 대구가톨릭대학교 인문과학연구소(2011년 12월), 대한영어영문학회 영어영문학연구(2009년 8월) 및 한국번역학회 번역학 연구(2009년 9월)에서 발표한 논문을 중심으로 부분적 이론을 추가 재편성하였으며, 주요 충실성과 가독성의 이론과 이론에 따른 텍스트 분석의 내용을 추가해서 편성하였다. 이러한 학술논문의 연계적 발표와 연구과정을 거쳐 충실성과 가독성으로 양분되는 번역이론들이 실제로 우리가 읽는 번역본들에 어떻게 적용되었는지, 어떤 관점으로 평가될 수 있는지 고찰해보기로 한다.

본 저서에서 사용하는 원문텍스트는 '빅토리아시대 문화연구의 일환'으로 영국문학 속에 등장하는 여성의 육체에 대한 당시 사회의 '계급과 젠더' 및 이데올로기 문제와 연관되면서 새로운 방법론의 연구[13]로 활성화되고 있는 토마스 하디(Thomas Hardy, 1840~1928)의 원작소설 『더버빌가의 테스』(Tess of the D'Urbervilles, 1891)[14]와 그 번역문텍스트 5~7종을 분석대상으로 하여 원문텍스트와 번역문텍스트의 비교를 통한 텍스트의 분석을 논의해보고자 한다. 그리고 이와 더불어 특이한 문체적 특성과 풍부한 언어유희 및 "전도적 현실을 표현하고 환상성"[15]을 보여주고 있는 루이스 캐럴(Lewis Carroll)의 작품 『

---

13) 특히 "여성론 비평에서 여성의 육체와 여성의 성(female sexuality)에 대한 당대의 담론들을 다양하게 검토하고 있다. 대표적 연구로 매리 푸비(Mary Poovey)는 당대의 여성 육체에 대한 견해를 대변하는 그레그(W. R. Greg)의 『매춘』과 샬로트 브론테(Charlotte Bronte)의 『제인에어』를 비교하여 빅토리아시대 여성의 성적 욕망이 재현되고 이해되는 방식을 검토하고 있다. 배숙(Allen Bassuk)은 빅토리아조 여성들이 겪었던 각종 신경증들을 분석하면서 여성의 육체에 대한 편견들을 극복하고자 하는 여러 움직임들 속에서 지배 이데올로기의 균열을 볼 수 있다고 주장한다"(장정희, 『토마스 하디와 여성론 비평』, L .I. E, 2007, p.248).

14) "『더버빌가의 테스, 1891』이 부제목은 '토마스 하디에 의히여 충실하게 표현된 한 수결한 여재(A Pure Woman Faithfully Presented by Thomas Hardy)'로서 그 뜻이 매우 깊다. 하디는 이 작품을 연재소설로 발표할 당시에 항의가 빗발쳐서 그 부제목을 제거했다가 단행본으로 출판할 때 다시 되살렸다고 한다. 항의의 이유는 간단하고 명료하다. 가짜 친척 알렉에 의해 정조가 유린되고 사생아도 낳은 테스를 순결한 여자라고 부를 수는 없다는 것이다"(이보영 편저, 『비극적 소설을 중심으로 본 토마스 하디 연구』, 예림기획, 2003, p.200).

15) Rosemary, Jackson, *Fantasy: The Literature of Subversion*, London: Methuen and Co. Ltd., 1981, p.141.

이상한 나라의 앨리스』(Alice in Wonderland, 1865)와 그 번역본 다섯 종을 분석대상으로 하여 아동문학의 영한번역에 나타난 충실성과 가독성에 대한 번역양상을 고찰해보고자 한다. 이러한 연구를 통해 문학번역과 아동문학번역의 역할을 다시 한번 인식해볼 수 있는 계기가 되기를 바란다.

제2장

번역의 이론

1. 번역의 개념

  번역이 무엇인가에 대해서는 동서고금을 막론하고 수많은 사람들이 매우 다양하게 언급해왔을 뿐 아니라 번역은 어떤 것이라고 확실히 규정을 내릴 수 있는 성질의 것도 아니다. 번역이란 말은 한자어 <飜>(날다, 펄럭이다, 돌이키다, 뒤집다, 옮기다)과 <譯>(통변通辯, 즉 통역하다)이 합쳐진 것이다. 영어로 <translation>은 라틴어 동사 <transferre>(한 장소에서 다른 장소로 무엇을 옮기다)의 과거분사 <translatus>에서 유래하였으며 <translatio>와 대응한다.[1] 실질적으로 번역이란 무엇인가 하는 실문에 대하여, 사실상 자국(自國)의 문화적 상황이나 문화성책에 따라 달리 이해되고 규징될 수 있나. 예를 들어 고대 로마인들은 번역을 '자국문화를 풍요롭게 하기 위한 수단으로, 자국민의 활동을 자극하기 위한 원본과의 경쟁으로 승리자의

----

1) 김효중, 『번역학』, 민음사, 1998, pp.17~18.

권리로 낯선 문화적 의미내용을 자국어 안에 포로로 만드는 것'으로
생각했다. 번역은 자국의 문화적 교류의 창구역할도 하는 것으로 이
해되었다. 즉, 번역하는 일은 바로 언어와 기타 여러 가지 배경이 다
른 의사소통의 참여자들을 서로 연계시켜 주는 일이다. 번역은 원문
이 독자적으로 존재하는 것만큼 독자적인 존재이다. 번역은 단순한
의사소통이 아니라 외국어를 흡수하는 모국어의 의미화이다. 번역자
는 외국의 언어와 문화를 자국에 맞게 변형시킨다.[2] 이러한 속성으로
인해 번역이라는 단어 자체는 여러 가지 의미를 갖는다. 즉, 한 분야
로서의 번역, 결과물로서의 번역(번역된 텍스트), 또는 과정으로서의
번역(번역 생산행위로서 번역하기(translating))을 뜻할 수 있다. 두 개
의 다른 언어 사이에서 이루어지는 과정으로서의 번역에서, 번역자는
하나의 언어(원천언어)로 작성된 원문(원천텍스트)을 다른 언어(목표
언어)로 작성된 번역문(목표텍스트)으로 바꾼다. 이런 형태의 번역은
러시아 출신의 미국 언어학자로 프라하학파의 창시자이며 현대 구조
주의 사상에 지대한 영향을 끼친 로만 야콥슨(Roman Jakobson)이 자신
의 기념비적 논문 "On Linguistic Aspects of translation"에서 설명한 번역
의 세 가지 종류 중, "異 언어 간 번역"에 해당한다. 야콥슨이 분류한
번역의 세 가지 종류는 다음과 같다.

> · 동일 언어 간 번역(intralingual translation) 또는는 '바꿔 쓰기
>   (rewording)': '언어기호를 동일 언어의 다른 기호로 해석하는 행위'
> · 異 언어 간 번역(intralingual translation) 또는는 '본원적 의미의 번역
>   (translation proper)': '특정 언어의 언어기호를 다른 언어로 해석하
>   는 행위'

---

2) 남성우, 『통번역의 이해와 수행』, 한국문화사, 2006, pp.10~11.

· 기호 간 번역(intersemiotic translation) 또는 '변환(transmutation)': '언어기호를 비언어적 체계의 기호로 해석하는 행위'

· Intralingual translation, or rewording: an interpretation of verbal signs by means of other signs of the same language.
· Interlingual translation, or translation proper: an interpretation of verbal signs by means of some other language.
· Intersemiotic translation, or transmutation: an interpretation of verbal signs by means of signs of non-verbal sign system.

동일 언어 간 번역은, 예컨대 우리가 이미 발화했거나 글로 쓴 표현 또는 텍스트를 보다 자세히 설명하거나 그 내용을 명확히 하기 위하여, 동일 언어에서 달리 바꿔 쓰는 행위를 일컫는다. 기호 간 번역은 문어텍스트를 음악, 영화, 그림 등으로 변형하여 표현하는 행위를 가리킨다. 그러나 이 중에서도 번역학은 비록 전적으로는 아닐지라도, 거의 대부분 異 언어 간 번역에 초점을 맞춘다.[3] 이러한 번역의 구분을 통해 우리가 생각하는 일반적인 번역의 개념인 異 언어 간 번역이 외국어 교육 및 학습에 활용됐다는 사실은 어쩌면 번역이 왜 그동안 학계에서 종속적 위치에 머물러 있었는지를 일부 설명해줄 수 있을 것이다. 번역연습은 새로운 언어를 학습하는 방법 또는 외국어 원문을 직접 읽을 수 있는 언어능력을 습득하기 전까지 해당 외국어 텍스트를 읽을 수 있도록 하는 방법으로 인식되어 왔다.[4] 결국 번역

---

3) "Intralingual translation would occur, for example, when we rephrase an expression or when we summarize or otherwise rewrite a text in the same language. Intersemiotic translation would occur if a written text were translated, for example, into music, film, or painting. It is Interlingual translation, between two different verbal languages, which is the traditional, although by no means exclusive, focus of translation studies"(Jeremy Munday, *Introducing translation Studies*, Routledge, London and New York, 2008, p.5).

4) Jeremy Munday, 『번역학 입문』, 정연일·남원준 역, 한국외국어대학교출판부, 2006, pp.2~7.

은 "어느 언어로 표현된 텍스트를 의미가 동일한 다른 문자언어로 옮기는 작업이다. 이에는 두 가지 방향의 번역이 있을 수 있다. 하나는 한국어가 아닌 다른 언어의 텍스트를 한국어로 옮기는 작업과 그 반대의 경우, 즉 한국어로 표현된 텍스트를 한국어가 아닌 그 외의 언어로 옮기는 작업을 포함한다. 번역에 대한 이런 정의에는 1) 번역이란 원작의 사상을 완벽하게 기술할 수 있어야 한다는 점, 2) 문체와 글쓰기 방식이 원문의 것과 같은 특성을 가져야 한다는 점, 3) 번역이란 원문이 가진 평이함을 유지해야 한다는 점 등의 속성이 내재되어 있다."[5] 일반적으로 외국어를 모국어로 옮기는 기본적인 작업인 "번역은 인류가 문자를 발명하고부터 시작했고 통역은 그 이전부터 수행해온 일이다. 인류의 다언어성과 그에 따른 의사소통의 문제를 신화적으로 압축한 구약성서 창세기(11장 1~9절)[6]의 바벨탑 건축 이야기는 인류가 고대부터 통역자와 번역자를 필요로 했었던 사실을 알

---

5) 이석규 외 5인, 『우리말답게 번역하기』, 역락, 2002, p.16.

6) 온 세상이 같은 말을 하고 같은 낱말들을 쓰고 있었다. 사람들이 동쪽에서 이주해 오다가 신아르 지방에서 한 벌판을 만나 거기에 자리 잡고 살았다. 그들은 서로 말하였다. "자, 벽돌을 빚어 단단히 구워내자." 그리하여 그들은 돌 대신 벽돌을 쓰고, 진흙 대신 역청을 쓰게 되었다. 그들은 또 말하였다. "자, 성읍을 세우고 꼭대기가 하늘까지 닿는 탑을 세워 이름을 날리자. 그렇게 해서 우리가 온 땅으로 흩어지지 않게 하자." 그러자 주님께서 내려오시어 사람들이 세운 성읍과 탑을 보시고 말씀하셨다. "보라, 저들은 한겨레이고 모두 같은 말을 쓰고 있다. 이것은 그들이 하려는 일의 시작일 뿐, 이제 그들이 하고자 하는 것은 무엇이든 못할 일이 없을 것이다. 자, 우리가 내려가서 그들의 말을 뒤섞어 놓아, 서로 남의 말을 알아듣지 못하게 만들어 버리자." 주님께서는 그들을 거기에서 온 땅으로 흩어 버리셨다. 그래서 그들은 그 성읍을 세우는 일을 그만두었다. 그리하여 그곳의 이름을 바벨이라 하였다. 주님께서 거기에서 온 땅의 말을 뒤섞어 놓으시고, 사람들을 온 땅으로 흩어 버리셨기 때문이다(한국천주교 주교회의성서위원회, 『공동번역 성서』, 한국천주교중앙협의회, 2005, p.13). 이 바벨 이야기가 해답을 줬다기보다는 오히려 더 많은 의문을 불러일으켰는네, 바로 이런 점이 오히려 관심을 끄는 이유 중 하나이다. 문제는 바벨탑 신화 자체가 언어적 통일성에 대한 공격이란 점에 있다. 또한 언어의 통일을 명백히 위험하게 묘사하고 있지만, 그것은 신들의 관점에서 볼 때의 이야기고, 성경 이야기 자체는 신아르 지방에서 살던 주민들, 즉 바벨탑을 쌓다가 자신들의 단일 언어가 흩어지고 혼란해진 탑 건축가들을 독자신과 동일시하도록 슬그머니 부추기고 있다. 한때 모든 사람이 단일 언어를 사용했으며, 언젠가 다시 모두가 에스페란토어나 영어 혹은 어느 언어가 차세대 세계어가 되든지 간에 단일 언어를 사용해야만 한다는 암시가 이야기 속에 숨겨져 있다. 이와 같은 향수에 젖은 소망과 비교하면, 모든 번역이 애처롭게도 부적절해 보여 '번역은 반역'이 되고, 번역자는 반역자가 된다. 번역자가 번역이 필요하기 이전 시대의 원래 상태로 우리를 되돌려 놓을 수는 없기 때문이다(모나 베이커 편집, 『라우트리지 번역학 백과사전』, 한국번역학회 옮김, 한신문화사, 2009, pp.51~52).

려주는 것이기도 하다."[7] 특히 바벨탑에 관한 성경이야기는 오랜 세월 번역자와 번역학도들을 매혹시켰다. 구약성경에 나오는 이 얘기 속에는 단일 언어에서 여러 갈래의 언어로 타락하는 과정이 묘사되어 있는데, 이는 종종 번역 기원의 신화로 읽히고 있다.[8] 이러한 신화적인 부분으로부터 발생한 번역학이 제도권 내에서 종속적인 학문의 분야가 아닌 독자적인 학문으로 인정받고 자신의 학문적 특성을 함유한 고유한 영역을 구축하게 되기까지의 과정을 들여다보면, 기존의 번역연구를 바라보는 번역자 집단의 부정적인 시각이 번역학 성립에 적지 않게 공헌했음을 알 수 있다. 사실 번역학의 성립에 있어서 이러한 종속적이면서 부정적인 시각이 존재하였으나, 태생적으로 번역은 실무가 반드시 포함되어야 하므로 번역학은 직접 작업을 수행하는 과정으로서의 '번역 실무'와 그 결과로 탄생된 결과물에 대한 분석은 물론 이 두 가지 모두에 연계되는 제반 사항들에 대한 '학문'연구까지 망라한다. 번역학은 다른 학문분야에 비해 상대적으로 역사가 오래되지 않았으나 세월을 거듭하면서 더 이상 신생학문이라고 볼 수는 없다. 번역에 대한 우리나라 외국문학 전공자들의 공식적 행보는 상대적으로 외국에 비해 최근에 들어 비교적 늦게 출발된 것이라 볼 수 있다. 그러나 번역학에서조차도 문학번역에 대한 전문적 연구는 번역학 역사에 비해 그렇게 활발하게 이루어지고 있지 못하다. 이는 비단 학문으로서의 번역학 역사뿐 아니라 실무 차원과 출판시장에서 문학번역물이 차지하는 큰 비중을 고려할 때 선분 번역으로서의 문학번역에 대한 관심이 상대적으로 얼마나 저조했는지를 잘 보

---

7) 전헌호, 「번역의 이론」, 『가톨릭사상』, 대구가톨릭대학교출판부 가톨릭사상연구소, vol.29, 2003, p.475.
8) Mona Baker 편집, 2009, p.50.

여준다.[9] 물론 이러한 학문연구를 근간으로 하고 있는 번역학이라는 학문분야가 성립되기 이전부터 번역에 관한 연구는 엄연히 존재하여, 비교문학, 외국어문학, 언어학 등 인문학분야에서 고유한 이론의 틀을 형성하였다. 이러한 인문학의 여러 영역에서 행해진 번역연구들은 번역에 관한 담론에 이론적인 면모를 부여함으로써 번역연구를 더 높은 단계로 도약하게 된 계기가 되었다. 번역학의 탄생과정에서 번역이라는 독특한 유형의 글쓰기를 업으로 삼은 사람들이 한 역할을 돌아보면, 번역학의 존립 여부는 이론과 실천의 존재론적 연결고리에 달려 있음을 새삼 되새기게 된다.[10]

인류가 번역행위를 시작된 이래로 번역이 무엇이며 어떻게 번역을 해야 하는지에 대해 끊임없이 논쟁해왔다. 이러한 번역행위에 대하여 많은 번역이론가들은 ST[11]에 담겨 있는 저자의 메시지를 '충실한 표현'으로 번역을 해야 하는지 TL의 독자가 읽고 이해하기 쉽게 가독성(Readability)을 우선적으로 고려한 '자연스러운 표현'으로 번역을 해야 하는지에 대해서도 아주 오랜 세월 고민해왔다. 키케로(Cicero)는 TT와 ST의 관계에 대해서 "내가 단어 대 단어로만 옮긴다면 그 결과물은 매우 어설프게 보일 것이고, 어쩔 수 없이 필요에 의해 어순이나 어법을 바꾼다고 하면 번역자로서의 역할을 벗어난 것처럼 보일 것이라고 표현했다."[12] 즉, 키케로의 이 말은 번역의 이론에 관한 견해에서 번역자가 번역을 할 경우엔 단어 대 단어(word for word) 식으로

---

9) 류현주, 「문학번역비평-오만과 편견」, 『통번역학연구』, 제13권 1호, 2009, pp.55~56.

10) 정혜용, 「번역비평 규범으로서의 가독성과 충실성 개념」, 프랑스문화예술연구 20집, 2007, pp.327~328.

11) 본 저서에서 쓰는 용어인 출발어(Source Language)는 SL로, 도착어(Target Language)는 TL로, 원문텍스트(Source Text)는 ST로, 번역문텍스트(Translated Text)은 TT로 쓰고자 한다.

12) Susan, Bassnett-McGuire, *Translation Studies*, London: Methuen and Co. Ltd., 1980, p.43.

번역하는 것보다 의미 대 의미(sense for sense)로 번역하는 것이 보다 더 중요하다고 이야기하면서, 번역자는 원문텍스트와 번역문텍스트를 읽는 독자들에 대하여 중대한 책임감[13)]을 가져야 한다는 것을 보여준다.[14)] 번역은 원문텍스트를 번역문텍스트의 독자들의 문화에 맞는 등가작업을 통해서 번역문텍스트 독자가 마치 원문텍스트를 읽는 것과 같은 효과를 누릴 때 최고의 번역이라 한다. 물론 번역의 타당성은 다양하게 묘사되고 정의되어 왔다. 번역이 원문에 '가장 자연스럽게 가까운 등가어'이어야 한다는 시각도 물론 도움이 되기는 하지만 분명 그것만으로 충분한 것은 아니다. 이러한 일반적 시각에 부합하는 것으로 여겨질 수 있는 번역은 여러 방식으로 가능하며, 또 원문과 완전한 등가어임을 자처할 수 있는 번역은 결코 있을 수 없다. 그래서 우리는 번역에 있어서 최적의 등가란 '원어 청자나 독자들이 원문텍스트를 이해하고 받아들이는 방식과 본질적으로 동일하게 목표언어 청자들이 번역텍스트를 이해하고 받아들일 수 있을 정도로 높은 단계에 이른 번역'이라고 평가하고 있으나 서로의 언어와 문화가 다른 경우일수록 더욱 그러하겠지만 번역이 이러한 수준에 이른

---

13) 번역자는 훌륭한 번역물을 생산하기 위해서는 다음과 같은 임무에 충실해야 한다. 번역자의 임무는 1) 번역자는 중재자 역할을 수행한다. 번역자는 원저자의 출발어 텍스트를, 도착어를 사용하는 많은 독자들에게 알려야 하는 중간자적 위치에 있다. 2) 번역자는 조정자 역할을 수행한다. 번역자는 출발어와 도착어 사이에 내재하는 각종 사회적 배경 차이에도 불구하고 출발어 텍스트의 의미를 가능한 한 도착어의 동일한 상황으로 재현해야 한다. 3) 번역자는 완충적 역할을 수행한다. 번역자는 때때로 불완전한 출발어 텍스트를 그대로 옮겨서는 안 되고 번역자의 능력을 최대한 발휘해 의미전달에 문제가 없는 도착어 텍스트로 표현해야 한다. 4) 번역자는 지식전수의 역할을 수행한다. 번역자는 양국의 문화적 차이에서 발생하는 개념차이를 정확히 이해시켜야 하고 충분한 설명이 되도록 노력을 기울여야 하나, 위 네 가지 조건을 갖춘 번역자가 번역한 결과물은 번역자의 임무에 충실한 훌륭한 번역 결과물이라고 할 수 있다. 이러한 번역의 임무를 통해서 번역자가 번역해야 할 대상물을 제대로 이해하고, 그것을 번역문텍스트 독자의 이해를 위해서 제대로 표현해야 올바른 정보전달과 문화교류가 가능함을 의미하는 것이다. 바로 이러한 임무는 번역자가 단순히 중개자 역할만을 수행하는 것이 아니고 새로운 문화를 창조하는 역할을 수행하고 있음을 의미한다(이석규 외 5인, 2002, pp.21~22).

14) 김명균, 「아동문학번역의 충실성과 가독성 연구-루이스 캐롤의 『이상한 나라의 앨리스』를 중심으로」, 신영어영문학, 2009, pp.1~2.

적은 거의 없다. 최하 수준의 등가라 할지라도 '원어 청자나 독자들이 원문텍스트를 이해하고 받아들였을 정도로 목표언어의 청자나 독자들이 이해하고 받아들이는 데는 충분한 등가'라고 평가할 수 있을 것이다.[15] 특히 문학텍스트를 훌륭하게 번역하기 위해서는 언어의 미학적 요소들에 관한 감수성을 지녀야 할 뿐만 아니라 가장 근접한 등가어를 자연스럽게 만들어내는 번역기술도 지녀야 한다. 모든 분야에 있어서 다 그렇듯이 이 번역의 기술 역시 연습을 통해 발전되고 개선될 수 있는 것이다. 번역과정 역시 하나의 과학적인 방식으로 철저하게 고찰될 수 있지만, 사실 하나의 제품생산 과정으로서 번역은 그 산물이 만족할 만한 것이기 위해서는 언어학, 문화인류학, 심리학, 소통 이론 같은 많은 분야에 의거해야만 하는 기술이다.[16] 이러한 번역기술을 연마한 번역자가 생각하는 최고의 목표는 품질이 좋은 번역텍스트의 생산이다. 그러나 최고 품질의 번역텍스트를 생산하기 위해서 모든 번역텍스트에 적용되는 단 하나의 규범적인 번역의 방법이란 존재하지 않는다. 하나의 원문텍스트가 번역의 대상으로 선정되어 목표텍스트를 읽는 독자에게 적합한 목표텍스트로 생산되기까지는 매우 다양한 요소의 상호작용이 이루어져야 하기 때문이다. 이러한 요소들의 상호작용을 고려한 번역자의 최종 번역전략에 따라 어느 한 가지 번역방법이 채택될 수도 있고, 두 가지 이상의 번역방법이 하나의 텍스트에 함께 적용될 수도 있다. 따라서 '번역자는 어떤 특정의 방법을 선택해서 번역해야 한다.'[17] 즉, 번역자는 본인이 추구

---

15) Eugene A. Nida, 『언어 간 의사소통의 사회언어학』, 송태효 역, 고려대학교출판부, 2002, p.106.
16) Eugene A. Nida, 2002, p.65.
17) 이근희, 『번역의 이론과 실제』, 한국문화사, 2005, p.87.

하는 번역의 방법을 택해 완전한 등가작업을 이루는 최고의 번역작
품을 생산해내는 것도 번역자의 중대한 사명 중의 하나이다. 이러한
번역자의 완전한 작품을 통해서 번역문텍스트 독자들은 원문텍스트
저자가 전하고자 하는 의미를 정확히 파악할 수 있기 때문이다.

2. 등가[18]의 개념

　번역자들이 추구하는 최고의 번역은 완벽한 또는 최적의 등가어를 찾아 원문텍스트의 의미를 목표텍스트 독자들의 문화에 맞는 도착어로 옮기는 것 이다. 즉, 번역등가의 개념은 번역학의 가장 중요한 축이며, 그러한 번역학의 핵심인 등가개념을 정의 내리기는 쉽지가 않다. 특히 등가어의 선택은 전적으로 번역자의 재량에 달려 있으며 확연히 드러난 객관적인 기준이 정해지지 않아서 번역자 스스로도 객관적인 기준에 준하여 해법을 내리기가 쉽지 않다. 따라서 번역행위는 컵에 물을 찰랑찰랑 가득 차게 따르는 행위와 같다. 지나치게 '아전인수격'으로 텍스트를 '확대 해석'해서 물이 컵 밖으로 넘쳐흐르게 해서는 안 된다. 그렇다고 소위 출발어에 '달라붙어' 외국어와 외국어 간의 일대일 대응으로 전락해서는 더더욱 안 될 것이다.[19] 그러나 번역자들이 원문텍스트의 의미를 손상하지 않고 완벽하게 도착어로 전달하는 것도 결코 쉽지 않은 작업이다. 이러한 완벽한 번역행위를 추구하는 번역자들의 끊임없는 작업은 등가를 찾는 작업이라고 해도 과언이 아니다. 번역자는 두 가지 방식으로 번역을 수행할 수 있다. 하나는 한 언어를 단순히 다른 언어로 대체하는 작업으로, 두 언어 간에 이미 설정되어 있는 기존의 어휘적, 구문적 대응어

---

18) '등가'(equivalence)란 원문텍스트의 텍스트성이 훼손되지 않고 도착어텍스트로 재현되었음을 의미한다. 텍스트성이 훼손되지 않고 재현되었다는 것은 하나하나의 단어나 문장이 그대로 옮겨졌다는 것을 의미하지는 않는다. 만약에 원문텍스트와 도착어텍스트가 하나하나의 단어나 문장, 또는 그 이상의 언어 단위에서 일대일 관계를 맺고 있다면 그것은 '대응관계'가 성립됨을 의미한다. 이러한 대응관계는 번역자의 생각대로 쉽게 이루어지지는 않는다. 그렇기 때문에 번역에서는 '등가'라는 개념이 중요하다(이석규 외 5인, 2002, p.36).

19) 최정화, 『통역번역입문』, 신론사, 1998, p.110.

를 그대로 사용하는 방법이다. 또 다른 한 가지 방법은 주어진 상황을 머릿속으로 그려보고 텍스트의 '의미'를 찾아낸 다음, 이를 도착어의 관용적 표현을 사용하여 등가어로 표현하는 것이다. 그런데 번역자가 실제로 번역을 할 때는 위의 두 가지 방법을 모두 동원하게 된다. 한편으로는 원문의 내용과 동일한 것을 지시하는 언어들을 도착어에서 찾게 되고, 다른 한편으로는 원문과 동일한 의미를 나타내는 등가어를 스스로 창출해간다. 대응어는 번역에서 유용한 것이다. 그러나 번역의 과정에서 대응어가 차지하는 비중을 명확히 규정할 필요가 있다. 번역의 목적이 같은 대상을 지칭하는 것이 아니라, 같은 사고를 지칭하는 것이 되는 순간부터 등가어의 중요성은 커지게 된다. 텍스트는 동일한 사고만을 반복해서 담지 않으므로, 텍스트에 담긴 사고를 지칭하는 등가어 또한 반복될 수 없으며 번역의 매 순간 새로이 만들어져야 한다.[20]

1970년대만 해도 번역은 언어학의 하위분야, 보다 구체적으로는 응용언어학의 하위분야로 인식되었다. 언어학을 토대로 번역에 접근한 학자들은 번역을 전적으로 언어적인 현상으로 간주하였으며 대체로 '원문과 등가의 텍스트를 생산해내는 것'으로 번역작업을 정의하였다. '등가(等價, equivalence)' 개념은 여러 학자들이 번역을 정의하기 위해 사용한 개념이지만, 학자별로 그 의미는 조금씩 다르게 정의되어 있다. 등가라 함은 말 그대로 '동일한 가치를 지닌다'는 의미이다. 번역이란 원문텍스트와 다른 목표텍스트로 원문이 지닌 동일한 가치를 지닌 텍스트를 생산해내는 것이라고 정의된 것이다. 번역자는 표현과

---

20) Fortunato, Isra ë l, 『통번역과 등가』, 이향·편혜원·김도훈 역, 한국문화사, 2004. p.16.

정에서 출발어와 도착어의 차이로 인해 생기는 언어적 제약을 벗어나 도착어의 모든 묘미와 가능성을 제대로 살려야 한다. 이를 위해 출발어 고유의 문법적 특성이나 단어배열의 질서는 도착어로 의미를 표현하는 과정에서 도착어의 틀로 녹여야 한다. 이를 위해서는 다양한 번역의 기준이 필요하다. 이후 많은 학자들이 최적의 번역기준[21]을 만들기 위해 다양한 종류의 등가개념을 제시하였다.[22] 대표적인 등가개념을 주장한 학자들을 알아보면 독일의 라이프찌이학파의 카데(Kade)는 번역등가를 완전등가(1 : 1), 수의적 등가(1 : 다수), 근사등가(1 : 부분), 영등가(1 : 0) 등 단어 차원 수준에 초점이 맞추어진 네 가지 체계의 등가개념을 설정했다. 그의 등가개념은 모든 언어체계는 구체적 텍스트 계층에서 동일하게 실현된다는 묵시적 가정에 근거를 두기 때문에 그의 양적 등가개념 체계는 언어사용의 특수한 경우, 즉 문학작품의 번역에는 적합하지 않다. 한편, 그는 잠재적 등가[23]를 설정함으로써 자기 이론의 결점을 보완하려고 했다. 노이버트(Neubert)는 번역의 단위를 단어가 아니고 전체의 텍스트로 보고 비교의 기준으로써 불변체[24]의 개념을 설정했다. 그의 이론에 의하면 언어사용을 지배하는 기호란 어떤 커뮤니케이션적 상황에서도 기대되는 특정의 텍스트 유형이며 또한 이러한 텍스트 유형이 원어의 불변체이

---

21) 최적의 번역의 기준을 위해 르드레르(M. Leaderer, 1994)는 콜러(W. Koller, 1992)의 저서를 인용하면서 5가지 기준을 제시하였다. (1) 번역은 원문이 비언어적 현실에 대해 주고 있는 정보를 전달해야 한다. (2) 번역은 (원문의) 문체를 살려야 한다. (3) 번역은 원문의 장르를 고려해 이루어져야 한다. (4) 번역은 독자가 이해할 수 있도록 독자의 지식에 맞춰져야 한다. (5) 마지막으로 번역문의 표현을 통해 원문이 주는 언어미학적 효과와 동일한 효과가 나야한다(이석규 외 5인, 2002, pp.30~31).

22) 이향, 『번역이란 무엇인가』, 살림, 2008, p.14.

23) 잠재적 등가개념이란 예를 들면, 특히 개념상으로 일치가 될 수 없는 문화와 관련되는 용어를 해석할 때 번역자 자신이 최적의 등가를 찾아내는 것을 의미한다.

24) 불변체란 원문텍스트에 기초를 둔 텍스트 유형을 일컫는다.

다.[25] 유진 나이다(Eugene A. Nida)는 형태적 등가(formal equivalence)[26] 와 동태적 등가(dynamic equivalence)[27]를 제시한다.[28] 캣포드(Catford)는 등가개념에 대하여 다음과 같이 정의를 내린다.

> 만약 원어텍스트와 역어텍스트가 주어진 상황에서 서로 교환될 수 있다면, 역어텍스트 또는 항목은 원어의 총체적인 번역의 관점에서 번역등가이다. 이것이 바로 번역등가가 거의 언제나 문장 차원에서 수립될 수 있는 이유인 것이다. 문장이란 상황 내에서 말하기 기능과 가장 직접적인 관계를 갖는 문법단위이다.

그는 형식적 등가(formal correspondence)와 텍스트적 등가(textual equivalence)로 구분하여 등가개념을 설명하는데, 전자는 주어진 원어범주-단위, 품사, 구조-가 원어체계에서 차지하고 있는 위치와 똑같은 위치를 역어범주가 역어체계에서 차지하고 있을 때 이 둘 사이에 성립하는 등가관계를 가리키고, 후자는 주어진 원어텍스트(혹은 그 일부)와 그에 대한 역어텍스트(혹은 그 일부)가 이루는 등가관계를 가리킨다. 이때 전자는 랑그 차원에서, 후자는 파롤 차원에서 다뤄진다는 점

---

25) 김효중, 『새로운 번역을 위한 패러다임』, 푸른사상, 2004, pp.186~187.

26) 형태적 등가는 ST 구조를 지향한 번역이라는 것을 알 수 있다. 이때, ST 구조는 번역의 정확성(accuracy)과 적확성(correctness)을 가늠하는 중요한 잣대가 되며, 이런 번역의 가장 전형적인 예로 '역주(譯註)를 첨가하는 방식의 번역(gloss translation)'이 있다. 이런 번역에서는, ST 구조에 최대한 근접하도록 번역하는 대신, 역주를 첨가하여 설명함으로써, 학술서(이런 번역을 많이 사용) 등을 읽는 학생이 SL의 언어, 문화, 관습에 최대한 가까이 길 수 있도록 한다.

27) 동태적 등가는 이른바 '효과의 등가원칙(principle of equivalence effect)'에 바탕을 두고 있으며, 번역의 '수용자와 메시지 사이의 관계는, 원문의 수용자와 메시지 사이의 관계와 근본적으로 동일해야 한다.' 이때, 번역문의 메시지는 수용자와 언어적 필요(linguistic needs)와 문화적 기대(cultural expectation)에 부합해야 하고, '전적으로 자연스러운 표현을 목표로 한다.' 여기서 알 수 있듯, 나이다는 번역이 갖추어야 할 필수요건으로 '자연스러움(naturalness)'을 꼽았는데, 특히 동태적 등가의 목표는 '원천언어 메시지와 가장 기깝게 지연스리운 등가(the closest natural equivalent to the source-language message)'를 찾는 것이라 정의하기도 한다.

28) Jeremy Munday, 2006, pp.53~54.

에서 구분되는데, 캣포드는 번역에 있어서 상황적 요소를 강조하는 것과 같은 맥락에서 랑그보다는 파롤 차원에서의 등가, 즉 텍스트적 등가의 실현이 번역의 궁극적 목표가 되어야 한다고 주장한다.[29] 제이콥슨은 다른 언어들 간에 의미의 등가(equivalence in meaning)라는 껄끄러운 문제를 다루는데, 그는 '기호단위(codeunits) 간의 완전한 등가는 일반적으로 없다'고 지적한다. 제이콥슨이 기술한 바에 따르면, 異 언어 간 번역은 '한 언어의 메시지를 개별기호 단위가 아닌, 다른 언어의 메시지 전체로 대체'하는 것이다. 즉, 번역자는 다른 원천으로부터 받은 메시지를 다시 기호화(recode)하여 전달한다. 따라서 번역에서는 등가를 이루는 두 개의 메시지가 두 개의 다른 코드로 존재한다. 다시 말해, ST와 TT에서 메시지가 '등가를 이루는(equivalent)' 경우에도, 이는 이들이 실재를 달리 구획하는(영어의 'cheese'/러시아어의 'syr'처럼) 서로 다른 두 개의 기호체계(즉, 다른 언어)에 속하기 때문이다. 언어학적, 기호학적 시각에서 볼 때, 제이콥슨은 오늘날 잘 알려진 정의, 즉 '언어 간의 등가는 언어의 중요한 문제요, 언어학의 핵심적 연구대상이다'에 따라 등가의 문제에 접근한다. 따라서 제이콥슨은 의미와 등가의 문제를 논하면서, 다른 언어에서 쓰인 메시지를 제대로 전달하지 못하는 언어의 한계가 아닌, 언어 간에 존재하는 구조와 용어상의 차이에 주목한다. 이외 등가에 관한 중요한 연구로는 하이델베르크와 베르겐에서 연구활동을 한 베르너 콜러(Werner Koller)의 다섯 가지 유형인 지시적 등가(denotative equivalence), 내포적 등가(connotative equivalence), 텍스트 규범적 등가(text-normative equivalence), 화용론적 등

---

29) 한인경, 「번역에서의 등가에 대한 연구-그 개념과 구현양상을 중심으로」, 서울대학교대학원 석사학위논문, 2000, pp.14~15 재인용.

가(pragmatic equivalence) 및 형태적 등가(formal equivalence)30)를 두 개의 다른 언어체계를 비교하고 양자 간의 유사점과 차이점을 대조적으로 기술하는 대조 언어학의 대응의 개념과 구별하여 기술하였다.31) 포포비치(Popovič)는 번역의 등가를 정의하면서 그 유형을 언어적 등가, 어형 변화적 등가, 문체적(번역적) 등가, 텍스트적 등가32) 네 가지로 구분한다.33) 이렇듯 학자들이 오늘날에 이르기까지 번역에 대한 논의를 지배해온 핵심적 개념인 '등가'는 어떻게 보면 번역의 정의라기보다는 번역이 지향해야 할 바를 설명하는 개념으로, 한국어 사전에서 단순히 '다른 언어로 옮기는' 것으로 정의되었던 번역작업의 성격이 보다 구체화되었음을 감지할 수 있다.34) 등가개념 자체가 번역, 텍스트, 독자의 특수성 등에 연관되어 있고 등가성립의 조건에 있어서도 학자 혹은 번역자에 따라 상당히 다양한 기준을 적용하기 때문이다. 번역에서의 등가에 대한 여러 논의들은 다음의 세 가지 관점으로 정리될 수 있다. 첫째, 등가는 번역에 있어서 필수적인 조건이라는 관점이다. 이러한 관점에서 볼 때 등가관계(equivalence relation)는 번역이론의 기반이 되는 핵심적 개념으로, 모든 번역행위의 궁극적인 목표는 이러한 등가

---

30) 콜러의 형태적 등가는 텍스트의 형태와 미(美)와 관련되며, ST에서의 언어유희(word play)와 개별적인 문체론적 특징을 포함한다. 여타 문헌에서는 '표현적 등가(expressive equivalence)'라 칭하며, 나이다의 형태적 등가와는 다르므로 혼동해서는 안 된다.

31) Jeremy Munday, 2006, pp.46~61.

32) 언어적 등가: 출발언어 텍스트와 도착언어 텍스트의 언어적 수준에 동질성이 있는 경우로 단어 대 단어의 일대일 번역을 말한다. 이형 변화적 등가: 어형 변화적 표현 축을 구성하는 요소들, 즉 문법의 요소들에 등가가 있는 경우로서 포포비치는 이것을 어휘적 등가보다 한 단계 높은 범주로 간주한다. 문체적(번역적) 등가: 원문과 번역문에 요소들의 기능적 등가가 있는 경우로, 언제나 불변하는 동일한 의미와 표현상의 일치를 목표로 삼는다. 텍스트적(통어적) 등가: 텍스트의 통어적 구조에 등가가 있는 경우로 형식과 형태의 등가를 가리킨다.

33) Susan, Bassnett-Mcguire, 『번역이란 무엇인가』, 김지원·이근희 역, 한신문화사, 2004, pp.56~57.

34) 이향, 2008, p.15.

의 구현에 있다고 본다. 둘째, 등가는 번역행위에 있어서 고려의 대상이 되지 못하며, 심지어는 등가개념이 존재함으로 인해 번역에 상당한 악영향을 미친다는 관점이 있다. 셋째, 위의 양극단 견해와는 달리 중도적 입장에서 등가를 바라보는 논의들이 있다. 이 경우 등가라는 것은 번역활동을 평가하는 가치적 개념이 아니라 번역을 기술하는 방법상에 있어 유용한 카테고리로 인식된다. 등가는 원어와 역어의 고정된 언어 체계적 관점이 아닌 역동적인 의사소통적 관점에서 고찰되며 이는 두 텍스트 사이에 존재하는 '실용적 동등성'을 의미한다. 즉, 형식적인 유사함보다는 언어의 표현관계나 기능과 같은 언어외적 요인에 기초를 둔 개념으로 역어의 내용, 형태, 문체, 기능 등이 원어의 그것과 일치할 때 성립된다.

번역의 정의와 등가의 정의에서 언급하였듯이 번역에서의 최적의 등가작업은 원어텍스트의 의사소통적 상황에서 의도된 형태, 의미 및 문체적 자질 등을 역어텍스트에서 재현하는 것이다. 그러나 실제 번역과정에서 볼 때 의미적 측면에서든 효과적 측면에서든 동일성의 의미에서 번역의 등가성을 따르는 것은 완벽한 번역물, 즉 '원어 편향성과 역어 편향성을 양극으로 하는 스펙드럼'의 중간지점에 위치한 이상적인 번역이 가능하다는 환상을 갖게 될 뿐이며, 실제로는 원어로부터 역어로의 전이과정에는 완벽한 일치란 존재할 수 없는 것이 번역의 현실이다.[35] 이런 관점에서 번역은 또 다른 창조 작업임에 이론의 여지가 없다. 표현을 위한 실질적인 방법은 번역자에 따라, 그리고 대상 텍스트에 따라 다르게 나타날 수 있다. 그리고 한 텍스트

---

35) 한인경, 2000, pp.12~22.

에 대해 같은 의미를 전달하는 여러 개의 표현이 가능할 수도 있다. 번역작업이 언어적 차원의 일대일 대응이라면 한 텍스트에 대해 하나의 번역만이 가능할 것이다. 그러나 번역의 정의에서도 언급하였듯이 번역은 한 언어에서 다른 언어로 의미를 전달하는 것이고, 이 전달과정에서 외국어텍스트를 읽는 독자에게 나타나는 효과와 똑같은 효과가 번역텍스트의 독자에게 나타나면 된다. 이를 위해서 의미의 등가뿐만 아니라 표현의 등가까지 보장되어야 함은 물론이다.[36] 이러한 번역의 속성상 모든 번역자는 최적의 등가작업을 거쳐 완벽한 번역을 추구하는 과정에 있는 것이다.

---

36) 최정화, 1998, p.110.

3. 문학번역의 개념

문학작품은 고대로부터 현재에 이르기까지 번역의 주요한 대상이 되어왔다. 20세기에 들어 서로 다른 언어를 사용하는 국가 간의 접촉이 다면화되고 빈번해지면서 번역 대상이 되는 텍스트는 점차 문학에서 문학 외적인 텍스트, 실용적 텍스트의 방향으로 그 중심을 옮겨가고 있지만, 그럼에도 불구하고 문학텍스트의 번역은 아직 번역의 주된 분야를 이루고 있다.[37] "문학번역은 인간사회에서 의사소통의 중요한 부분 중의 한 부분이며,"[38] 문학작품이 해당 사회를 이해하고 민족과 언어공동체의 문화를 받아들이는 데에 있어서 매우 중요한 역할을 한다는 사실은 굳이 강조할 필요가 없을 것이다. 문학작품 속에는 작가가 창조해낸 미학적 세계 속에 해당 사회구성원들이 가지고 있는 가치관, 삶의 방식, 사고체계, 역사적 경험 등이 가지를 치고 서로 얽혀 있다. 문학이 상상력과 문체 속에 어우러진 작가의 독창적 작품세계뿐 아니라 문화적 가치를 투영하는 가장 중요한 통로 중 하나임은 부인할 수 없는 사실이다. 서로 다른 문화와의 소통의 창구를 마련하는 데에 있어서 문학번역이 중요한 역할을 할 수밖에 없는 이유도 여기에 있다. 한 나라의 문학이 그 나라의 문화와 문화적 특징들을 가지고 다른 세계에 알려지는 데 가장 중요한 역할을 수행하는 것이 바로 번역이다.[39] 이러한 상황에서 번역의 중요성은 마땅히 강조되어야 하며 번역은 세계를 향한 문화의 창이라 할 수 있다. 새로

---

37) 이은숙, 「문학번역평가에 대한 고찰: 충실성을 중심으로」, 『통역과 번역』, 제13권 2호, 2011, p.110.

38) Brian Nelson, "Preface: Translation Lost and Found", Australian Journal of French Studies, Victoria: Jan-Apr 2009, Vol. 47, Iss.1, p.3.

39) 이혜승, 「외국인에 의한 한국 문학번역 고찰」, 『통역과 번역』, 제12권 1호, 2010, pp.199~200.

운 학문, 문화, 사상, 기술, 문학 등은 대부분 타 언어권에서 번역을 통해서 유입되는데, 번역은 문화유입의 가장 자연스러운 방법일 뿐만 아니라 경제적 방법이기도 하다. 최근 우리나라에는 세계화와 정보화의 시대라는 現 시류에 편승하여 세계 각지에서 매일 수없이 많은 번역물이 홍수처럼 범람하고 있다. 바쁘게 살아가는 요즘 현대인이 경쟁시대에 살아남기 위해 새로운 지식을 습득하는 방법 중의 하나가 번역물이며, 이러한 번역물의 생명은 신속함과 정확함에 있다. 그러나 간과할 수 없는 사실은 너무나 많은 오역과 번역물이 양산되고 있다는 사실이다. 독자를 현혹시키고 잘못된 정보를 접하게 되는 오역된 번역물은 인간의 지적 활동에 심각한 영향을 끼친다. 현대 인류는 물질문명의 안이함에 젖어 물질만능주의를 추구하고 있는 경향이 짙다. 따라서 전통적 가치관은 전도되고 인간 중심의 인본주의는 무너졌다. 이러한 상황에서 인간성을 승화시키기 위해서 문학작품은 중요한 역할을 한다. 문학작품 번역의 필요성은 바로 여기에 있다. 번역은 원문텍스트를 이해, 분석하고 번역등가를 찾아서 원문텍스트에 상응하는 번역문텍스트를 생성하는 창조적 활동이다.[40] 이러한 번역의 등가작업을 통해서 번역문텍스트를 생성하는 창조적인 활동인 번역작업은 엄밀한 의미에서는 불가능하나 과거부터 이뤄지고 있다. 문제의 핵심은 최적의 번역을 하는 데 있으므로 문학작품의 번역방법론[41]이 논의될 수밖에 없다.

---

40) 김효중, 2004, pp.126~127.

41) 문학작품의 번역방법 중 최초의 번역방법인 행간번역방법–원문의 단어에 상응하는 역문의 단어를 써넣는 번역방법이지만 직역은 이보다 진보한 방법으로서 역어의 문법에 맞게 단어를 배열한 번역방법–은 문학 작품이나 싱서번억에 석봉되었다. 이러한 번역방법은 어느 시대나 가능하지만 원문텍스트와 비교해서 질적으로 낮은 수준의 번역이기 때문에 원시적 방법이라고 불린다. 이 방법은 원어의 단어나 단어의 일부분을 역어로 대치시킴으로써 번역자의 원어와 역어에 관한 불충분한 지식을 은폐하게 했다. 기원전 1세기에

번역이란 원문의 모든 요소를 그대로 번역문에 나타내주어야 하는데, 이것은 불가능하므로 최적의 등가를 찾는 것이 중요하다. 특히, 문학텍스트는 미학적 작용을 가장 중요시하는데 여기에 번역의 어려움이 따른다. 그래서 표현형식의 원칙이 고려되어야 하고 그 원칙에 따라 그와 비슷한 미적 작용을 일으키는 번역문의 등가를 찾아야 한다. 이러한 미학적 특성을 고려한 번역인 문학번역의 중요성은 더욱더 중요시된다. 그러나 문학이론서에서 취급되는 작품은 문제작인 경우가 많으므로 문학이론서를 번역할 때 작품번역에 있어서 각별한 주의를 요한다. 그리고 문학이론이 전개되는 과정에서 인용되는 작품의 단 몇 줄이라도 신중히 고려하여 번역해야 한다. 따라서 문학작품 번역에 관한 이론도 아울러 깊이 섭렵할 필요가 있다.[42] 이렇듯 역사를 거듭하여 번역에 관한 논의는 충실성으로 집결되며 번역자가 엄격하게 글자 그대로의 번역을 해야 하느냐 아니면 텍스트가 말하고자 하는 바를 따르면 되느냐의 문제가 논란의 대상이 되어왔다. 텍스트의 유형별로 볼 때 기술번역은 전자에 속하고 문학번역은 후자에

키케로는 그 당시까지 가장 권위가 있었던 행간번역방법의 독단적 견해에서 벗어나 단어의미에 '충실한 번역(직역)'과 '자유스런 번역(의역)'의 이분법적 번역방법을 도입했다. 그러나 그는 자유스런 번역이론을 일관성 있게 주장한 것은 아니며 철학적 텍스트의 번역에서는 축어적 번역방법을 사용했다. 고대 번역 이론의 대표자인 키케로(Cicero)와 히에로니무스(Hieronymus)는 가장 오래된 번역의 이분법인 '자유스러운 번역/충실한 번역'을 도입했다. 히에로니무스는 단어의 위치 그 자체가 이미 불가사의한 성서를 축어역이 아니고 의역했다. 이외에도 '번역에는 두 원칙이 있다. 그 하나는 작가가 우리들의 작가로 여겨지도록 그를 우리들에게 다가오게 하는 방법이고 다른 하나는 이에 반해서 우리가 외국인에게로 다가가서 그의 상태, 어법, 특성을 발견하도록 하는 방법이다'라고 빌란트의 서거 추도사에 밝힌 괴테에게는 '친숙하게 하기'의 방법이 자연스러운 번역방법이었고 반면에 쉴라이마허(Schleiermacher)를 위해서는 '낯설게 하기'의 방법이 유일한 방법이었다. 쉴라이마허는 이러한 번역방법을 주장했을 뿐만 아니라 플라톤 번역에 이 방법을 적용했는데, 직역 혹은 의역이라는 극단적인 방법을 피하여 외국화 혹은 독일화해야 한다고 하면서 융통성 있는 번역방법을 제시했다. 드라이든은 의역(paraphrase)의 번역방법을 균형 있는 방법으로 간주했다. 즉, 시를 번역하려면 번역자는 시인이어야 하고 양 국어에 능통해야 하며 원저자의 정신이나 성격을 이해해야 한다고 생각했다. 드라이든은 번역자를 초상화가에 비유하였는데, 이 비유는 17세기뿐만 아니라 18세기에 이르기까지 자주 거론되었다(김효중, 2004, pp.133~150).

42) 김효중, 1998, pp.273~276.

속하므로 의역을 주로 하게 되는 문학번역에서 어느 정도의 자유로움이 허용되며 자유로움의 가능성에 있어 번역자가 어느 정도까지 자유롭게 번역할 수 있느냐의 문제가 제기된다. 또한 번역자가 문학성이 높은 작품을 번역하고자 할 때 작가의 문체와 문학성을 훼손하지 않기 위해 직역을 해야만 하느냐 아니면 이들을 희생하더라도 자연스러운 번역을 해야 하느냐의 딜레마에 빠지게 된다. 주로 출판사의 주도로 이루어지는 문학번역에서는 다양한 독자층으로 인해 자연스러운 번역을 선호하며 원작들의 메시지를 살리되 문체 면에서는 자연스러운 번역을 하고 있다. 문학번역에서 번역자가 누리는 자유의 범위가 넓다 해도 원문텍스트의 효과를 번역문텍스트의 독자에게 동일하게 일으키는 것 또한 번역자의 의무로 간주된다.[43] 이러한 번역자의 의무는 항상 번역에 임하는 번역자를 무겁게 짓누른다.

모든 번역 가운데 정보나 의사전달의 목적보다 언어의 외적 표현을 중시하고 형식을 강조하는 문학작품 텍스트의 번역에서는 언어철학적, 미학적, 해석학적, 문체론적 문제가 우선적으로 고려되어야 하기 때문에 문학작품 번역은 다른 장르의 번역보다는 극히 어려운 작업이다. 원저자의 메시지가 함유되어 있는 문학작품 번역에서는 언어학적 의미에서 이미 복잡하게 구조화된 문학성을 구성하는 언어적 자료 또는 언어적 장치가 재조직되기 때문에 한층 더 고차원의 복잡한 기호학적 체계가 형성된다. 동일한 내용을 가신 텍스트라 하더라도 그것을 번역하는 번역사마다 가기 다른 반응을 보이는데, 그 까닭은 번역자의 세계관이 서로 다르기 때문이다. 문학작품의 미학적 분

---

43) 변선희, 「문학번역의 열린 특성」, 『통역번역연구소 논문집』, 제6집, 2002, pp.89~90.

석목적은 가치관의 본질적 기준을 확정하는 데 있다. 번역의 미학적 본질은 다른 모든 예술에서와 같이 가치범주에 의해서 결정된다. 표현예술의 발전과정에서는 재생의 규범(올바른 이해, 즉 진실성에 대한 욕구)과 예술성의 규범(미에 대한 욕구)이 가장 중시된다. 그러므로 번역작업에서 이러한 본질적인 미학적 반명제는 번역의 충실성(직역)과 자유성(의역)으로 구현된다. 충실한 번역방법의 주목적은 원문의 정확한 재생인 반면, 자유스러운 번역은 우선적으로 원문의 아름다움 즉 미학적, 사유적 가치를 독자에게 전달하는 데 그 목적이 있다. 그런데 여기에서 문제되는 것은 번역작품 독자의 배경과 미학적 경험이 원어작품 독자의 그것과 다르다는 사실이다. 따라서 이러한 문제는 수용 미학적 관점에서 해결되어야 하는데, 원문텍스트와 문화의 성격이 다른 번역문텍스트 독자의 상이한 미학적 기준에 상응할 수 있는 기준(비교점)을 찾는 것이 번역자의 중요한 임무이다.[44] 이러한 상이한 미학적 기준에 맞는 비교점을 찾아 원문텍스트 저자의 메시지를 번역문텍스트 독자에게 정확히 전달하는 것이 번역자의 의무이며, 이러한 특성을 함유하고 있는 문학텍스트를 번역하는 작업이 번역자에게는 어려운 과제인 것이다. 즉, 문학번역의 독자 지향적 경향으로 번역자들이 독자에게 익숙한 어휘와 구문을 사용할 경우 출발어의 문체적 특성이 도착어에 잘 반영되지 않으면서, 문학성의 훼손이 야기될 수 있다. 이러한 문학텍스트의 문학성 훼손을 방지하기 위해서 번역자들은 작품 내에 존재하는 여러 음성들을 명확하게 들을 수 있어야 하며, 다양하고 적절한 어휘와 구문을 사용함으로써 저

---

44) 김효중, 2004, pp.128~130.

자의 스타일을 도착어에 잘 반영하도록 해야 할 것이다. 또한 문학작품은 작가만이 가지고 있는 사상을 표출하는 주관적이고 개인적인 세계에서 비롯되는 것이어서 엄밀한 의미에서는 객관적인 지시대상 근거를 갖지 않는다고도 할 수 있다. 그러므로 번역자들이 작품을 이해하기 위해서는 작가의 개인적인 독서와 삶의 체험, 지식, 문화 특유의 서술체계에 대해 공유된 지식에 의거해야 한다. 번역자는 우선 원작의 작품성을 충분히 이해하는 것이 무엇보다도 필수 선결요건이다.[45] 이렇듯 원저자의 사상이 표출되어 있는 문학텍스트가 복잡한 구조로 이루어져 있기 때문에, 번역자들은 텍스트 외적 요소에 대한 치밀한 분석을 통해 작품을 올바로 이해해야 할 필요가 있으며, 출발어의 내용만이 아닌 미적 요소들도 도착어에 잘 반영되도록 번역을 해야 할 것이다. 문학번역에 있어서 텍스트의 단순한 직역은 타 문화의 이해와 감동을 줄 수 없다.[46] 문학작품을 번역하는 번역자는 위에서도 명시하였듯이 문학작품을 번역하기에 앞서 작품의 특징과 원저자의 메시지 파악에 주력해서 번역에 임하여야 한다. 작품의 특성을 살려서 번역하기 위해서는 번역자는 무엇보다도 작품에서 다루고 있는 소재가 실제로 일어나는 것처럼 번역해서 독자들이 느끼게 해야 한다. 바로 여기에 문학텍스트를 번역하는 번역자의 어려움이 존재하는 것이다. 즉, 문학작품의 번역은 문학성 구현을 위한 번역이 되어야 한다. 그러므로 문학작품의 번역에 있어서 원작의 장르와 원작자의 문체, 의도하는 바, 서사방법 등을 따르는 번역을 해야 한다. 이것은

---

45) 박수현, 「댄 브라운의 『다빈치 코드』 번역 연구-충실성과 문학 장르의 특징을 중심으로」, 부산외국어대학교 통역번역대학원 석사학위논문, 2009, p.22.

46) 최진혁, 「문학번역의 언어 내외적 접근-『프랑켄슈타인』 번역사례를 중심으로」, 한국항공대학교 석사학위논문, 2008, p.16.

원문텍스트의 충실성과도 연결되는 개념이자 문학작품 번역이라는 번역유형에 따른 특징이기도 하다. 즉, 문학번역의 경우는 내용에 대한 충실성과 더불어 원문텍스트에 구현된 문학적 글쓰기의 규범이 지켜져야 한다. 물론 문학텍스트와 실용텍스트 모두 원문텍스트의 이해와 의미의 비언어화 과정을 거쳐 자연스런 재표현을 추구하게 되는 동일한 번역과정을 거치게 되나, 문학번역의 경우는 이해 대상의 복잡성이나, 문학 장르의 글쓰기 규범의 존중이라고 하는 척도를 갖게 된다.[47] 특히, 문학텍스트의 번역은 무엇보다도 원저자의 메시지 전달이 중심이 됨으로 정보전달의 중심을 가지고 있는 실용텍스트 번역과는 번역의 전략 자체가 달라질 수 있다.

---

47) 박수현, 2009, p.23.

제3장

번역비평과 텍스트 분석

1. 번역비평의 정의

번역비평[1]은 원문텍스트와 번역문텍스트의 비교를 전제로 한다. 그러나 원문텍스트와 번역문텍스트의 비교가 모두 번역문텍스트로서의 번역비평을 목표로 하는 것은 아니다. 이것은 문학적 장르의 성격을 지니고 있는 문학 비교연구나 정신사에 방향을 맞춘 비교연구에서 나타나는데, 이러한 연구를 다루는 논문들은 번역, 번역의 성과,

---

[1] 전성기에 따르면 번역비평은 간략히 말하자면 '번역에 대한 평가적 혹은 비평적 성찰'이다. 평가와 비평이 뚜렷이 구분된다고 보기는 어렵지만 굳이 구별하자면, 전자가 우열을 가리거나 점수를 매기는 방향으로 작업이 이루어진다면 후자는 보다 포괄적으로 다양한 측면들이 고려되는 보다 포괄적인 평가작업으로 볼 수 있다. '비평'이란 말 자체가 부정적인 함의를 가진 것으로 이해되기도 하나, 문학비평에서 보듯이 반드시 그래야 하는 것은 아니다. 번역비평도 가치중립적으로 나아가 긍정적인 방향으로도 충분히 이루어질 수 있다. 지금까지 번역비평이 '잘못된' 번역들의 지적, 즉 오역비평에 주력하였다면, 앞으로는 '명역비평'을 개발하여 잘된 번역들을 드러내고, '좋은 번역의 방도'에 대한 '공론의 장'을 열어 '명역'에 대한 공감대를 넓히는 데 힘쓸 필요가 있다(전성기, 「번역비평과 해석」, 『불어불문학연구』, 72집, 한국불어불문학회, 2007, pp.281~282). 한편 홈스(Holmes)는 번역비평이란 기본적으로 번역텍스트의 '해석' 및 '평가'를 포괄하는 개념이라 설명하며 비평가의 주관성이 개입할 가능성을 염려하였다. 그리고 먼데이는 번역비평이란 '학생들의 번역물 점검'과 '출판번역물의 검토'를 포괄하는 번역물의 평가라고 정의하였다(전현주, 『번역비평의 패러다임』, 한국학술정보, 2008, pp.28~29재인용). 또한 김효중에 따르면 번역비평이란 번역이 과연 올바르게 이루어졌는가를 따져보는 일이 그 핵심이라고 말한다.

번역자의 개성 등을 위해 연구한 것들이다. 이 연구들에서는 번역 그 자체가 강조되는 것이 아니라, 그의 개인문체와 해석의지가 번역을 특징짓는 번역자라든가, 아니면 한 작가 내지는 어떤 시대 전체에 미치는 작용 및 영향의 원천으로서의 번역이 강조된다. 번역문텍스트의 언어적·문체적인 형성을 분석하는 것보다는 오히려 외국어텍스트가 번역자의 개성-어떤 시기나 시대에 전형적이라고 할 수 있는 개성-에 의해서 어떻게 '동화'되는지, 번역이 문학사 및 정신사의 연관관계 속에서 과연 어떻게 정리될 것인지 또 번역이 어떻게 그리고 왜 특정한 시점에 대해서 그 영향력을 행사하는지, 하는 점들에 대한 양태에 관해서 더 많은 의문이 제기된다. 이러한 번역의 종류를 통하여 과연 번역의 개념이 지나치게 혹사당하는 것은 아닌지 하는 문제가 제기된다. 즉, 번역비평은 목표언어 문헌과 출발언어 문헌의 맥락에서 해당 텍스트를 연구한다. 출발언어 문헌의 관점에서 볼 때 특히 출발언어 문헌의 테두리 내에서 번역된 작품들의 대표성이 문제된다. 비평가는 출발언어 문헌과 목표언어 문헌에 관련해서 작품의 규범일치 내지는 독창성을 판단한다.[2] 비평가의 이러한 출발언어 문헌과 목표언어 문헌에 관련된 독창성 판단의 토대에서 궁극적으로 추구하는 것은 제대로 된 번역, 다시 말해 올바른 번역이 이루어지게 하는 데 그 목적이 있다. 그런데 올바른 번역을 훌륭하게 하여 번역문텍스트 독자에게 마치 원문텍스트를 읽는 것과 같은 만족감을 주리면 우선 번역비평이 올바르게 이뤄져야 하고 번역자와 번역비평가에 대한 사회적 인식이 개선되어야 한다. 비평이라는 말 자체가 긍정적인 의미

---

2) Werner Koller, 『번역학이란 무엇인가』, 박용삼 역, 숭실대학교 출판부, 1990, pp.267~269.

를 내포하기보다는 부정적인 함의를 가진 것으로 이해되기도 하지만 좀 더 다양하고 폭넓은 관점에서 번역비평을 논해야 하는 시점이다. 기존의 모든 번역이론들은 번역자가 원어와 역어, 그리고 그 문화들을 모두 잘 알고 있는 것으로 전제한다. 그러나 실제의 경우들을 보면 이 전제사항이 제대로 충족되지 못하는 것이 바로 우리 번역의 근원적 문제이며 현실이다. 우리의 번역문화가 오역, 비문 등으로 얼룩져 있다는 지적은 어제 오늘의 것이 아니다. 오역에 대한 단편적이거나 분류 위주의 연구들은 더러 있어도 체계적인 연구는 본격적으로 이루어지지 않고 있는 실정이다.[3] 일반적으로 번역비평의 목적은 1) 번역 수준을 증진시키고, 2) 번역자에게 객관적 기준을 마련해주며, 3) 특별한 시대와 특별한 주제에 관련된 번역에 관한 생각을 조명하기 위해서, 4) 탁월한 작가와 번역자의 작품해석을 돕기 위해서, 5) 원문과 번역문 사이의 의미론적, 문법적 작품해석을 돕기 위해서 필요하다. 위와 같은 목표 아래 번역비평이 이뤄졌을 때 질적으로 우수한 번역작업이 이뤄질 수 있다.[4] 많은 번역비평이 우수한 번역작업을 위해서 원문과 번역문 사이에서 발생하는 측면들을 분석하는 것[5]은 당연하다. 이러한 번역비평을 통해서 번역문텍스트 독자들은 번역작업에 대한 비평을 통해 제대로 된 번역물을 접할 수 있으며, 이로 인해 올바른 번역이 제자리를 찾아갈 수 있다. 번역의 중심에 서 있는 번역자들은 번역이 품고 있는 다양한 층과 결을 일상적으로 번역작업에서 표출하면서 살아가는 존재들이나 번역자 집단이 기존의 번역언

---

3) 이은숙, 2011, pp.110~111.

4) 김효중, 2004, p.262.

5) 베르만, 라드미랄, 해석이론 학파 등, 의미 중심 번역론을 둘러싸고 대립양상을 보이는 이들이지만 번역학이 독자적인 학문영역이라는 점에 있어서는 의견의 일치를 보인다.

구를 번역의 한 측면만을 부풀림으로써 결과적으로는 번역의 전체적인 모습을 왜곡하는 행위로 간주했고, 이들의 강한 불만이 번역이라는 고유의 지적 영역에 오롯이 바쳐진 번역학이라는 새로운 학문의 탄생을 촉발했다면, 이는 그러한 번역 경험이 작용했기 때문이다. 번역학과 번역자는 일종의 계약을 맺은 셈으로, 이로써 번역학의 존립 여부는 이론과 실천의 존재론적 연결고리에 달려 있다는 암묵적인 전제가 효력을 발휘하게 된 것이다. 이런 점에서 번역비평은 번역학의 여러 갈래 중에서도 가장 직접적으로 번역학의 본질에 닿아 있다고 할 수 있다.

번역비평은 국내에서든 국외에서든 간에, 그 중요성에 비해 실제 성과는 가장 빈약한 영역이라고 할 수 있다. 특히 전문가 집단의 번역비평은 상당히 부진한데, 아마도 그 이유야 여럿 있겠지만 남의 번역을 평가하는 일이 비평가 자신에게, 특히 그 비평가가 직접 번역도 하는 사람이라면 더더욱 상당히 위험한 일이기도 할 것이다. 하지만 이제는 번역자가 원하든 원하지 않든 간에 번역비평의 물꼬는 이미 터진 상태이다. 한편으로는 한국사회의 지적 역량이 꾸준히 축적된 결과, 이전과는 달리 전문 연구자가 아니라도 원전을 읽어낼 수 있는 독자들이 현저히 증가했고, 따라서 번역자는 원전 독점에 기댄 번역 평가로부터의 자유를 기대할 수 없는 처지에 놓이게 되었다. 다른 한편으로는, 인터넷 네트워크의 발달로 인해 번역계의 권력관계 바깥에서 그 누구의 눈치도 볼 필요 없는 독립적인 독자들이 가상공간 내에서 자유롭게 자신들의 의견을 풀어내며 번역 파수꾼의 역할을 수행하고 있다.[6] 이러한 독자들이 하는 번역비평의 기본은 원문텍스트와 번역문텍스트의 비교를 통해 오류나 오역이 있는지 찾아내는 작업이 주로 이루어지고 있다. 이와 같은 번역행위에 대한 번역비평은 올바른 번역을 추구하고자 하는 독자들의 비평양태이다. 그러나 번역비평의 방법론 및 기준은 아직 제대로 정립되지 않은 것이 사실이고 이와 같은 현실을 지적한 학자는 휘센((Huyssen), 보르마이어(Borgmeier) 등이다.

사실상 기존의 번역비평은 즉흥적이거나 일회적이어서 체계적이지 못했다. 이를 사적으로 일별하면 20세기 중반까지는 원문텍스트에 기초한 번역요구가 컸는데, 특히 문학번역의 경우는 더욱 그러했다. 쇼펜하우어는 불완전한 번역을 '대용커피'라고 하였는데, 좋지 않은 번역은 원문에 맞지 않는 경우로서 그 원인은 명백할 수도 있고 또한 복합적일 수 있다. 번역자가 너무 성급히 번역에 임했거나 번역 자체를 너무 경시한 까닭에 그러한 결과가 빚어질 수 있다. 번역자 개인의 한계성을 극복하지 못한 원인이 있다든가 적절한 표현을 찾을 만큼 언어수행 능력이 부족한 경우가 있는가 하면, 번역자가 텍스트를 잘못 선택했거나 문체를 옮길 때 잘못 옮길 수도 있다. 그것은 번역자가 택한 작품의 원작자와 번역자 자신의 감수성이 서로 일치하지 않은 탓이다. 이 경우 좋지 않은 번역자는 생략하거나 의역하기 마련인데, 이처럼 원작에 손상을 입혔을 때 겉으로 드러난 글맵시는 한층 매끄러울 수 있을지 몰라도 원작의 의미나 가치가 제대로 전달될지는 의문이다. 번역비평에서 중시되어야 할 것은 텍스트이며 특히 그 구성, 기능, 수용 사이의 의존관계가 분명히 파악되어야 한다. 번역자의 번역될 텍스트에 대한 태도를 알았을 때만 어느 정도 객관적으로

---

6) 정혜용, 2007, pp.25~28.

번역자의 번역능력을 평가할 수 있다.

과학적, 상업적 텍스트, 신문기사, 관광정보용 책자 등의 번역은 비교적 객관적인 번역비평이 가능하나, 문학번역을 비평하는 경우는 그리 쉬운 일이 아니다. 문학작품의 모든 독자 나아가서 문학비평의 독자는 문학적 표현이 관계된 유효한 개념 안에서 온전히 인식되기 어렵다는 것을 인정한다. 사실상 번역비평에 있어서 번역의 질을 평가하는 객관적인 잣대는 없다. 그러나 번역가치를 논하는 일은 실제 번역작업에서 매우 중요하다. 번역비평은 가치평가 면에서 다분히 주관적인 요소가 짙으면서도 체계적 기술 면에서 최소한 객관성을 가진다. 즉, 원문과 번역문의 비교분석이 그것이다. 텍스트 구성은 물론 텍스트 체계가 비교에 포함된다. 이 부분에서 비평의 가치평가가 작용된다.[7] 번역비평에서는 원칙적으로 번역본과 원본의 읽기와 이들의 비교검토가 필요한데, 이 과정에서 번역텍스트는 내가 읽은 것이 아니고, 내가 이해한 것은 번역자가 옮긴 것이 아니며, 내가 이해한 것은 번역자가 이해한 것이 아닐 수 있다. 그래서 번역은 '동일성'의 문제가 아니라 '근접' 혹은 '최대근접'의 문제이다. 이러한 최대근접을 위해서는 '충실'하기 위해 '배반'을 하는 이율배반적인 경우들에 봉착할 수도 있다. 이러한 근접에 대해서는 여러 변수에 따라 그 판단이나 평가가 달라질 수밖에 없다. 번역의 목적, 번역의 대상, 원문텍스트 종류, 번역의 독자, 번역언어, 번역관 등에 따라 이 근접의 성도나 양상은 달라질 수밖에 없는 것이다. 그래서 번역비평은 성급한 판단을 내리기보다 감정이입적인 세심한 대화적 읽기를 시도할 필요

---

7) 김효중, 2004, pp.262~268.

가 있으며, 그렇게 해서 얻어진 해석과 이해에 대해서도 재검토를 거칠 필요가 있는 것이다.

번역비평이 실제적 번역비평들의 개념화를 한다면, 한국 번역문화의 두드러진 문제인 오역문제를 짚고 넘어가지 않을 수 없다. 오역은 해석의 관점에서 말하면 잘못된 이해, 오해에서 비롯된 것들이고, 이들은 '일반의미론'적으로 말하면 대부분 성급한 평가나 평가의 오류들로 인한 것들이다. 지금까지의 오역에 대한 담론들은 기존의 번역들에 대한 단편적인 규범 문법적 담론들인데, 건설적이며 생산적인 번역비평을 위해서는 그 토대 역할을 할 수 있는 '생산적' 번역문법이 필요하다. 번역문법은 번역텍스트를 원문텍스트와 비교하여 세밀하게 읽고 평가하기 위한, 다양한 분야들의 지식으로 구성된 절충적, 임상적 성격의 열린 담론이기도 하다. 번역문법은 원문텍스트가 어떻게 쓰여 있는지 읽어내는 데에도 필요하고, 그렇게 읽어내고 해석된 것들이 적절히 재현되었는지 평가하는 데에도 필요하다. 이때 특히 중요한 것은 맥락이다. 좁은 의미의 맥락이건 넓은 의미의 맥락이건 이 맥락을 읽어내고 텍스트와 맥락의 상호작용을 해석하고 이해하지 못한다면 번역이나 번역비평이 제대로 이루어질 수 없다.[8] 한편 명역비평은 번역자가 좋은 번역의 기본적인 사항을 지켰을 경우에 그 번역이 명역으로 가는 길을 보여줄 수 있다. 번역비평이 비평 대상작품에 따라 오역비평[9]의 수준에 머물든 아니면 명역비평으로 나아갈 수

---

[8] 전성기, 2007, pp.286~290.

[9] 요즘 같은 번역물이 범람한 시대에는 저급한 번역물이 사회에 부정적인 영향을 미치는 경우가 많다. 가히 '오역비평의 시대'라는 느낌이 들 정도이다. 이에 관하여 다음의 몇 가지를 생각해보아야 할 것이다. 첫째, 국내의 독자들이 그만큼 번역의 품질에 대해 까다로워졌음을 부정할 수 없다. 특히 영어의 경우에는 원문에 대한 접근성이 높고 독자들의 언어능력도 과거에 비해 상당히 높아졌기에 보다 날카로운 비판이 가능해졌다고 볼 수 있다. 둘째, 번역의 품질문제가 여전히 화두가 되고 있는 이유는 무엇이 좋은 번역인가에 대

있든 간에 두 번역비평 모두 '번역 실천의 향상'에 목적을 두고 있음은 분명하다. 그러면 문학번역 작품을 비평함에 있어서 중요한 잣대는 무엇인가? 아마도 그것은 '충실성'과 '가독성'일 것이다. 번역에는 하나의 옳은 번역만이 존재하는 것이 아니기 때문에 이상적인 좋은 번역이란, 이 두 가지 기준을 모두 충족하는 번역, 다시 말해서 여러 번역들 가운데 원작에 보다 더 충실하면서 동시에 번역문텍스트를 읽는 도착어 독자들이 자연스럽게 읽을 수 있는 번역이라 할 수 있다. 그러므로 번역자들은 번역을 하면서 이 두 가지 개념, 원문텍스트의 충실성과 번역문텍스트를 읽는 도착어 독자들을 위한 가독성을 모두 고려한 번역을 하려고 노력해야 한다. 이 두 개념은 직역과 의역의 관계처럼, 번역자가 번역을 함에 있어서 자신의 번역전략에 따라 선택할 수 있는 대상이 아니라 반드시 이루어내야 하는 것으로 두 개념이 상하의 관계가 아니라 선후의 관계에 있다고 할 수 있다. 다시 말해서 충실성이 우선적으로 보장이 되고 그다음에 가독성의 문제가 해결되어야 한다는 것으로, 만약 충실성이 전제되지 않은 가독성의 실현은 원작이 존재하는 번역작품이 아니라 새로운 창작작품이 되는 것이기 때문이다.[10] '충실성'과 '가독성'에 대해 수잔 바스넷(Susan Bassnett)은 "충실성에 대해 번역자가 원작을 읽고 이해하는 능력에

한 판단이 여전히 자의적인 것이기 때문이다. 명백하고 이론의 여지가 없는 오역도 있을 수 있겠으나, 어떤 사람에게는 훌륭한 번역으로 여겨지는 것이 다른 사람에게는 '엉터리 번역'으로 느껴질 수도 있다. 인간의 가장 원초적인 본능은 다른 사람이 쓴 글을 바꾸고자 하는 욕망이라고 한다. 아무리 훌륭한 번역자가 번역한 글도 다른 번역자에게 보여주면 반드시 수정이나 개선의 여지가 눈에 띄게 된다. 좋은 번역이 무엇인지에 대한 판단이 이처럼 주관적이고 자의적이기 때문에 모두를 만족시키는 번역이란 어쩌면 이 세상에 존재하지 않을 수도 있다. 셋째, 품질기준에 대한 보다 유연한 시각이 필요하다. 즉, 어떤 상황에서든 완벽한 품질의, 매 순간 절대적 품질의 번역이 필요하다는 전제 자체에 대해 재고해보아야 한다(이향, 2008, pp.42~43).

10) 김경희, 「문학번역에서의 충실성 문제」, 『통역과 번역』, 제12권 1호, 2010, pp.23~24.

연관된 것이지 원작에 얼마나 충실한가 하는 종속적 개념에 의존하지는 않는다"[11]라고 설명하였고, 루이스 켈리(Louis Kelly)는 번역이론의 역사를 세부적으로 조사하며 17세기 말에 이르러서야 '충실성'의 개념을 원저자의 단어를 따르기보다는 오히려 의미의 충실함을 중심적 가치로 인식하였다. 그리고 '충실한 번역(faithful translation)'에 대해서 피터 뉴마크(Peter Newmark)는 목표언어의 문법구조에 적절하도록 번역하면서 원천텍스트의 정확한 의미를 재현하려는 번역방법이라고 표현하였다. 문화와 밀접한 관련이 있는 어휘는 소리 나는 대로 그대로 옮겨 '음차번역'하고, 원천텍스트에 쓰인 원천언어가 원천언어 내의 문법이나 어휘의 쓰임에서 잘 쓰지 않는 표현이라 하더라도 그대로 옮겨주며, 원저자의 의도와 원저자가 쓴 텍스트의 실현에 전적으로 충실해야 한다고 설명한다.[12] 원문텍스트의 충실성과 목표텍스트의 가독성의 논쟁에 대해 슈톨제(Stolze)는 "번역활동에 대한 수많은 의견들은 근본적으로 항상 설득력 있게 이론적으로 입장을 설명하지 못하고, '충실한' 번역과 '자유로운' 번역[13] 사이의 근본적인 논쟁의 주위를 맴돌고 있다. 그리고 일선학교에서는 다음과 같이 가르치고 있다: '가능한 축역을 하고 필요한 만큼 자유롭게 번역하라'"[14]고 주장하였다.

---

11) Susan Bassnett-Mcguire, 1980, p.53.

12) 이은숙, 「문학번역 평가의 문제: 충실성과 가독성을 중심으로」, 한국통역번역학회, 『통역과 번역』, 제10권 ?호, 2008, p.86 재인용.

13) "고대 번역이론의 대표자인 키케로는 가장 오래된 번역의 이분법인 '자유스러운 번역/충실한 번역'의 방법을 도입했다"(김효중, 2004, pp.178~179). 그러나 "키케로와 호레이스 둘 중 어느 누구도 그들이 선호하는 번역의 접근방식을 묘사하기 위해서 '충실한' 번역과 '자유스러운' 번역의 용어를 사용하지는 않았다"(Mona, Baker.(ed), *Routledge Encyclopedia of Translation Studies*, London & New York: Routledge, 1998, p.87).

14) 박용삼, 『번역학 역사와 이론』, 숭실대학교, 2003, pp.105~106 재인용.

텍스트상에서 이렇듯 학자들에 따라 번역의 충실성과 가독성에 대한 이론적 개념은 약간의 차이는 있으나 실제로 현장에서 번역 업무에 종사하는 번역자는 충실성과 가독성 중 어떠한 방법에 중점을 두고 번역을 행할 것인지에 대해서는 번역의 기능에 따라 판단이 달라질 수 있기 때문에 심사숙고해서 적용해야 한다.[15] 즉, 작품 전체의 번역의 향방을 설정하는 번역자의 번역전략은 전통적으로 '충실한 번역'과 '가독성을 고려한 번역'으로 나눌 수 있다. 이 두 가지 번역 전략은 시대와 이론에 따라 서로 우위를 점하기 위하여 경쟁하며 분화하여 현대의 번역이론은 '가능한 한 충실한 번역'을 하지만 필요에 따라 '가독성을 겸비한 번역'을 권장하는 상호 보완적인 번역전략으로 발전하였다. 가령 베누티(Venuti)는 번역텍스트가 목표문화에서 읽히는 전형적인 경향을 다음과 같이 설명하였다.

> "번역텍스트는 장르를 막론하고 유창하게 읽히며, ST의 언어적 특성이나 문체상의 특성이 두드러지지 않고 그대로 반영되어(transparent), ST 작가의 개성이나 의도 혹은 ST의 의미를 그대로 반영한 듯한 느낌을 줄 때, 대부분의 출판 관계자, 비평가 그리고 독자로부터 용인할 수 있는(acceptable) 텍스트로 평가받는다. 이러한 텍스트는 TT가 아닌 ST의 외관(appearance)을 지니고 있다."[16]

베누티가 지적한 '유창하게 읽히며'는 '가독성'을, 'ST 작가의 개성이나 의도 혹은 ST의 의미를 그대로 반영'은 정확성을 뜻한다. 이러한 충실성과 가독성에 대한 비평에 대한 평가기준은 명확한 경계가

---

15) 김명균, 「토마스 하디의 소설 『더버빌가의 테스』의 영화화와 자막연구—로만 폴란스키의 『테스』를 중심으로—」, 『번역학연구』, 제10권 3호, 2009, pp.34~35.

16) Lawrence Venuti, *The Translator's Invisibility*, Routledge, Londonand, New York, 1995, p.1.

없이 주관적인 판단과 양식에 따라 이루어지는 경향이 있다. 따라서 비평가는 이 두 가지 기준의 객관성 여부 및 양극화의 폐해 등을 항상 염두에 두어야 한다.[17] 이와 같이 번역의 적용방법은 어느 한쪽에 더욱더 많은 중심을 두고 번역할 수가 없기 때문이다. 번역은 가독성만을 중시한 나머지 원문을 얼버무려서 새로운 창작번역물을 읽게 해서도 안 되며, 반대로 원문의 충실성만을 고려한 나머지 독자가 제대로 이해하지 못한다면 번역을 하는 원래의 목적도 상실하게 될 것이다. 번역은 외국어로 된 원문텍스트를 읽고 이해할 수 없는 사람들을 위한 행위[18]이기 때문이다.

---

17) 전현주, 2008, pp.152~155.
18) 이은숙, 2008, p.88.

2. 충실성의 개념

　좋은 번역이란 원문텍스트의 '충실성'과 번역문텍스트 독자를 위한 '가독성'을 모두 고려해서 하는 번역이다. 여기서 번역비평의 중심축을 이루고 있는 원저자의 메시지를 담고 있는 원문텍스트의 충실성과 번역문텍스트를 읽는 독자들을 위한 가독성은 번역자가 주관적으로 선택할 수 있는 조건이 아니라 모두 이루어야 하는 조건이다. 특히, 우리가 다루고자 하는 충실성은 원문텍스트의 저자가 독자에게 전달하고자 하는 "의미의 충실성"[19]에 대해서 말하는 것이다. 특히 본 저서에서 다루고자 하는 비평의 한 축인 문학텍스트에서의 충실성은 형태의 충실성이 아닌 의미의 충실성에 대한 부분이다. 우리가 논문에서 다루고자 하는 문학텍스트를 번역한다는 것, 그것은 원문텍스트(ST)에 나열된 원래의 시니피앙(signifiant)들을 번역문텍스트(TT)에서 그에 상응하는 시니피앙으로 대치하는 단순한 행위를 훨씬 넘어서는 복잡한 의미를 갖는다. 앙투안 베르만(Antoine Berman)의 지적처럼 비문학번역이 단순히 의미의 전달이라는 역할을 수행하는 데 그치는 반면, 문학번역이 다루는 '작품'이라는 대상은 그것이 쓰인 언어와 아주 단단히 묶여 있으며, 따라서 문학텍스트의 번역은 서로 다른 두 언어를 다양한 형태로 충돌하게 하거나 어떤 의미에서는 결합하도록 하는 데에 이르기까지 한다. 번역이 '다른 언어로 같은 것을

---

19) 루이스 켈리(Louis Kelly)는 그의 저서에서 이런 개념들을 연구한다. 번역이론의 역사에 대해 구체적인 연구를 수행한 켈리는 고대 작가들의 가르침에서부터 출발하여 그가 '풀 수 없을 정도로 엉켜 버린' 용어들이라 불렀던 '충실성(fidelity)', '정신(spirit)', '진리(truth)'의 개념이 어떻게 변천해왔는지를 추적한다. 충실성의 개념에 대해 호레이스(Horace)는 직역을 추구하는 단어 대 단어 번역이라 치부한 바 있다. 이 개념은 17세기 말에 이르러서야 원저자가 사용한 단어가 아닌 전달하고자 하는 의미에의 충실성으로 이해되었다(Jeremy Munday, 2006, pp.28~29).

말하는 것'이라고 할 때, 문학텍스트의 번역을 앞에 둔 번역자가 가장 먼저 마주하게 되는 과제는 바로 텍스트가 말하고자 하는 바(즉, 원문텍스트의 원저자가 독자들을 위하여 전달하고자 하는 메시지)가 무엇인지를 파악하는 것이다.[20] 번역자는 원문텍스트의 의미가 과연 무엇이며 그 의미를 어떠한 번역전략을 동원하여 번역문텍스트 독자의 문화에 맞는 텍스트로 충실하게 번역해야 하는지 번역 시 우선적으로 부딪히는 문제이다. 본 저서의 연구목적 중 하나인 충실성에 대해 알아보기 위해서 우선적으로 충실성이란 무엇인지 개념에 대하여 알아보기로 한다.

해석이론의 지지자이며 스페인의 번역학자인 휘르따또 알비르(A. Hurtado-Albir)는 자신의 저서에서 의미에의 충실성을 구성하는 요소를 3가지로 분류한다. 첫째는 '저자의 말하고자 하는 바', 둘째는 '도착어', 셋째는 '번역의 대상독자'이다. 첫째, 의미에 충실하기 위해 원문텍스트의 저자가 말하고자 하는 바를 정확히 전달하는 것을 말함이다. 둘째, 도착어에 충실해야 한다. 출발어와 도착어는 서로 다른 문법규칙과 표현의 방식을 가지고 있는 언어이다. 그렇기 때문에 번역과정에서 지나치게 출발어를 의식할 경우 '어색하고 부자연스러운' 도착어 표현이 나올 수밖에 없으며, 도착어 표현이 어색한 경우는 번역의 질적인 문제까지 야기할 수 있으므로 번역문텍스트를 읽는 독자가 사용하는 도착어에 충실해야 한다. 셋째, 번역 대상독자에 대한 충실성이다. 원문텍스트의 저자가 글쓰기를 하면서 대상으로 삼고 있는 독자와 번역물의 대상독자는 아주 드물게 일치하는 경우를 제외

하고는 대부분 다른 문화를 가진 다른 환경의 사람들이다. 이들은 우선 서로 다른 언어를 사용하는 사람들일 뿐만 아니라 문화적 배경과 관습이 다르고, 가지고 있는 지식도 다른 사람들이다. 그렇기 때문에 번역문텍스트를 읽는 독자들에게 이해시키기 위해서는 이들의 문화에 맞는 텍스트를 생산해야 하는 것이 당연하다. 휘르따또 알비르는 이러한 세 가지 충실성의 관계에 대해서 다음과 같이 밝히고 있다.

> 저자가 말하고자 하는 바, 도착어, 번역의 대상독자에 대한 충실성이라는 이 3가지의 관계는 불가분의 관계이다. 우리가 만약 이 요소 중 한 가지에만 충실하고 다른 요소를 무시한다면 의미에 충실하지 않은 것이다.[21]

즉, 휘르따또 알비르는 번역의 대상이 문장을 이루고 있는 낱말이 아니라 낱말의 의미에 있다고 지적하고 있다. 그리고 주엘(Juhel)은 번역의 충실성에 대한 견해가 크게 두 갈래로 나뉜다고 본다. 그 하나는 원문텍스트에 최대한 충실하게 대어역[22]을 하여 독자가 마치 외국어텍스트를 읽는 느낌을 가지도록 하는 것이 충실한 번역이라는 것이고, 다른 하나는 역어와 그 문화적 맥락에 맞도록 번역을 하는 것이 충실한 번역이라는 것이다. 간단히 말해 충실성의 문제는 직역과 의역의 문제라고 한다.[23] 충실한 번역을 논의할 때 직역과 의역, 원문텍스트의 존중과 번역문텍스트 독자들을 위한 가독성이 가장 자

---

21) 최정화, 1998, pp.122~123 재인용.

22) 대어역 또는 자구적 번역은 언어적 차원의 동일성과 문법규칙만을 의식해 일대일 대응을 시도하는 것을 말한다. 예를 들어 'He feels better than he has ever felt before……'를 '그는 전에 느꼈던 어떤 기분보다 더 낮게 느낀다'라고 번역하는 경우를 말한다. 그러나 진정한 의미에서 자연스러운 번역을 한다면 '그는 더할 나위 없이 기분이 좋다' 정도로 표현하는 것이 하나의 대안이 될 수 있을 것이다(최정화, 1998, p.114).

23) 전성기, 『佛韓 번역 대조 분석』, 어문학사, 1996, pp.120~121 재인용.

주 논의의 대상이 되는 것은 번역문텍스트의 독자의 이해를 돕는 데 우선적인 고려대상이기 때문이다. 예전에는 원문텍스트를 완벽하게 직역하는 번역을 충실한 번역이라 평가했지만 현대에 들어와서는 번역의 범위에 따라 출발어와 도착어, 작가의 의도, 원문의 사회·문화적 배경이나 시간적 배경을 얼마나 충실하게 반영해 번역했느냐가 완성도 높은 번역이라 할 수 있다. 번역하면서 넘어야 할 장벽은 언어의 어려움뿐만 아니라 시간·공간·문화적 차이도 있다. 이를 고려하지 않은 채 출발어의 단어를 도착어의 한 단어로 대응시키는 번역은 충실한 번역이 아니다. 번역은 언어만을 번역하는 것이 아니라 그 언어가 속한 사회의 문화까지 함께 번역해야 충실한 번역이 될 수 있는 것이다. 특히 문학작품 번역에서 문화적 요인은 필수적으로 고려되어야 한다. 번역은 문화 간의 커뮤니케이션이기 때문에 낯선 곳으로 떠나는 머나먼 여행과도 같은 가슴 설레는 작업이기도 하다. 낯설고 머나먼 곳으로 여행을 떠나기에 앞서 완벽한 언어구사도 중요하겠지만 그곳에 대한 자료수집과 역사·문화·사회 전반에 걸친 사전연구도 그에 못지않게 중요하다.[24) 이와 같이 번역의 논의에 있어서 끊임없이 거론되는 번역의 충실성은 단순히 단어 대 단어 번역(직역)의 문제와 의미 대 의미 번역(의역)의 문제로 양분되어 있지만, 번역을 하는 과정에서 단어 대 단어의 번역의 형태인 직역의 방법으로는 번역 시 일어나는 모든 사항들을 해결하기엔 역부족이다. 이러한 번역의 방법-번역의 방법 중 하나인 직역- 중이 단어 대 단어의 번역결과에 내한 수요적 측면의 의견에는 모두가 이견이 없다. 또한 대부분의 번역학

자들은 직역을 할 경우 발생하는 문제점의 해결책으로 의역을 해야
한다고 주장은 하지만 번역에 있어서 충실성의 문제에 대한 명확한 입
장을 표명하지 않는다.[25] 피터 뉴마크는 번역의 8가지 방법에 대해 자
신의 저서『번역의 교본』(A Textbook of Translation)에서 제시하고 있다.
특히 그는 자신의 8가지 방법을 원문텍스트의 강조와 번역문텍스트의
강조로 나누어 설명하였다. 원문텍스트를 강조하는 번역의 방법은 단
어 대 단어 번역(Word for Word Translation)[26], 직역(Literal Translation)[27], 충
실한 번역(Faithful Translation)[28], 의미 중심의 번역(Semantic Translation)[29]을
제시하였고, 번역문텍스트를 강조하는 방법으로는 번안(Adaptation)[30],
자유번역(Free Translation)[31], 관용어 중심의 번역(Idiomatic Translation)[32],

---

25) 허미란, 「영한번역의 충실성과 가독성 연구–The Great Gatsby를 중심으로」, 부산외국어대학교 통역번역
   대학원, 2006, p.8.

26) 단어 대 단어 번역은 행간번역(interlinear translation)으로서 원천언어의 단어 하나하나를 그에 대응하는
   목표언어로 번역하는 방법이다. 원천언어의 어순을 그대로 보존하며 단어들을 맥락에 관계없이 가장 일반
   적인 의미로 번역한다. 고유한 문화와 밀접한 관련이 있는 단어들을 주로 이러한 방법으로 번역하며, 이
   번역방법을 사용하는 주된 이유는 원천언어의 구조를 이해하거나 어려운 텍스트의 초벌번역용으로 사용
   하기 위함이다.

27) 직역은 원천언어의 문법구조와 가장 가까운 목표언어로 바꾸지만 이 역시 사전적인 어휘를 문맥에 상관
   없이 따로따로 번역한다.

28) 충실한 번역은 목표언어의 문법구조에 적절하도록 번역하면서 원천텍스트의 정확한 의미를 재현하려는
   번역방법이다. 문화와 밀접한 관련이 있는 어휘는 소리 나는 그대로 옮겨 '음차(音借)번역'하고, 원천텍스
   트에 쓰인 원천언어가 원천언어 내의 문법이나 어휘의 쓰임에서 잘 쓰지 않는 변칙적인 표현이라 해도
   이를 그대로 옮겨주며, 원저자의 의도와 원저자가 쓴 텍스트의 실현에 전적으로 충실하고자 한다.

29) 의미 중심의 번역은 원천텍스트에 쓰인 아름다운 자연의 소리와 같은 미학적인 가치에 더 유의하지만, 번
   역텍스트에 원천텍스트의 압운이나 언어의 유희, 의성어의 반복 등을 재현하기 어려울 때는 의미로 바꿀
   수 있다는 점에서 충실한 번역과 다르다. 충실한 번역은 원천텍스트에 쓰인 요소들과 타협 없이 이를 있
   는 그대로 번역해야 하지만, 의미 중심의 번역은 좀 더 유연해 원천텍스드에 100% 충실하기보다는 창의
   적인 예외를 허용하며, 원천텍스트에 대한 번역자의 직관적인 공감을 허용한다.

30) 번안은 주제라든가 인물, 줄거리는 대개 유지하면서, 어떠한 제약도 없이 원천언어권의 문화를 목표언어
   권의 문화로 전환하면서 텍스트를 다시 쓰는 방법이다.

31) 자유번역은 원천텍스트의 방식이 아닌 방식으로 소재를 재생산하고 원천텍스트의 형식이 아닌 형식으로
   내용을 재생산한다. 대개 원천텍스트의 길이보다 훨씬 긴 의역(paraphrase)이며 흔히 장황하고 난체하는
   번역이다.

32) 관용어 중심의 번역은 원천텍스트의 메시지를 재생산하긴 하지만, 원천텍스트에 존재하지 않는 구어체나
   관용어를 선호함으로써 의미의 뉘앙스를 왜곡하는 경향이 있다.

소통 중심의 번역(Communicative Translation)[33]을 제시하였다.[34] 뉴마크는 원문텍스트의 충실함에 더욱더 많은 비중을 두었다. 그는 충실한 번역은 원문텍스트에 쓰인 요소들과 타협이 없고 이를 있는 그대로 번역해야 하지만, 의미 중심의 번역은 좀 더 유연해 원문텍스트에 대한 번역자의 직관적인 공감을 허용하며 문화와 밀접한 관련이 있는 단어도 그다지 중요하지 않을 때에는 문화적인 개념에서 중립인 제3의 용어나 기능적인 용어로 번역해야 한다고 주장하면서 일반적으로 의미 중심의 번역은 원저자가 사용하는 언어의 층위에서 이루어지고 원저자의 권위가 인정되는 표현 중심의 텍스트에서 사용한다고 기술하고 있다. 즉, 의미 중심의 번역은 원저자가 독자들을 위한 메시지 전달에 주된 사항이므로 원저자의 의도를 해치지 않는 범위에서 번역자는 번역해야 한다. 그러나 번역자는 원저자의 의도와는 상관없이 의미 중심의 번역을 해쳐서 원저자의 권위를 침해하는 경우는 번역의 본질을 이탈하는 문제가 발생하므로 충실한 번역의 핵심이 무엇인지를 항상 번역 시에 인지하여 번역에 임해야 한다. 충실한 번역은 원문의 형태, 또는 원문의 의미를 정확하게 전달하는 것이다. 다시 말해 내용전달이 독자들에게 정확하게 전달되어야 한다. 번역자는 문화적인 특성이나 이국적인 상황을 있는 그대로 전달해야 한다. 충실성의 구성요소는 다음과 같다.

---

33) 소통 중심의 번역은 내용과 언어적인 측면에서 독자가 쉽게 받아들여 이해 가능하도록 원천텍스트의 정확한 맥락의 의미를 번역하고자 하는 방법이다. 소통 중심의 번역은 번역텍스트를 접할 독자의 언어 수준에서 번역이 이루어지며, 정보전달이 목적인 정보전달 중심의 텍스트와 독자에게 의도하는 반응을 끌어내고자 하는 호소 중심의 텍스트에서 주로 사용한다. 의미 중심의 번역은 개인적이고, 원저자의 사고과정을 따르며, 상세하게 번역하는 경향이 있으며, 의미가 주는 미묘한 차이를 추구한다.

34) 이근희, 『번역의 이론과 실제』, 한국문화사, 2005, pp.62~65 재인용.

　(1) 충실성의 구성요소
　a. 정확성(accuracy)
　b. 낯설게 하기(alienating)
　c. 번역자 드러내기(visibility)

충실성의 첫 번째 구성요소인 정확성을 구현하기 위해서 번역자는 오류를 최소화해야 하며, 이를 위해 원문을 정확하게 이해해야 한다. 원문을 제대로 이해하지 못해 오역을 했을 경우 독자는 틀린 정보를 입수하게 될 뿐만 아니라, 문학작품의 경우 저자의 의도와는 다른 관점으로 글을 이해하게 되기 때문에 정확성을 충실성의 첫 번째 요소로 삼는다. 원문텍스트에 담겨 있는 메시지를 자연스러운 표현으로 전달하고자 하는 목적 때문에, 번역자는 정확한 의미의 등가에만 초점을 맞추게 되고 원래 의미를 부정확하게 전달하게 된다. 낯설게 하기는 친숙하게 하기와 반대되는 개념이다. 낯설게 하기는 번역에서 문화적인 차이로 인해 발생하는 낯선 내용이나 의미를 번역자가 그대로 번역하는 것으로 독자들이 직접 체험하지 못한 내용이나 의미, 타 문화의 상황을 경험하게 하는 장점이 있다. 번역자 드러내기(visibility)[35]는 번역에서 이국적인 요소를 의도적으로 포함시키는 것으로 번역자가 개입되어 있다는 사실을 드러내고, 독자가 해외문화권에서 들여온 사실을 인지하기 위함이다.[36] 이러한 방법은 목표문화권의 독자가 자신들을 위해서 번역된 작품이라는 것을 인식하게 하기 위한 번역전략이다.

---

35) 번역자 드러내기(즉, 번역자의 가시성)는 베누티가 주장한 현대 영미문화권의 번역자가 처한 상황과 활동을 묘사하는 데 사용하는 용어인 번역자의 불가시성(invisibility of the translator)의 반대되는 개념이다. 번역자 드러내기는 원문텍스트의 충실성에 근거한 번역전략이다. 그리고 번역자의 불가시성은 번역문텍스트 독자를 위한 가독성에 근거한 번역전략이며, 원문텍스트와 번역문텍스트 간의 투명성에 대한 환상(illusion of transparency)을 만든다(Lawrence Venuti, *The Translator's Invisibility*, Routledge, London, 2008, p.1).

36) 이은숙, 2008, pp.89~92.

3. 가독성의 개념

번역자는 자신이 원문텍스트에서 이해한 바를 모국어로 술술 풀어나갈 수 있어야 한다. 번역을 하다 보면 즉각적으로 번역문텍스트 독자들을 위한 가독성의 문제해결을 위해서 표현의 등가를 찾아낼 수 있는 경우가 있다. 이처럼 감이 오는 순간에는 표현을 할 때 필요한 모든 언어수단을 동원할 수 있을 뿐만 아니라 전달해야 하는 의미를 완벽하게 이해하게 된다. 그러나 반대로 표현에 이르는 과정이 유달리 어려운 경우도 있다. 이 경우 적절한 등가를 찾아내기 위해 유사한 뜻을 가진 단어들을 떠올려 보기도 한다. 번역자는 번역 시에 발생하는 모든 문제를 생각하면서 원문텍스트의 의미를 번역문텍스트 독자들의 가독성을 고려해서 원저자의 의미를 손상하지 않는 범위 내에서 번역해야 한다. 이런 경우로 인해 번역을 해본 사람이면 누구나 자신의 모국어의 의미를 살려가며 의미를 제대로 전달하는 것이 얼마나 어려운 작업인가를 알 것이다. 이런 관점에서 본다면 번역은 또 다른 창조과정이라는 것에 의심의 여지가 없다. 번역자는 자의적으로 텍스트를 창작해서 의미를 전달해서는 안 된다. 어디까지나 번역자의 임무는 작가가 말하고자 하는 바를 가감 없이 전달하는 데 있다.[37] 번역자가 자신의 임무를 벗어나서 자신의 생각을 전달할 때 원저자의 메시지는 퇴색되어 사라져버리고 번역문텍스트를 읽는 독자들은 번역자의 생각에 빠지고 마는 우를 범하게 된다. 그리고 번역자는 원문텍스트를 접했을 때 번역문텍스트 가독성을 살리기 위해 어

---

37) 최정화, 2001, pp.176~177.

휘의 적합성과 적절성 및 자연스러움을 고려하여 번역의 전반적인 관점인 직역을 할 것인가, 의역을 할 것인가의 문제에 부딪치게 된다. 흔히 직역은 자구대로 그대로 번역하는 것, 의역은 뜻을 살려서 번역하는 것으로 정의된다. 직역, 의역이 여전히 모호한 것은 이 표현들을 사용하여 나타내고자 하는 것들이 매우 다양하기 때문일 것이다. 이 문제는 번역의 '충실성' 문제, 어떤 것이 좋은 번역인가 하는 문제와도 연관되어 있고, 원텍스트의 종류, 장르와도 무관할 수 없다.

무넹(G. Mounin)은 '출발어의 언어적 특성', '원작에 묻어 있는 시대의 향취', '원작과의 문화적 거리'라는 세 측면에서 '직역과 의역을 재조명'하면서, 직역은 이 세 측면에서 원문을 절대적으로 존중하는 번역이고, 의역은 가독성이 손상되지 않는 범위 내에서 원문을 존중하는 번역이라며 직역과 의역을 새롭게 정의한 바 있다. 직역/의역은 출발론/도착론과 동일시되기도 하는데, 시니피앙에 매달리는 사람들을 출발론자들로, 시니피에를 존중하려는 사람들을 도착론자로 규정하는 라드미랄(Ladmiral)[38]은 출발론에 입각한 번역은 랑그 차원의 번역으로, 도착론에 입각한 번역은 파롤 차원의 번역으로 간주한다. 인문학 번역에서는 의역을 선호하는 경향이 있다. 정준영은 서양 고전어를 번역할 때 가능한 길은 의역의 길밖에 없다고 하며, 의역에는 두 길이 있다고 주장한다. 하나는 직역에 가까운 의역이고 다른 하나는 완전한 의역으로, 번역의 역사에서 후자와 같은 번역은 두 전통(언어) 간에 상당한 이해의 토대가 갖추어졌을 때에만 가능하다고 여긴

---

38) 라드미랄은 수백 년 동안 전통적 번역방법으로 활용해온 충실한 번역(직역)과 자유스러운 번역(의역)의 두 방법을 언어철학적 관점에서 분석, 비판하고 번역이론은 커뮤니케이션 이론이니 행위이론보다는 인식론과 더 밀접한 관계가 있다는 견해를 피력했다. 그의 주장은 이전에는 없었던 새로운 이론으로 평가되며 종전의 원어 중심 번역을 지양하고 역어 중심 번역을 중시하는 것을 골자로 한다(김효중, 2004, p.191).

다. 직역에 가까운 의역은 교육적 측면이 고려된 번역방식으로서, 원칙적으로는 자연스러운 우리말 표현에 초점을 맞추되 부가적으로 고전어의 구문을 되도록 반영할 수 있는 방향으로 번역하는 것이다. 그는 번역문텍스트를 읽는 독자들을 만족시킬 수 있는 번역이 좋은 번역이라고 말하며, 이를 위해서는 번역문텍스트의 가독성이 중시되어야 하며, 또한 주석의 작업이 반드시 동반되어 독자의 이해를 돕는 번역이 되어야 한다고 주장한다. 이러한 번역문텍스트 독자를 위한 가독성을 높이기 위해서는 번역 시에 각주나 후주 등의 주들이 매우 중요하다고 강조한다. 그리고 고전도 물론 독자 위주로 번역되어야 하며, 가독성 위주로 번역될 수도 있다고 주장한다. 현대 문학작품과 다르게 고전을 번역할 경우에는 전혀 다른 문화의 환경에서 살아가는 번역문텍스트 독자의 이해를 우선적으로 고려하여 각주, 주석 및 미주 등 여러 가지 이해의 방법을 적용해서 가독성의 효과를 극대화해야 하는 것 또한 번역자의 임무인 것이다.

앙투안 베르망(Antoine Berman)[39]과 앙리 매쇼닉(H. Meschonnic)[40]의 학자들의 직역론은 그 대상이 고전과 유사한 작품들이지만, 위와 같은 의역론과는 그 입장이 사뭇 다르다. 이들이 번역 대상으로 삼는 것은 실용적 텍스트들이 아니라 문학작품이나 성경 같은 나름의 작품성이 있는 텍스트들인데, 이 작품들을 단지 의역한다면 바로 그 작품성, 이국성 혹은 낯섦이 훼손된다는 것이 그들의 견해이다. 한마디

---

39) 베르망의 번역론은 문자들의 번역인데, 이는 낯선 언어–문화의 이국성, 이질성을 번역해야 한다는 것으로, 문자나 형태들 자체의 번역이 아니라 이른바 형태의 번역을 지향하는 것이다.

40) 메쇼닉의 번역은 한마디로, 주체에 의한 언어 움직임의 무한한 조직화로 정의되는 리듬의 번역인데, 이 리듬은 작품들에만 있는 것은 아니나, 작품들에서 이 리듬이 번역되지 않는다면 그것은 생명력을 상실한 번역이 된다는 것이다.

로 베르망과 메쇼식의 직역론은 대어역으로서의 직역론과는 거리가 멀다. 윤리적 번역과 시적 번역으로 표현되기도 하는 이들의 직역은 형식 혹은 형태가 고려되지 않은 번역과 대비되는, 각종 형태적 의미까지도 고려한 번역이다.[41] 이렇듯 직역을 해야 하느냐 아니면 번역문텍스트 독자들의 가독성을 제고하기 위해 의역을 해야 하느냐라는 것에 대해 오래전부터 번역자들과 학자들 사이에서 치열한 논쟁이 벌어졌지만 아직도 결론에 도달하지는 못하고 있다. 아니, 결론이 날 수 없는 문제이다. 둘 다 일장일단이 있으므로 어느 것이 옳은 번역 방법이라고 단정하기는 쉽지가 않다. 그러나 번역자들은 번역 시에 가장 먼저 문장을 어떤 식으로 번역해야 할지 번역방법을 선택해야만 한다.[42] 그러나 모든 번역자들이 공통적으로 생각하는 바는 좋은 번역을 하는 것이다.

언어학자 사보리(Savory)는 좋은 번역이 갖추어야 할 요건을 이율배반적 격률[43]들로 정의하였다. 그런데 이율배반적 12개의 격률들을 자세히 들여다보면 번역의 어려움과 불가능성을 느끼면서 번역을 중단하고 싶다는 생각까지 들게 한다. 그만큼 원문텍스트의 충실성과 번역문텍스트의 가독성을 만족시키는 번역이 참으로 어렵다는 것이다. 이율배반적 12개의 격률은 오래전부터 진행되어온 좋은 번역에 대한 양 극단의 논의들을 정리한 것뿐이다. 이미 16세기 프랑스에 번

---

41) 전성기, 「인문학 번역과 번역 문법」, 『번역비평』 창간호, 고려대학교출판부, 2007, pp.42~43.

42) 이희재, 『번역의 탄생』, 교양인, 2009, p.16.

43) 사보리의 이율배반적 12개 격률은 다음과 같다. 1. 번역은 원문의 단어를 드러내야 한다. 2. 번역은 원문의 사상을 드러내야 한다. 3. 번역은 원작처럼 읽어야 한다. 4. 번역은 번역처럼 읽어야 한다. 5. 번역은 원작의 문체를 반영해야 한다. 6. 번역은 번역의 문체를 가져야 한다. 7. 번역은 원작과 동시대의 것으로 읽어야 한다. 8. 번역은 번역과 동시대의 것으로 읽어야 한다. 9. 번역은 원문에 덧붙이거나 생략해도 상관없다. 10. 번역은 원문에 덧붙이거나 생략해서는 절대로 안 된다. 11. 운문의 번역은 산문이어야 한다. 12. 운문의 번역은 운문이어야 한다.

역문의 가독성을 지나치게 중시하는 번역을 했다는 이유로 처형을
당한 에티엔 돌레(Etienne Dolet)[44]라는 번역자가 있었음을 상기할 때,
무엇이 좋은 번역인가에 대한 논의는 최근 시작된 것이 아니다. 사보
리의 12개 격률은 원문의 형식에 충실할 것이냐 번역문의 가독성을
중시할 것이냐는 두 개의 입장으로 정리된다. 어쩌면 이처럼 양 극단
에 위치한 입장 사이를 시계추처럼 오가고 있는 듯하다. 시대에 따라
서 양 극단 중 어떤 한쪽이 우세하기도 하고 또 다른 한쪽이 영향력
을 얻기도 한다. 흥미로운 것은 이렇듯 대비쌍으로 제시되는 개념들
은 종종 서로 배타적인 것으로 이해된다는 것이다. 즉, 번역자는 원문
에 충실하면서도 가독적인 번역을 할 수는 없으며 늘 '두 가지 중 하
나'를 선택함으로써 나머지 하나를 희생시킬 수밖에 없는 딜레마에
처해 있는 것으로 여겨진다. 이러한 대비적 인식을 가장 함축적으로
드러내주는 개념 중 하나가 바로 17세기 프랑스에서 등장한 '아름다
우나 부정한 여인'[45]이다. 물론 여기서 겉모습이 아름답다 함은 가독

---

44) 에티엔 돌레(Etienne Dolet, 1509~1546)는 1509년 8월 3일 오를레앙에서 태어났다. 그리고 37년 후 같
   은 날 파리의 모베르 광장에서 화형에 처해졌다. 그야말로 시대의 파도에 정면으로 부딪쳐서 산화한 인생
   이었다. 고대문학의 부흥기에 태어난 돌레는 라틴문학에 매료되어 고전 라틴어 지상주의를 부르짖으면서
   라틴어 학자로서 이름을 날렸다. 하지만 프랑스가 번역시대로 돌입하자 결연히 라틴어에서 프랑스어로 바
   꿔 번역에 뛰어들어 어떤 번역자들보다도 먼저 번역이론을 전개했다. 그리고 번역 때문에 죽었다. 돌레의
   번역론은 다섯 개의 원칙으로 이루어졌다. 요약하면 다음과 같다. 1. 번역자는 자기가 옮기는 책의 내용을
   잘 이해하고 있어야 한다. 2. 원어와 번역어에 대한 지식이 모두 깊어야 한다. 3. 단어 하나하나를 그대로
   옮겨놓는 식의 번역은 하지 마라. 언어에는 특유의 구조가 있다. 원문과 역문의 단어와 단어, 행과 행, 시
   구와 시구를 대응시켜야 한다는 강박관념에서 벗어나라. 4. 부득이한 경우가 아니면 라틴어에서 들어온
   별로 쓰이지 않는 단어는 피하고 누구나 이해할 수 있는 일상어를 써라. 5. 융변술을 본받아 미리민이 아
   니라 귀도 만족시킬 수 있는 전체적으로 조화를 이루는 문체를 구사하려고 애써라. 이 다섯 가지 돌레의
   번역론에는 훗날 번역논쟁의 쟁점이 되는 내용이 전부 들어가 있다고 보아도 좋다. 특히 이 딩시의 불헉
   은 라틴어 구문을 그대로 프랑스어로 베껴놓은 듯한 축역이 많았기 때문에 '원문을 베끼려고 하지 마
   라'는 돌레의 지적은 지극히 앞선 주장이었다. '원문에 대한 충실함'은 다음 세기에 대논쟁을 불러일으킨
   다. 원문의 언어와 역문의 언어지식 중 어떤 것이 우선이냐도 언제나 논쟁의 중심이었다(쓰지 유미 지음,
   『번역자 산책』, 이희재 역, 궁리, 2001, pp.95~103).

45) '아름다우나 부정한 여인(Belle infidèle)'이라는 표현을 처음으로 사용한 사람은 17세기 프랑스의 대학자
   매나쥐(Gilles Mènage)이다. 당시에는 모든 것을 '프랑스화'하는 번역, 즉 비록 원문에 충실하지 않더라도
   이국의 작품들을 최대한 아름답고 자연스러운 프랑스어로 번역하는 것이 유행이었다. 당시 이렇듯 유력하

성이 뛰어나고 매끄러워서 번역한 티가 나지 않는 번역을 말하며, 부정하다 함은 원문에 대해 충실하지 못했음을 의미한다. 번역자 입장에서 볼 때는 참으로 신랄하고 가혹한 비판이 아닐 수 없다. 이후 '아름다우나 부정한 여인'이라는 표현은 가독적이고 매끄러우나 원문에 충실하지 못한 번역을 일컫는 말로 널리 사용되기 시작하였다. 여기서도 역시 충실성과 가독성이라는 두 가치는 공존하기 어려운 것으로 암시된다. 겉모습이 아름다우면 부정하고 충실하면 겉모습이 아름답지 못하고 둘 중 하나인 것이다.[46] 이와 같이 번역자는 원문텍스트의 정확성을 바탕으로 한 충실성과 번역문텍스트 독자의 이해를 높이는 가독성의 문제를 제고하여 가장 충실한 번역-즉, 겉모습이 아름다우면서도 충실한 여인의 모습을 생산하는 데 역점을 두어야 한다. 또한 번역자는 번역 시에 의미변화를 수용하느냐 수용하지 않느냐의 정도는 해당 맥락 내의 의미변화의 중요도에 달려 있다. 정확성도 번역에 있어서는 의심의 여지없이 중요한 목적이 된다. 그러나 목표언어 독자에게 친숙한 보편적인 목표언어 유형을 사용하는 것 또한 의사소통 채널을 열어놓는 데 중요한 역할을 한다는 점도 중시해야만 한다.[47] 번역자는 목표언어 독자에게 친숙한 목표언이와 목표언어에 맞는 자연스러움을 가미한 번역을 통해서 가독성을 극대화해야 하는 번역자의 임무도 소홀히 해서는 안 된다.

고 가독적인 번역으로 이름을 날리던 페로 다블랑쿠르(Nicolas Perrot D'Ablancourt, 1606~1664)라는 번역자가 있었는데 매나쥐는 1654년경 페로의 번역을 이렇게 비판했다. "그의 번역은 내가 투르에서 깊이 사랑한 여자를 연상시킨다. 아름답지만 부정한 여인이었다"(이향, 2008, p.32).

46) 이향, 2008, pp.30~33.

47) Mona, Baker, 『말바꾸기』, 곽은주·최정아 외 2인 역, 한국문화사, 2005, p.83.

(1) 가독성의 구성요소
  a. 적절성(appropriateness)
  b. 친숙하게 하기(naturalizing)
  c. 번역자가 숨겨지는 현상(invisibility)

  우선 적절성을 예로 들어보자. 표현의 적절성과 문장길이의 적절
성을 들 수 있다. 표현이 적절해야 한다는 것은 번역문텍스트 문화권
에서 통용되는 어휘를 사용해야 함을 뜻한다. 번역자가 번역문텍스트
문화권에 사는 독자들에 맞는 어휘를 적절하게 사용하지 못하면 자
연스러움이 사라진 번역이 되어 오히려 가독성이 현저하게 떨어지는
결과를 초래할 수 있다. 이것은 충실성의 구성요소 중 하나인 정확성
과도 관련이 있다. 번역자가 원문을 정확히 이해해야만 가장 적절한
표현을 번역문텍스트에서 찾아낼 수 있는 것이다.[48] 친숙하게 하기
는 '저자를 독자에게 데리고 간다'는 표현으로 설명할 수 있다. 이 표
현은 원문에 대해 충실하지 않더라도 번역문텍스트 독자를 위해 최
대한 가독적인 방식으로, 독자가 이해하기 쉽게 번역하는 것을 말한
다. 이는 번역에 대한 최초의 근대적 성찰을 제안한 것으로 알려진
독일의 철학자 쉴라이어마허(Schleiermacher)가 제안한 이분법[49]으로
'아름다우나 부정한 여인'만큼이나 오랫동안 번역자의 딜레마를 표
현하는 명언으로 기억되어 오고 있다.[50] 베누티는 친숙하기는 낯설

---

48) 이은숙, 2008, pp.02~03.

49) 쉴라이어마허는 어떻게 원문텍스트 저자와 번역문텍스트 독자를 만날 수 있게 할지가 진전한 문제리고
   보았나. 이선에 있었던 단어 대 단어와 의미 대 의미 번역, 직역, 충실한 번역(faithful translation), 의역 등
   의 논쟁에서 벗어나, 그는 '진정한(true)' 번역자에게는 오직 두 개의 길(이분법)만이 열려 있다고 생각했
   다. 그 두 개의 길은 다음과 같다. '번역자는 가능한 한 저자를 제자리에 두고 독자가 저자에 접근하도록
   하든가, 아니면 가능한 한 독자를 제자리에 두고 저자가 독자에 접근하도록 할 수 있다.' 쉴라이어마허는
   번역자가 치해야 할 우선 전략으로, 독자를 저자에게 섭근시켜야 한다고 말한다(Jeremy Munday, 2008,
   pp.28~29).

50) 이향, 2008, pp.33~34.

게 하기의 반대개념으로서 '가능한 한 독자를 제자리에 두고 저자가 독자에 접근하도록 하는' 번역에 대해 비판한바 있는 쉴라이어마허와 생각을 같이한다. 친숙하게 하기로 표현하는 자국화는 또한, 이러한 번역전략을 비교적 쉽게 적용할 수 있는 텍스트를 신중히 선택함으로써 목표문화의 문학정전(literary canon)에 충실하려는 시도까지를 아우르는 개념이다. 이러한 자국화 현상에 대해 베누티는 개탄한다. 왜냐하면 자국화가 '영미권의 자민족 중심주의'에 따라 자신의 목표언어 및 문화적 가치에 맞추어 이국텍스트를 축소하는 것으로 보기 때문이다.[51] 그리고 번역자가 숨겨지는 현상(번역자 비가시성)은 독자가 번역물을 읽을 때 번역문텍스트가 다른 나라에서 쓰였고, 번역자가 개입되어 있다는 사실을 전혀 알지 못할 만큼 원문텍스트 문화권의 낯선 상황을 친숙한 역어의 상황으로 번역하는 전략이다. 번역문텍스트가 잘 읽히고 언어적·문체적 낯설음이 사라지고, 저자의 개성과 의도, 원문텍스트의 본질을 잘 전달하고 있으며, 번역문텍스트 자체가 번역이 아니라 원문인 것처럼 보이는 것이다. 그는 현지화와 타지화(foreignization)라는 두 가지 유형의 번역전략을 가지고 번역자 드러내지 않기를 설명하고 있다. 번역문텍스트에서 낯설음을 최소화하기 위해서 번역자를 드러내지 않고 번역문테스트에 가까운 문체로 번역하는 것이며, 도착어의 문화적 가치를 우선시하기 때문에 독자는 가만히 있고 저자가 독자에게 다가서는 것이 현시화 전략이다.[52] 이러한 현지화와 타지화의 개념과 텍스트 분석은 제3장 4에서 분석하고자 한다.

---

51) Jeremy Munday, 2006, pp.208~209.
52) 이은숙, 2008, p.93 재인용.

4. 자국화와 이국화의 개념

원문텍스트의 의미를 왜곡하는 오역과 한국어라고도 할 수 없는
번역투의 어색한 문장, 문화적 차이를 고려하지 않은 불친절한 번역
에 대한 지적들은 잘된 혹은 잘못된 번역을 논할 때 우리가 가장 먼
저, 가장 흔히 접할 수 있는 문제제기들이다. 번역에 대한 이러한 문
제제기의 이면에는 번역자의 임무란 '원문텍스트의 독자들이 느꼈을
것과 가장 가까운 독서효과를 매끄럽고 유창한 한국어를 통해, 쉽게
전달하는 것'이라는 번역에 대한 일반적 인식이 깔려 있다. 독자의
이해를 방해하는 원문텍스트의 언어적, 문화적 이질감을 최대한 알기
쉽고, 읽기 쉽게 번역해냄으로써 원문텍스트에 대한 번역문텍스트 독
자의 거리감을 최소화해야 한다는 견해는 일반 대중뿐만 아니라 전
통적 번역이론의 중심 입장이기도 하다.[53] 이러한 원문텍스트에 대
한 번역문텍스트 독자의 거리감을 최소화하는 전통적 번역이론의 중
심에 있어서 '낯섦'이란 용어를 표현하는 데 있어서 윤수진은 자신의
번역비평 '특수한 경우: '낯섦'을 '낯설게' 번역하기'에서 만일 원문이
원문 독자에게 일으키는 주된 효과가 '낯섦' 그 자체임에도 불구하고
원문이 번역되는 과정에서 거리감이 사라지면서 원문이 독자에게 일
으키는 주된 효과인 이 '낯섦'이 함께 사라져 버리는 경우는 어떨까
하고 반문하면서 한국계 미국인 작가인 노라 옥자 켈러의 소설
Comfort Woman[54]의 예를 들어 설명하였나 노라 옥자 켈러의 소설은

---

53) 윤수진, 「특수한 경우: '낯섦'을 '낯설게' 번역하기」, 『번역비평』 창간호, 고려대학교출판부, 2007, p.128.

54) 노라 옥자 켈러의 소설 *Comfort Woman*은 일본 식민지배하의 한국으로부터 해방 이후 선교사를 따라 이
주해간 미국까지를 배경으로, 일본군 성노예로서의 끔찍한 경험을 잊지 못하고 살아가는 여성 순효-아키
코와 미국인 선교사 남편과의 사이에서 태어난 딸 베카를 주인공으로 한 이야기이다. 소설의 서사구조는

수많은 한국적 이미지와 어휘들을 사용함으로써 작품 전체의 내용, 형식, 배경상의 이질감, 혼종성(hybridity), 잡종성의 이미지를 뛰어나게 발전시키고 있지만, 이 소설의 한국어 번역본은 번역의 과정에서 한국적 이미지와 어휘들의 차용이 지니는 작품 내적 맥락과 의미에 전혀 주의를 기울이지 않음으로써 영어권 원문 독자들에게 느껴졌을 이질감과 낯섦의 효과를 한국적 맥락 속에 매몰시키고 만다. 켈러는 이 소설에서 '제사(chesa)[55], 화투(hatto), 무김치(mukimchee), 미역국(myokkuk), 염(yom 또는 염습)[56], 태몽(tae-mong)[57], 삼신할머니(Samshin Halmoni)[58], 금줄(kumjul)[59]'과 같은 한국어 어휘들을 때로는 영어 뜻

___

현재와 과거, 꿈과 현실을 넘나들며 아키코의 내레이션과 혼혈인 딸 베카의 내레이션을 오간다. 위안소에서 자신은 이미 한 번 죽었다고 생각하는 아키코는 '한국어, 일본어, 영어'까지 할 수 있었지만 그보다는 침묵의 언어로 말하는 것을, 산 자의 세계보다는 죽은 자들의 세계를 택한다. 그러나 백인 선교사인 아버지의 피를 갖고 태어난 미국인, 영어를 모국어로 하는 그녀의 딸 베카는 이런 어머니와 사자(死者)의 세계를 이해하지 못한다. 이들 모녀가 살고 있는 곳은 미국에서도 가장 혼성적이고 잡종적인 공간 하와이이며, 이곳은 또한 이민 2세 혼혈인인 작가가 현재 살고 있는 곳이기도 하다(윤수진, 2007, p.129).

55) 제사(祭祀) 또는 제례(祭禮)는 천지신명을 비롯한 신령이나 죽은 이의 넋, 귀신 등에게 제물(음식)을 바치어 정성을 표하는 행위이다. 그러나 동아시아의 한자문화권에서는 설날이나 추석에 드리는 제사를 차례라고 부른다. 좁은 의미로 동아시아의 한자문화권에서 천지신명에게 올리는 정성을 나타내며, 넓은 의미로 샤머니즘 및 조상숭배, 애니미즘 등과 관련하여 제물을 바치는 의식 전반을 가리킨다.

56) 염습(殮襲) 또는 줄여서 염은 한국의 장례문화에서 죽은 사람의 몸을 씻기고 옷을 입힌 뒤 염포로 묶는 것을 말한다. 마지막으로 죽은 사람의 입에 곡식을 물리는 데 이를 '염'이라 하기도 한다.

57) 태몽은 잉태에 관한 여러 가지 조짐을 알려준다는 꿈. 꿈으로 잉태 여부, 태아의 성별, 장래의 운명 등을 풀이하는 것을 태몽점이라 한다. 태몽은 반드시 임산부만 꾸는 것은 아니며 태아의 아버지나 조부모·외조부모·고모 등 가까운 친척이 꿀 때도 있다. 또 태몽의 시기도 일정한 것은 아니며 수태 전후나 출산 전후가 될 수 있다. 이 태몽 습속은 주로 민간신앙으로 전승되는 치성(致誠)이나 굿 따위 무속적인 것, 주술적인 것 또는 점 등의 형태로 전승되어 왔다. 요즘의 태몽점은 관심이 주로 성별 판단에 있지만 과거엔 장래운명에 대한 예시로 풀이하는 경향이 많았다.

58) 삼신할머니는 아이의 출산, 수명과 질병 등을 관장하는 신. 삼신할머니를 찾는 신앙은 아이와 관련이 있다. 옥황상제의 명을 받아 아이의 출산과 수명과 질병 등을 관장하는 신이 삼신할머니이다. 며느리가 출산을 한다면 출산을 쉽게 해달라고 비는 대상이 삼신할머니이고, 또 아이가 아파도 삼신할머니를 찾는다. 출산을 하면 가장 먼저 삼신할머니에게 고맙다고 미역국을 끓여 바치고 곧이어 산모에게 역시 미역국을 끓여 먹인다. 미역국을 올리는 것은 삼신할머니에게 바치는 아이 출산 감사의례인 셈이다. 또 예전엔 아이들이 백일이나 첫돌을 넘기기가 어려웠다. 오늘날처럼 의학이 발달하지 못했기 때문인데, 그래서 백일이나 첫돌 이전에 아이에게 탈이 많이 나는 경우가 많았으므로 첫돌까지 특히 삼신할머니를 찾는 일이 많았다. 삼신할머니를 찾는 방법은 간단하다. 정갈한 소반에 깨끗한 정한수를 떠놓고 두 손을 모아 정성으로 빌면 된다. 이때 보통 "우리 며느리가 쉽게 출산을 하도록 도와주십시오"라든지 "우리 아이가 병이 들었으니 그저 삼신할머니께서 도와주십시오"라는 식으로 중얼거린다.

풀이와 함께 때로는 아무런 설명 없이 곳곳에 사용하고 있으며 이는 작품을 읽는 독자로 하여금 이질감과 낯섦, 당혹감을 느끼지 않을 수 없게 한다. 그러나 켈러의 소설에서 한국 어휘의 차용이 불러일으키는 효과는 단순히 독자들이 느끼는 당혹감뿐만이 아니다. 뜻을 알 수 없고 발음하기조차 쉽지 않은 말들의 갑작스러운 출현에 영어권 독자들이 느끼는 이질감, 이국적 정서, 신비감은 서양/동양, 백인/동양인, 남성/여성, 이성/감성, 기독교/무속신앙의 이분법 속에서 전자가 후자를 바라보는 시선에 다름 아니다. 그러나 여기서 주목할 것은 이런 한국어의 차용이 원문을 읽는 한국 독자에게조차 이질감을 불러일으킨다는 점이다. 작가의 한국적 배경에 익숙한 독자라 하더라도 영문소설에서 알파벳으로 표기된 한국 어휘를 맞닥뜨리는 것은 낯선 경험이며 때로는 즉시 그 단어의 의미를 파악할 수 없는 경우도 있다.[60]

이와 같은 작품 내의 언어적 이질감을 번역할 때 번역자는 번역에 앞서 번역의 전략을 수립할 때 이 번역을 저자의 의도에 맞게 이국화(외국화, 낯설게 하기)를 할 것인가 혹은 번역 대상독자를 위한 가독성의 의미를 수행하기 위해 자국화(현지화, 친숙하게 하기)를 할 것인가에 대해서 숙고한다. 번역은 이렇듯 자국어 문학과 외국어 문학의

---

59) 금줄은 신성한 곳임을 표시하고 부정한 사람의 접근을 막으며 잡귀의 침범을 방어할 목적으로 늘이는 새끼술. 금기줄[禁忌繩]·인줄[人繩]·좌삭(左索)·문삭(門索)·태삭(胎索)이라고도 한다. 설치장소에 따라 형태가 조금씩 다른데, 제장(祭場)이나 제주(祭主)의 집 같은 신성한 곳에 늘이는 것과 출산 시 산기(産忌)의 표시로 늘이는 것 2가지 형태가 있다. 신성한 곳에 늘이는 금줄은 짚으로 왼 새끼를 꼬아 백지·백포·솔가지나 댓잎 등을 드문드문 끼우는 것이 일반적이다. 산기의 금줄은 왼 새끼줄에 솔가지나 댓잎을 끼우고 아이의 성별에 따라 남아는 고추를 추가적으로 매단다. 붉은 고추색은 양색(陽色)으로 악귀를 쫓는 데 효험이 있고 숯의 검은빛은 음색(陰色)으로 잡귀를 흡수하는 기능을 가진다고 한다. 금줄은 출산의 경우 보통 21일 동안 친다. 금줄을 늘인 곳에는 근방 사람은 근신하여 내왕을 삼가고, 특히 몸과 마음이 부정한 자는 내왕해서는 안 된다.

60) 윤수진, 2007, pp.128~130.

대립과 갈등 속에 나타나는 헤게모니 투쟁을 반영한다. 즉, 번역자는 다른 문화권의 텍스트에 나타나는 이질적인 문화를 번역문텍스트 문화권에 소개할 때 번역의 한계를 느낀다. 언어별 고유한 문화가 형성되기 때문에 번역문텍스트 문화와 다르거나 존재하지 않는 원문텍스트 문화와 관련된 내용을 번역할 때 번역자는 어려움을 느끼게 되는 것이다. 번역문텍스트 문화권에는 친숙하지 않은 원문텍스트의 내용을 번역할 때 번역자는 번역문 대상독자를 위한 이해도를 제고하기 위해 자국화할 것인지 혹은 원저자의 의미를 제대로 전달하기 위해 이국화를 할 것인지에 대한 번역자가 내릴 수 있는 결정은 두 가지로 좁혀진다. 원문텍스트에 충실하게 번역을 할 것인가 혹은 원문텍스트에 벗어나서 번역문텍스트에 수용될 수 있게 번역을 할 것인가를 결정하게 된다. 자국화와 이국화 번역전략에 대한 결정은 번역자의 주관적인 판단이므로 번역자마다 동일한 원문텍스트를 두고 다르게 접근할 수 있다.[61] 이러한 번역의 현상에 대해서 로렌스 베누티(Lawrence Venuti)는 『번역자의 비가시성』(The Translator's Invisibility)에서 최근의 번역상황은 영어를 중심에 둔 영미문학의 팽창과 관계 맺고 있다고 본다. 베누티는 '주변'에서 일어나는 불균형이 '중심'인 영어권 시장에서 외국텍스트를 영어로 번역하려고 하는 번역자들의 지위와 역할을 점차 감소시킨다고 주장한다. 영어와 다른 언어의 불균형은 영어로 번역되는 외국텍스트의 수를 제한하고 그 내용 역시 영어권 독자들에 맞게 자국화시킴으로써 외국텍스트가 지닌 문화적 수도로서의 지위를 감소시킨다는 것이다. 세계의 번역시장에서 영어권 문학의 팽

---

61) 선이미, 「『이상한 나라의 앨리스』에 나타난 자국화와 이국화 번역연구」, 부산외국어대학교 통역번역대학원 석사학위논문, 2009, pp.2~3.

창과 그에 따른 타 언어권 문학의 상대적 위축은 베누티를 비롯하여 여러 논자들에 의해 거론된다. 이렇게 번역의 불균형이 발생하는 것은 주변과 중심의 끊임없는 번역의 헤게모니 현상 때문이라고 해도 틀린 것은 아니다. 우리가 실질적으로 논의하는 자국화와 이국화에 대한 대표적인 학자인 쉴라이어마허와 베누티의 주요개념과 함께 문학작품을 번역함에 있어서 과연 자국화와 이국화 중 어느 것에 중점을 두고 번역해야 하는지 결정하는 것 또한 무엇보다도 중요하다고 여긴다. 대개 번역자들은 원문텍스트를 다소 훼손시키더라도 수용자들의 이해도를 높일 것인지(자국화) 아니면 외국 문학작품의 원전을 보전하는 데 주력할 것인지(이국화), 이 두 가지 사안을 놓고 대립해 왔다. 베누티는 원전을 훼손시켜 독자의 이해를 높이는 것은 외국텍스트에 대한 자국어·자민족 중심적인 발상이라며 이를 비난한다. 그렇지만 이국적인 텍스트를 충실히 번역하는 이국화는 비록 외국문화에 대해 많은 정보를 줄 수 있겠지만 독자들의 이해를 어렵게 하여 번역물의 상품성을 떨어뜨리게 된다. 이는 번역문학 전반의 침체를 불러올 수 있다. 그렇다면 번역을 함에 있어서 이러한 문제점들을 극복할 수 있는 방법은 없을까? 그리고 번역에 있어서 상호 대립적으로 보이는 자국화와 이국화는 실제 번역과정에 있어서 공존할 수 없을까? 이러한 번역의 방법을 결국 번역자는 결정하여 번역에 임해야 한다.[62] 그리고 이러한 번역방법을 번역에 적용할 경우 번역문텍스트 대상독자에게 어떠한 효과를 주는지도 항상 유념하여야 한다.

이국화가 일차적으로 동일한 언어와 문화를 공유하는 환경에서 이

---

62) 김한성, 「번역태도의 자국화와 이국화: 일본어 소설 『고도』의 영역 및 한역 비교분석」, 『번역학연구』, 제12권 1호, 2011, pp.123~127.

루어지는 것이라면 번역은 서로 상이한 언어 간 매개역할을 하기 때문에 여기서 이국화 자체의 성격이 드러난 것처럼 여겨진다. 언어는 기본적으로 문화와 정서를 반영한다고 볼 때, 언어를 옮기는 번역은 출발어와 도착어의 문화와 가치 및 정서를 함께 전달하게 된다. 여기서 원문에 나타난 이것들을 그대로 전달하는 데 중점을 두는가(이국화, Foreignization), 혹은 번역문 독자의 그것에 맞추어 전환하는가(자국화, Domestication)에 따라 번역의 기본방향이 정해진다. 이국화가 외국의 언어, 정서, 문화, 가치를 담은 요소를 낯설게 그대로 두는 것이라면 자국화는 그것을 수용자에 맞게 외국어텍스트를 번역한 것을 눈치채지 못할 정도로 자연스럽게 동화시키는 것이다. 이 두 개념은 쉴라이어마허(Schleimacher)가 번역 방법론으로 도입한 이래 많은 학자들의 번역비평 담론에 자주 등장하는 대표적 번역평가 접근방법이다.[63] 쉴라이어마허는 19세기 번역이론 정립에 지대한 영향을 미친 학자이다. 그에 의해서 그 당시까지 가장 중시되었던 번역의 엄격한 이분법적 방법이 'not …… but'의 범주가 좀 더 융통성이 있고 진보적인 'either …… or'로 전이되었다고 할 수 있다. 그는 '낯설게 하기'의 방법을 선호함으로써 ST에 충실해야 함을 분명히 했다. 번역은 본질적으로 이해의, 이해하게 하는 과정, 즉 해석학적 과정이다. 이러한 과정은 서로 다른 언어 간에서뿐만 아니라 동일한 언어 내에서도 필수적이라는 것이 그의 생각이었다. 그는 어느 정도의 시간이 지난 후에는 자기 자신의 텍스트도 다시 번역하지 않으면 안 된다는 극단적인 견해를 피력했다. 괴테와 쉴라이어마허의 번역관을 비교해 보면,

---

63) 류현주, 「비평담론에서의 '낯설게 하기'와 '이국화'」, 『영미어문학』, 제92호(2009, 9), p.193.

현재까지도 논의되는 번역의 양면성(직역과 의역)을 충분히 이해할
수 있다. 번역은 개인의 주관적 판단과 결정의 문제이므로 어느 방법
이 정당한가는 개인의 문제이다. 번역은 두 주인을 섬기는 하인과 같
다는 말이 있다. 번역자는 역어의 독자와 원어의 저자를 섬겨야 하는
데, 이 경우에 중용을 지키기는 매우 어려운 일이며 어느 한쪽을 소
홀히 하지 않을 수 없다. 이와 같은 딜레마는 어느 시대 어느 문화권
에도 존재하지만 이 문제에 관한 괴테와 쉴라이어마허의 번역 방법
론은 확연하게 달랐다. 괴테에게는 양자택일 중 '친숙하게 하기'의 번
역방법이 자연스러운 번역방법이었고 반면에 쉴라이어마허에게는
'낯설게 하기'의 번역방법이 유일한 방법이었다. 쉴라이어마허는 이
러한 번역방법을 주장했을 뿐만 아니라 플라톤 번역에 이 방법을 적
용했는데 직역 혹은 의역이라는 극단적인 방법을 피하여 외국화 혹
은 독일화해야 한다고 하면서 융통성 있는 번역방법을 제시했고 또
한 처음으로 해설과 번역을 구분했다. 그가 주장한 번역원칙은 다음
과 같다.

1) 번역은 본질적으로 이해의 과정이다. 정보전달과정은 상이한 두
   언어 사이에서뿐만 아니라 동일한 언어의 방언이나 시대적으로
   차이가 있는 텍스트 사이에도 필요하다.
2) 번역자는 텍스트의 종류에 따라 상이한 번역방법을 사용해야 한다.
3) 제한된 연구대상과 객관적 사태관계를 명확히 나타내기 때문에
   상이한 언어 간에도 정확한 대응관계를 이루는 학술용어와 역사
   의 흐름에 따라 그 의미가 변화하는 개념이나 삼각 또는 견해
   등을 나타내는 어휘는 구별되어야 한다. 여기에서 유념해야 할
   사실은 모든 개별어의 개념체계가 서로 다르다는 사실이다.
4) 원문의 '언어정신'이 역시 독자들에게 전달되도록 번역해야 한
   다. 번역의 효과는 외국어에 능숙하지만 낯설게 느껴지기를 선

호하는 교양인의 취향에 맞추어야 하므로 독일어 바꾸어 쓰기,
모사 등의 번역방법은 문제시되지 않는다. 다시 말하면 원어 중
심의 번역, 즉 낯설게 하기의 방법이다. 이런 번역방법을 통해서
만 원어의 형식과 내용이 역어텍스트에 충실히 반영된다.[64]

이러한 번역의 방법을 고수한 쉴라이어마허는 현대 프로테스탄트
신학과 현대 해석학의 창시자로 불리는데, 현대 해석학은 절대적인
진리가 아닌 개인의 내적 감성과 이해를 바탕으로 번역을 바라보는
낭만주의적 접근법이다. 그는 번역자를 두 종류로 나누고, 이들은 두
가지의 다른 텍스트 타입을 번역한다고 말한다.

Dolmetcher(통역자)는 상업적 텍스트를 번역한다.
Übersetzer(번역자)는 학술, 예술 텍스트를 번역한다.

쉴라이어마허는 두 번째 타입을 번역할 때 언어에 새 생명을 불어
넣는 보다 높은 창조성이 요구된다고 보았다. ST의 의미가 문화에 바
탕을 둔 언어에 내재해 있어 TL이 그 의미를 완전하게 전달하기 힘들
기 때문에, 학술, 예술 텍스트를 번역하기란 어쩌면 불가능해 보일 수
도 있겠지만 그는 어떻게 ST 저자와 TT 독자를 만날 수 있게 할지가
진정한 문제라고 보았다. 이전에 있었던 단어 대 단어와 의미 대 의미
번역, 직역, 충실한 번역(faithful translation), 의역 등의 논쟁에서 벗어나,
그는 '진정한(true)' 번역자에게는 오직 두 개의 길(번역자와 저자와 그
리고 독자의 상호접근법을 말함이다)[65]만이 열려 있다고 생각했다. 그

---

64) 김효중, 2004, pp.183~185.

65) 각주 112번 쉴라이어마허의 이분법 참조. "Either the translator leaves the writer in peace as much as
possible and moves the reader toward him, or he leaves the reader as much as possible and moves
the writer toward him(Jeremy Munday, 2008, p.29)."

는 번역자가 취해야 할 우선 전략으로, 독자를 저자에게 접근시켜야 한다고 말한다. 이는 저자가 독어로 글을 썼다면 어떻게 했을까 하고 가정하면서 번역하는 것이 아니라, '독일인인 독자가 원문의 원어를 읽었을 때 받는 것과 동일한 인상'을 주는 전략이다. 이를 성취하기 위해서는 번역자가 귀화(naturalizing)와 반대되는 외화(alienating)의 번역 방법을 취하여 ST의 언어와 내용을 중심으로 번역해야 한다. 즉, 번역자는 이국성을 인식하고 존중하여 이를 TL에 옮겨야 하는 것이다. 이런 접근법은 다음과 같은 결과를 초래할 수 있다.

1. 번역자가 ST로부터 자신이 받은 것과 동일한 인상을 전달하고자 할지라도, 이런 인상은 TT 독자층의 교육과 이해 수준에 따라 달리 나타날 것이고, 이는 또한 번역자 자신의 이해와 다를 가능성이 있다.
2. 번역을 위한 특별한 언어가 필요할 수 있다. 예컨대, 어떤 부분에서는 원문에 없는 상상의 단어를 첨가하여 보완하는가 하면, 다른 부분에서는 번역자가 이국적인 인상을 전달할 수 없는 진부한 표현에 만족해야 할 때가 있을 것이다.

쉴라이어마허의 영향은 실로 컸다. 서로 상반되는 개념인 '외화'와 '귀화'는 베누티의 '이국화'와 '자국화'로 이어진다.66) 베누티는 번역자의 '가시성'에 관해 논의하면서 두 가지의 번역전략, 즉 '자국화'와 '이국화' 전략을 소개한다. 그가 말하는 전략은 번역할 텍스트의 선정과 적용할 번역방법의 선택까지도 포함하는 개념이다. 베누티는 영미의 번역문화에서 자국화가 시배석이라고 본다. 탈식민주의 번역학자들이 식민지(colonizer)와 피식민자(colonized) 간의 권력관계(power relation)

의 차이 때문에 나타나는 문화적 영향을 우려하듯이, 베누티도 자국화 현상을 개탄한다. 왜냐하면 그는 자국화가 '영미문화권의 자민족 중심주의(ethnocentrism)에 따라 자신의 목표언어 및 문화적 가치에 맞추어 이국텍스트를 축소(reduction)'하는 것으로 보기 때문이다. 자국화 전략을 택한 번역자는 TT에서의 '외래성(foreignness)'을 최소화하기 위해 투명하고, 유창하며, 불가시성의 번역을 한다. 베누티는 '가능한 한 독자를 제자리에 두고 저자가 독자에 접근하도록 하는' 번역에 대해 비판한바 있는 쉴라이어마허와 생각을 같이한다. 자국화는 또한 이러한 번역전략을 비교적 쉽게 적용할 수 있는 텍스트를 신중히 선택함으로써 목표문화의 문학정전에 충실하려는 시도까지를 아우르는 개념이다. 이국화는 반면에 '목표언어의 지배적인 문화적 가치에 의해 지금까지 배제되었던, 또는 그와 비슷한 위치에 놓인 이국텍스트를 선정하여 그에 필요한 번역방법을 개발'하는 것으로, 이는 '번역자는 가능한 한 저자를 제자리에 두고 독자가 저자에 접근하도록' 번역해야 한다고 주장한 쉴라이어마허의 생각과 같다. 베누티는 이국화 전략이란 '이국텍스트의 언어적, 문화적 차이가 받아들여지게끔 목표언어의 문화적 가치에 압력을 가해 자민족 일탈을 유도함으로써 독자를 이국으로 보내는' 것이라고 말한다. 이것이 '매우 바람직하다'고 말하는 그는 이를 통해 '자민족 중심적인 번역의 폭력(ethnocentric violence of translation)에 악용되지 않도록' 할 수 있다고 주장한다. 즉, 이국화 전략을 통해 영어권 국가의 지배적인 문화적 가치인 '폭력적' 자국화를 억제할 수 있다는 것이다. 베누티가 저항성(resistancy)이라고도 부르는 이국화 전략은 TL의 관점에서 유창하지 않거나 낯설게 번역하는 것으로, 목표문화의 지배적인 이데올로기로

부터 ST의 이국적 정체성을 보호하고, 나아가 강조함으로써 번역자의 존재를 '가시적(visible)'으로 드러내는 전략이다. 베누티는 비록 이국화 번역을 해야 한다고 주장하지만, 여기에도 몇 가지 모순이 있음을 인정한다. 우선, 이국화는 주관적이고 상대적인 개념이다. 또한, 1) 결국 번역은 ST를 목표문화로 옮기는 것인 데다가, 2) '가시적'인 번역을 위해서는 지배적인 목표문화의 가치로부터 일탈해야 하는데, 그것이 눈에 띌 만큼 가시적이기 위해서는 다른 부분에서 자국화를 해야 하기 때문이다. 결국, 일정 부분 자국화에 의존해야 하는 것이다. 그럼에도 불구하고, 베누티는 이국화 번역을 계속해서 옹호한다.[67] 이러한 자국화와 이국화의 특성을 고려한 번역의 예는 다음과 같다.

ST 1: ······ she said aloud. "I must be getting somewhere near the centre of the earth. Let me see: that would be four thousand miles down, I think-"(*Alice in Wonderland*, 1865: 8).

TT 1: "얼마나 아래로 떨어진 걸까? 지구의 중심에 가까이 가고 있는 게 틀림없어. 그래, 6천 킬로미터쯤 내려온 것 같아"(최인자, 43～44).
TT 2: 지금까지 몇 킬로미터나 떨어져 내려왔을까? 앨리스가 큰소리로 말했다. 「분명히 지구 중심쯤엔 와 있을 거야. 어디 보자, 그럼 한 6천 킬로미터 정도인가······」(최용준, 15).
TT 3: 「지금까지 몇 마일이나 떨어져 내렸을까?」 앨리스가 큰소리로 말했다. 「아마 지구 중심부에 가까워졌을 거야. 얼마더라? 그래 4천 마일쯤 된다고 했어······」(이동민, 11).
TT 4: 도대체 몇 킬로미터나 떨어진 것일까? 앨리스는 아래로 떨어지면서 너무나 무서운 생각이 들었습니다. '이러다가 영원히 떨어지는 것은 아닐까? 벌써 6킬로미터는 떨어졌을 거야'(심상우, 12).
TT 5: 앨리스는 큰소리로 떠들었다. "지금까지 몇 미터나 떨어졌을

---

67) Jeremy Munday, 2006, pp.208～211.

까? 지구 중심 어딘가에 가까워지고 있을 텐데. 응, 지구 중심이라
면 아마 6,400킬로미터쯤이나 떨어진 곳일 텐데……"(손영미, 13).

상기 예문은 앨리스가 토끼를 따라가다 굴속으로 떨어지는 부분이
다. ST 1에서 ST의 'four thousand miles, 4천 마일'을 TT 1과 TT 2는 TT
독자를 위한 TT 문화권의 도량형 단위인 '킬로미터제(km)'로 환산하
여 '6천 킬로미터'로 환산하여 표기하였으며, TT 3은 ST의 문화권의
단위가 TT의 문화권에 적용되지 않고 ST 문화권의 도량형 단위인 마
일을 사용하였으며, TT 4는 번역자의 실수로 4천 마일을 4마일로 잘
못 인식하여 6킬로미터로 처리하였고, TT 5는 1마일을 1.609킬로미터
로 정확한 TT 문화권의 도량형 단위로 계산하여 6,400킬로미터로 적
용하는 번역전략을 취하였다. 특히 TT 3과 같은 이국화의 개념으로
번역하는 방법은 목표문화권의 독자가 자국의 도량형 단위로 번역하
지 않았기 때문에 거리가 얼마나 되는지 알 수 없다는 단점이 생기며
가독성 저하를 초래할 수 있다. TT 3을 제외한 다른 번역본들은 목표
문화권의 도량형 단위인 'km'로 번역함으로써 이국성을 상실하였다.
위와 같은 자국화와 이국화의 번역전략을 적용하는 것은 번역자 스
스로가 번역을 할 경우 번역 대상독자를 위한 이해의 측면에서 고려
하는 부분이다.

ST 2: She took down a jar from one of the shelves as she passed: it was
labeled "ORANGE MARMALADE" but to her great disappointment it
was empty: (*Alice in Wonderland*, 1865: 8).

TT 1: 앨리스는 스쳐 지나가는 선반들 중 하나에서 병 하나를 집어
들었다. 그 병에는 '오렌지 잼'이라는 딱지가 붙어 있었지만, 너무
나 실망스럽게도 안은 비어 있었다(최인자, 43).

TT 2: 앨리스는 지나쳐 내려가며 선반에서 단지를 하나 집어 들었
다. 단지에는 <오렌지 마멀레이드>라고 적힌 딱지가 붙어 있었지
만, 안은 텅 비어 있었다(최용준, 14).
TT 3: 너무도 신기한 생각에 선반 위에 얹혀 있는 항아리 하나를
집어 들고 보니 자기가 너무나 좋아하는 '오렌지 마아말레이드'라
는 라벨이 붙어 있었지만 항아리는 텅 비어 있었다(이동민, 10).
TT 4: 앨리스는 신기해하며 선반 위에 놓인 항아리 하나를 집어 들
었습니다. 그 항아리에는 '오렌지 잼'이라는 글자가 쓰여 있었습니
다. 하지만 뚜껑을 열어 보니 속은 텅 비어 있었습니다(심상우, 12).
TT 5: 앨리스는 한 선반을 지나치면서 단지 하나를 집어 들었다.
'오렌지 마멀레이드'라는 꼬리표가 붙어 있었지만, 실망스럽게도
빈 단지였다(손영미, 13).

위 예문은 앨리스가 우연히 선반 위에 있는 단지를 발견하는 부분
이다. ST 2의 TT 2, TT 3, TT 5는 ST의 'MARMALADE(마멀레이드: 오
렌지·레몬 등으로 만든 잼. 보통 아침식사 때 먹음)'를 번역 대상독자
의 문화권의 이해의 측면이 고려되지 않고, 또한 대상독자들을 위한
특별한 부연설명이 없이 TT에 '마멀레이드'라고 음차 번역하여 이국
성을 높이기 위한 번역의 전략을 사용하였으며 TT 1과 TT 4는 ST의
'MARMALADE'를 목표문화권의 독자가 일상생활에서 흔히 접하는
'잼'으로 자국화 전략을 취하면서 TT 독자에게 가독성을 높이는 전략
을 사용하였다. 또한 ST의 'label'을 TT 3에서는 TT에 음차 번역하여
서 단어의 의미 자체를 살려서 이국화 전략을 사용하여 라벨이라고
처리하였고, 다른 TT들은 딱지 또는 꼬리표로 자국화 전략을 사용하
여 TT 독자들의 이해력을 최대한 높이는 데 주력히여 번역하였으나
원어가 주는 라벨의 이국성을 상실하는 결과가 발생하였다. 번역자는
번역의 전략으로서 원문에 사용하는 어휘가 TL 문화권에 손재하지
않을 경우 소리 나는 대로 번역하는 음차번역을 사용하거나 상위어

로 대체하여 번역하는 방법을 적용한다.

ST 3: The enclosures numbered fifty acres instead of ten, the farmsteads were more extended, the groups of cattle formed tribes hereabout; there only families. These myriads of cows stretching under her eyes from the far east to the far west outnumbered any she had ever seen at one glance before. The green lea was speckled as thickly with them as a canvas by Van Alsloot or Sallaert with burghers(Tess 80).[68]

TT 1: 농장의 면적은 10에이커가 아니라 50에이커에 달했고 농장 건물도 훨씬 컸으며, 소 떼도 거기서는 겨우 가족 규모라면 여기서는 부족이라고 할 만큼 되었다. 동쪽 끝에서 서쪽 끝까지 그녀의 시야 속에 펼쳐진 수많은 암소 떼는 그녀가 지금까지 한눈에 본 것으로는 가장 많았다. 푸른 풀밭 위에는 마치 반 알스루트나 살라에르트(일상을 소재로 한 풍경화를 그린 네덜란드의 화가들-역주)의 화폭에 그려진 사람들처럼, 소떼들이 점점이 흩어져 있었다(김보원, 123).

TT 2: 울타리로 둘러싸인 땅은 넓이가 10에이커 정도가 아니라 50에이커나 되었고, 건물이 덧붙은 농장도 훨씬 넓고, 소 떼도 한 가족 정도의 수효밖에 안 되던 고향에 비해 여기서는 일족을 이루고 있었다. 저 멀리 동쪽에서부터 서쪽으로 여기저기 셀 수 없이 많은 암소 떼를 테스는 일찍이 본 적이 없었다. 푸른 초원에는 마치 밴 알스루트나 살러트의 그림 속에 옹기종기 그려져 있는 서민들처럼, 암소 떼가 마치 얼룩점처럼 사방으로 퍼져 있었다(이동민, 129～130).

TT 3: 울로 둘러싼 땅도 10에이커 정도가 아닌, 50에이커의 넓이나 되고, 건물이 덧붙은 농장도 훨씬 넓고, 소의 무리도 저쪽에선 한 가족 정도의 수효지만 여기선 일족을 이루고 있었다. 저 멀리 끝에서 끝으로 흩어져 있는 헤아릴 수 없이 많은 저 암소 떼를 테스는 일찍이 한눈에 본 적이 없었다(이진석, 120).

TT 4: 블랙무어는 10에이커 정도의 낙농장에 소도 몇 마리밖엔 없는 데 비해 이곳의 목장은 50에이커나 되는 넓은 땅에 건물이 딸린

---

68) Thomas Hardy, *Tess of the D'urbervilles*, ed., Scott Elledge New York: Norton & Company Inc., 1991 에서 인용한 인용문헌은 *Tess*로 표기하며 이후 예문에선 페이지만 인용한다.

농장도 훨씬 넓고 소들도 큰 집단을 이루고 있었다. 멀리 동쪽 끝
에서 서쪽 끝까지 흩어져 있는 수많은 소들을 테스는 일찍이 본 적
이 없었다. 여기 푸른 초원에 가득 차 있는 소들은 마치 <u>반 알스루
트나 살라에르트(네딜란드의 화가들)</u>의 화폭 속의 사람들처럼 여기
저기 떼를 지어 널려 있었다(김회진, 138).

TT 5: 블랙무어에는 고작 <u>10에이커의 낙농장에 얼마 안 되는 소들
이 있었으나, 이곳에는 50에이커나 되는</u> 넓은 지대에 건물이 딸린
농장도 훨씬 많고, 또 소는 큰 무리를 이루고 있었다. 까마득한 동
쪽에서 서쪽 끝까지 흩어져 있는 무수한 소 떼를 그녀는 일찍이 본
일이 없었다. <u>반 알슬루트나 샐래어트가</u> 그린 그림의 초원에는 사
람이 가득 차 있었으나, 이곳의 초원에는 소 떼가 가득 차 있었다
(신대현, 116~117).

TT 6: 담장을 친 목초지의 면적은 <u>10에이커가 아니라 50에이커였
고,</u> 농장 건물도 훨씬 컸으며, 그곳에서 소 떼가 몇 가족 정도라면
이곳에서는 부족이라고 해도 될 만큼 무리를 이루었다. 동쪽 끝에
서 서쪽 끝까지 그녀의 시야에 들어오는 수많은 암소 떼는 그녀가
지금까지 한번에 본 것으로는 가장 많았다. 푸른 풀밭 위에는 <u>반
알스로트나 살라에르트*</u>의 화폭에 사람들이 빽빽이 그려진 것처럼
소떼들이 들어차 있었다(각주 *17세기 전반 플랑드르 지방의 풍광
과 일상을 그린 화가들)(유명숙, 161).

　　상기 예문은 테스가 희망을 가지고 일하게 되는 탈보테이즈 농장
의 규모와 그 풍경을 묘사한 부분이다. ST 3은 테스 자신이 속한 땅보
다 훨씬 큰 농장의 면적을 표현하는 부분에서 면적에 대한 개념으로
ST의 'fifty acres'와 'ten(acres)'을 이국화[69)의 개념으로 적용하여 '50에
이커'와 '10에이커'로 번역하는 전략을 취하였으나, TT의 독자에게는

---

69) "이국화 번역(foreignizing translation)은 원천텍스트에 존재하는 이국풍(異國風)의 요소를 목표텍스트에 그
　　대로 옮겨 의도적으로 목표언어권의 관습에 적합지 않은 목표텍스트를 생산한다. 이국화 번역은 외국텍스
　　트의 언어나 문화가 다르다는 점을 드러내고, 목표문화권의 언어적이고 텍스트적인 제약을 반드시 따르지
　　않아도 될 뿐 아니라, 유려함을 추구하지도 않는다. 원천텍스트의 명확하지 않은 표현이나 원천언어권 내
　　에서도 생소한 어떤 요소를 그대로 옮기고, 목표언어의 고어(古語) 등을 의도적으로 텍스트에 넣는다(이근
　　희, 2005, pp.78~79)." 베누티는 "외국화 방법이란 외국텍스트의 언어적, 문화적 차이가 받아들여지게끔
　　목표언어의 문화적 가치에 자민족 일탈(ethnodeviant)의 압력을 가함으로써 독자를 외국으로 보내는 것이
　　라고 말한다. 이것이 번역에 있어서 가장 바람직하다고 말하였다(Jeremy Munday, 2008, p.145)."

낙농장이 어느 정도의 규모인지 느낄 수 없으므로 가독성을 저해하
는 결과를 초래할 수 있다. 오히려 이국성의 개념보다는 자국화 개념
으로 번역하는 전략을 취하여 목표문화권 독자가 쉽게 인식하는 도
량형 단위인 평방미터(m^2)로 환산하여 '40,050m^2와 202,500m^2'로 표기
하는 전략을 취하였으면 가독성 측면에서는 독자에게 더 도움이 되
었을 것이다. 이와 더불어 농장의 풍경을 묘사하는 ST의 네덜란드 화
가 'Van Alsloot or Sallaert'를 대부분의 TT에서 고유명사인 인명을 음
차 번역하여 '반 알스로트나 살라에르트'와 유사하게 발음하여 번역
하였다. 또한 번역문의 대상독자를 위한 이해도의 측면에서 네덜란드
의 화가임을 문장 내 각주와 역주를 통해서 정보 추가를 하여 번역하
는 전략을 취하였다.

ST 4: The waggon had drawn up under the churchyard wall, in a spot
screened from view, and the driver, nothing loth, soon hauled down the
poor heap of household goods. This done she paid him, reducing herself to
almost her last shilling thereby, and he moved off and left them, only too
glad to get out of further dealings with such a family. It was a dry night,
and he guessed that they would come to no harm(285).

TT 1: 짐마차는 교회 담 밑 사람들 눈에 잘 띄지 않는 쪽에 세워졌
고, 마부는 곧 싫은 기색 없이 초라한 가재도구를 내려놓았다. 일
이 끝나 마부에게 삯을 지불하고 나자 그녀에게는 마지막 1실링밖
에 남은 돈이 없었다. 마부는 이런 가족과 더 이상 거래를 하지 않
게 되어 내심 반가워하며 그들을 떠났다. 비가 오지 않는 밤이기
때문에 그들이 큰 고생은 하지 않을 것이라고 그는 생각했다(448).
TT 2: 마부는 남의 눈에 띄지 않는 교회 묘지의 담장 밑에 마차를
몰고 가서 잘되었다는 듯 초라한 세간들을 그곳에 내려놓았다. 짐
을 다 내리고 마차 삯을 주고 나니 테스의 수중에는 동전 한 푼만
남았다. 마부는 이런 가족과 거래를 끝낸 것이 시원하다는 듯, 그

들을 남겨 두고 얼른 떠나 버렸다. 날씨가 좋으니 하룻밤 이슬을 맞아도 괜찮을 거라고 마부는 생각했다(443).

TT 3: 생략 + , 마차꾼은 급히 되돌아가야겠다며 짐을 풀어 놓았다. 짐 부린 후에 마차 삯을 치르고 나니 돈이라곤 겨우 <u>한 실링밖엔</u> 남지 않았다(301).

TT 4: 짐마차는 인적이 드문 교회 묘지의 담 벽 밑에 세워졌고, 마차꾼은 내심 좋아서 얼마 안 되는 초라한 이삿짐을 금방 내려놓았다. 짐이 다 내려지자 마차 삯을 치렀더니 손에 남은 돈이라고는 <u>마지막 1실링밖에</u> 없었다. 마차꾼은 이런 가족과 거래를 끝낸 걸 천만 다행으로 생각하고는 그들을 뒤로 하고 사라졌다. 날씨가 좋은 밤이어서 테스네 가족들이 하룻밤 노숙을 해도 별 고생은 없을 것이라고 마차꾼은 생각했다(473).

TT 5: 사람들의 눈에 띄지 않는 교회당 묘지의 담장 밑으로 마차를 몰고 갔다. 잘됐다는 듯이 마부는 얼마 안 되는 초라한 살림살이를 이내 내렸다. 짐을 다 내린 다음 마차 삯을 치렀다. 이제 그녀의 수중에 <u>남은 돈은 1실링 남짓뿐</u>이었다. 마부는 이런 가족과의 거래를 끝낸 것이 기쁘기만 한 듯, 그들을 남겨두고 돌아보지도 않고 사라졌다. 날씨가 좋은 밤이었으므로 하룻밤 이슬을 맞아도 괜찮겠지, 하고 마부는 생각했다(388~389).

TT 6: 짐마차를 교회 묘지 담장 밑, 사람들의 눈에 잘 띄지 않는 곳에 세우고 마부는 얼른 초라한 가재도구를 내려놓았다. 삯을 지불하고 나자 <u>1실링 정도</u>의 돈밖에 남지 않았다. 마부는 이런 가족과 더 이상 거래를 하지 않게 되어 다행이라는 듯 그들을 남겨두고 자리를 떴다. 밤에 비가 오지 않을 테니 별문제가 없으리라고 생각했던 것이다(539).[70]

　　상기 예문은 테스가 아버지가 죽고 더 이상 말롯에서 살 수 없게 되자 가족을 이끌고 자신의 조상들이 묻혀 있는 곳에 도착해서 살림살이를 내리는 부분이다. ST 4에서는 TT 2를 제외한 다른 TT는 테스 가족이 마부에게 이사비용을 지불하고 난 뒤 돈이 한 푼도 없다는 ST의 'almost her last shilling'을 번역하면서, 1971년까지 영국화폐로 사용

---

70) TT의 인용문 출처는 ST 3과 동일하여서 쪽수만을 기입한다.

하였던 20분의 1파운드인 실링을 이국화의 개념으로 화폐단위를 음차번역해서 ST의 충실성을 살려서 번역하였다. 그러나 TT 2는 '동전 한 푼만 남았다'라고 TT 독자의 문화권에 맞는 화폐단위로 번역하지 않으면서 TT 문화권에 맞는 상황의 의미로 대체하여 가독성을 높이는 전략을 취하였다. 특히, 번역자는 당시 화폐단위를 실질적인 액수로 환산하여 자국화를 취하는 번역의 경우에는 많은 어려움을 동반하고 있음으로 대부분 음차 번역하여 번역하는 이국화 전략을 선호한다.

5. 텍스트 분석

　제3장 5에서는 ST의 충실성과 TT의 가독성의 관점에서 번역본 7종을 비교하여 분석하고자 한다. 비교분석에 사용되는 영어 ST는 토마스 하디(Thomas Hardy)의 『더버빌가의 테스』(Norton & Company, 1991)이며, 번역본은 영미문학연구회 번역평가사업단[71]에서 우수한 번역본으로 평가받은 김보원(서울대학교, 2000)과 이동민(소담, 1994), 이진석(청목, 1989), 김회진(범우사, 1981), 신대현(홍신문화사, 1992), 정종화((주)민음사, 2009), 이호규(혜원출판사, 1991) 번역본을 분석하고자 한다. 텍스트 분석에서는 ST의 충실성과 TT[72]의 가독성이 어떻게 반영되어 있는지 구체적인 텍스트 분석을 통해서 밝혀보고자 한다.

> ST 1: At least she could not be comfortable there till long years should have obliterated her keen consciousness of it. Yet even now Tess felt the pulse of hopeful life still warm within her; she might be happy in some nook which had no memories. To escape the past and all that appertained thereto was to annihilate it; and to do that she would have to get away. Was once lost always lost really true of chastity? she would ask herself. She might prove it false if she could veil bygones. The recuperative power which pervaded organic nature was surely not denied to maidenhood alone(78).

---

71) 영미문학연구회 평가사업단(2005)은 총 32편의 테스 번역본을 충실성과 가독성의 측면에서 검토대상으로 평가하였다. 영미연에서 검토한 총 32편의 번역본 중 김보원(2000) 번역본은 번역본 가운데 현재로서는 유일하게 추천할 만하다. 김보원 역본은 가장 최근의 번역본답게 기존 출간본들을 꼼꼼히 참조하여 잘못 옮긴 부분을 수정했고, 특히 정확하고 세련된 우리말을 구사하여 정확성과 가독성 양면에서 과거 판본에 비해 번역상태가 현격하게 개선되었다(영미문학연구회 번역평가사업단, 『영미명작, 좋은 번역을 찾아서 1』, 창비, 2005, p.392).

72) 텍스트 분석에서 사용한 번역문텍스트는 김보원은 TT 1, 이동민은 TT 2, 이진석은 TT 3, 김회진은 TT 4, 신대현은 TT 5, 정종화는 TT 6 그리고 이호규는 TT 7로 표기하며 이 이후 예문에선 인용 페이지만 인용한다.

TT 1: 적어도 오랜 세월이 지나 자신의 의식 속에서 그 민감한 기억이 완전히 지워지기까지는 그곳에서 마음 편하게 있을 수는 없었다. 하지만 테스는 지금도 자신의 가슴속에서 희망찬 생명의 고동이 여전히 뜨겁게 살아 있는 것을 느꼈다. 아무런 기억이 남아 있지 않은 어느 외딴곳이라면 행복하게 살 수 있을 것 같았다. 과거와 과거에 부속된 모든 것들에서 벗어나려면 그것을 지워 없애야 하고, 그러자면 떠나는 수밖에 없었다. 한 번 잃으면 영원히 잃어버린다는 말은 과연 순결에 대해서도 해당되는가? 그녀는 스스로 질문을 던져보곤 했다. 과거를 덮어버릴 수만 있다면 그 말이 틀렸다고 할 수 있을 것 같았다. 자연계의 유기체에는 어디나 있게 마련인 재생의 힘이 분명히 처녀성에 대해서만 허용되지 않을 리가 없었다(118~119).

TT 2: 오랜 세월이 흘러 마을 사람들의 시선을 무시할 정도로 감정이 무뎌지지 않는 한 이 마을에서 견디기가 어려울 것 같았다. 아직도 희망에 찬 아름다운 삶이 가슴속에서 용솟음치고 있는 테스로서는 아무도 모르는 먼 마을로 가서 새로운 삶을 찾고 싶은 마음이 간절했다. 불행한 과거를 잊는 길은 그것들을 매장해버리는 것이고, 그러기 위해서는 말로트 마을을 떠나는 수밖에 없었다. 한 번 잃으면 영원히 잃는 것이라는 말이 정조에 관해서도 해당되는 말인지에 대해 테스는 곰곰 생각해보곤 했다. 지나간 일을 완전히 잊어버릴 수만 있다면 그 말이 잘못된 것이라는 사실을 증명할 수 있을 것도 같았다. 모든 유기물질의 공통된 특성인 재생이 유독 처녀성에만 해당되지 않는다는 것은 뭔가 잘못된 것처럼 느껴지기도 했다(125~126).

TT 3: 오랜 세월이 흘러서 그 점에 대한 테스의 예민한 의식이 사라지지 않는 한 마음 편히 살 수는 없을 것이다. 한 번 잃으면 영원히 잃는 거나 마찬가지라는 말은 정조에 관해서도 합당한 말인지? 테스는 혼자 생각하곤 했다. 지나간 일을 감출 수만 있다면 그 말이 잘못되었다는 것을 증명할 수도 있을 것 같았다. 유기물질이라면 당연히 가지고 있는 재생의 힘이 유독 처녀성에만 거부될 리는 만무했다(117).

TT 4: 테스는 적어도 오랜 세월이 흘러서 그런 뚜렷한 기억이 없어지기 전에는 마음 편히 그 마을에서 살 수는 없을 것이다. 그러나 지금도 그녀의 가슴속에서는 희망에 찬 삶의 고동이 뜨겁게 뛰는 것을 느낄 수 있었다. 아무 추억도 없는 산간벽지라도 찾아가 산다면 행복해질 수 있을지도 몰랐으므로 과거와 과거에 관련이 있는 모든 슬픔에서 벗어나려면 그런 일은 말끔히 씻어버려야 하며, 그러기 위해서는 테스가 마을에서 떠나는 길밖에 없었다. 한 번 잃으면 영원히 잃어버린 것이나 마찬가지라는 말은 순결의 경우에도 해당되는 말인가, 하고 테스는 스스로 반문하곤 했다. 그러나 지나간 일들을 감출 수만 있다면 그녀는 그런 생각이 잘못된 것이라는 것을 증명할 수도 있었을 것이다. 유기물질이라면 응당 재생의 힘이 있게 마련인데, 유독 처녀성만이 회복되지 않는다는 것은 믿을 수 없는 일이었다(134).

TT 5: 적어도 오랜 세월이 지나 그녀의 날카로운 의식이 무디어지기 전에는 그곳에서 살 수 없는 노릇이었다. 아직까지도 희망에 가득 찬 삶의 고동이 몸속에서 뜨겁게 뛰노는 것을 테스는 느꼈다. 아무 추억도 없는 외딴곳에 가서 살면 행복해질 것 같았다. 모든 과거와 슬픔을 잊는 길은 그것들을 매장해버리는 것이고, 그러기 위해서는 말로트 마을을 떠나는 도리밖에 없었다.

'한 번 잃어버린 것은 영원히 잃어버린 것이라는 말은 정조의 경우에도 해당되는 것일까?' 그녀는 스스로 생각했다. 지나간 일을 모두 숨길 수만 있다면, 그녀는 그런 생각이 잘못된 것이라는 사실을 증명할 수 있을지도 모른다. 확실히 유기물질에 공통되는 재생의 힘이 처녀성에만 적용되지 않는다는 것은 믿을 수 없는 일이었다(112~113).

TT 6: 적어도 오랜 세월이 지나면서 자신의 마음속에 날카롭게 도사리고 있는 그 생각을 완전히 지워버릴 때까지는 그곳에서 마음 편히 있을 수 없었다. 그러면서 그녀는 가슴속에서 희망 찬 인생의 맥박이 아직도 따뜻하게 뛰는 것을 느꼈다. 과거에 대한 기억을 떠올리지 않는 곳에서는 행복할 수 있으리라. 과거와 그에 관계 되는 모든 것에서 빠져나오려면 그 모든 것을 완전히 지워버려야 하며, 그러기 위해서는 이곳을 떠나야 했다.

한 번 잃고 나면 그다음에는 영원히 잃는다는 사실이 순결에 있어서도 진실인가? 그녀는 이 문제를 자신에게 물어보았다. 지나간 일을 덮어버릴 수만 있다면 그것이 거짓이라는 사실을 증명할 수 있으리라. 모든 유기체에 스며 있는 회복력이 처녀성에도 적용되는 것은 분명했다(179~180).

TT 7: 적어도 오랜 세월이 지나 그녀의 날카로운 의식이 무디어지기 전에는 그곳에서 살 수 없는 상황이었다. 그러나 테스는 아직까지도 희망에 가득 찬 삶의 고동이 몸속에서 뜨겁게 살아 움직이는 것을 느꼈다. 아픈 기억 같은 건 묻어둔 채 외딴곳에 가서 살면 행복해질 것 같았다. 모든 과거와 슬픔을 잊을 길은 그것들을 깨끗이 매장해버리는 것이고, 그러기 위해선 말로트 마을에서 떠나는 도리 밖에 없다고 단정 지었다. 한 번 잃어버린 것은 영원히 잃어버린 것이라는 말은 정조의 경우에도 해당되는 것일까…… 그녀는 지나간 일을 숨길 수만 있다면 모두 감추고 싶었다(113).

상기 예문은 테스가 자신의 잃어버린 순결에 관하여 괴로움을 표현하면서, 이러한 괴로움 때문에 자신이 살아왔던 고향인 말롯을 떠나서 모든 과거를 숨길 수 있는 새로운 곳으로 가기 위해 결정하는 부분이다. TT 2를 제외한 다른 번역문텍스트에서는 ST '…… should have obliterated her keen consciousness of it'을 '자신의 의식 속에서 그 민감한 기억이 완전히 지워지기까지는'으로 더버빌이라는 부잣집에 친척임을 내세워 친분을 쌓으려고 했다가 실패한 사건으로 인하여 테스가 마음 편하게 살 수는 없다는 것을 '민감한 기억'으로 처리하여 번역하였으나 TT 2는 '마을 사람들의 시선을 무시할 정도로'로 ST와는 상관없이 의미를 첨가하는 번역전략을 취하여 충실성을 저하시키는 결과를 초래하였다. 그리고 TT 3은 테스가 잃어버린 순결에 대해 고통을 겪으면서도 자신의 가슴속에서 희망찬 생명의 고동이 여전히 뜨겁게 살아 있는 것을 느끼며, 아무도 자신에 대해서 기억하고 있지 않은 어느 외딴곳이라면 행복하게 살 수 있을 것 같다는 의미를 지니고 있는 ST의 'Yet even now Tess felt the pulse of hopeful life still warm within her; she might be happy in some nook which had no memories. To escape the past and all that appertained thereto was to annihilate it; and to do that she would have to get away'를 생략하는 번역전략을 취하여 원문의 충실성을 현저하게 저하시키는 결과를 가져왔다.

ST 2: She would be able to look at them, and think not only that D'Urberville, like Babylon, had fallen, but that the individual innocence of a humble descendant could lapse as silently. All the while she wondered if any strange good thing might come of her being in her ancestral land; and some spirit within her rose automatically as the sap in the twigs. It was unexpended youth, surging up anew after its temporary check, and bringing with it hope, and the invincible instinct towards self-delight(78~79).

TT 1: 그것들을 바라보며 그녀는, 바빌론과 마찬가지로 더버빌 가문도 몰락하였다는 사실뿐만 아니라, 보잘것없는 어느 후손의 순박한 영혼도 마찬가지로 조용히 잠들 수 있다는 사실을 생각할 수 있을 것이다. 그러면서도 혹시 조상들의 땅에 가면 무슨 희한한 좋은 일이 생기지나 않을까 하는 생각도 들었고, 그러자 나뭇가지의 수액처럼 마음속에서 저절로 기운이 솟았다. 그것은 잠시 눌려 있다가도 다시 솟아오르면서 희망을 함께 불러오는 영원한 젊음이었고, 스스로 즐거움을 찾아나서는 어찌할 수 없는 본능이었다(120).

TT 2: 테스는 조상의 옛 영지 가까운 곳에 있는 목장에 가 있는 동안 좋은 일이 생길 것만 같은 예감에 가슴이 물오르는 나무처럼 설렌다. 그것은 한때 억제되었다가 그 누구도 억누를 수 없는 피 끓는 젊음에서 솟아나는 희망과 기쁨이기도 했다(127).

TT 3: 또한 더버빌 집안도 바빌론과 같이 몰락했다는 사실뿐이 아니라, 하찮은 후손의 한 사람이 지닌 천진한 영혼도 마찬가지로 조용히 썩어 없어질 것이라는 사실도 생각할 수 있을 것이다. 그러면서도 자기가 조상들 땅에 몸을 두고 있음으로써 어떤 좋은 일이라도 닥쳐오지나 않을까 하는 생각에 마음속엔 작은 나뭇가지를 타고 올라오는 생명수처럼 기운이 저절로 용솟음치고 있었다. 그것은 한때나마 억제되었다가 다시 솟구치는 희망과 자신을 즐겁게 하려는 인간의 본능적인 것이었다(118).

TT 4: 그곳에 가면 가족묘지도 볼 수 있을 것이고, 더버빌 가문도 바빌론처럼 몰락했다는 사실뿐만 아니라 하찮은 후손의 한 사람이 지닌 죄 없는 영혼도 그들처럼 조용히 잠들 수 있다는 것도 생각할 수 있을 것이다. 그리고 그녀는 조상들이 묻혀 있는 곳에 가면 무슨 신통한 일이 생길 것만 같았다. 나뭇가지의 수액처럼 테스는 기운이 절로 솟아났다. 그것은 잠시 억눌려 있다가 다시 솟아오르고 희망과 더불어 자기 자신을 기쁘게 하려는, 어쩔 수 없는 본능을 불러일으키는 영원한 젊음이었다(135).

TT 5: 바빌론과 같이 멸망한 더버빌 가문의 옛 자취를 더듬어 볼 수도 있고, 또 죄 없는 어린 후손의 영혼도 그들처럼 조용하게 잠들 수 있다는 사실을 알게 될 것 같았다. 조상의 옛날 영지에 가 있는 동안 생각지도 않은 좋은 일이 생길 것만 같았다. 그래서 나무의 수액이 가지를 타고 오르듯이 어떤 용기가 그녀의 가슴에서 저절로 솟아올랐다. 그것은 바로 한때는 막혔으나 새로 힘차게 솟아올라 희망과 또한 환희를 간절히 바라는 패할 줄 모르는 본능을 일으키는, 절대로 사라져 버리지 않을 청춘이었다(114).

TT 6: 그녀는 그곳을 찾아가 바빌론 왕조처럼 더버빌 가문도 몰락했을 뿐 아니라 미천한 후손의 개인적 순수함도 조용히 사라진다는 생각을 해보기로 마음먹었다. 그러면서 조상의 땅에 있으면 혹시 이상하게 좋은 일이 일어나지 않을까 하는 생각도 해보았다. 나뭇가지의 수액처럼 그녀 속에서 이상한 기운이 저절로 솟아올랐다. 그것은 일시적으로 억눌렸다가 희망을 불러일으키며 새롭게 솟아오르는 청춘이기도 하고 또 스스로 즐거움을 갈구하는 억제할 수 없는 본능이기도 했다(181).

TT 7: 바빌론과 같이 멸망한 더버빌 가문의 옛 자취를 더듬어 볼 수도 있고, 또 죄 없는 어린 후손의 영혼도 그들처럼 조용하게 잠들 수 있다는 사실을 알게 될 것 같았다. 또, 조상의 옛날 영지에 가 있는 동안 생각지도 않은 좋은 일이 생길 것만 같았다. 나무의 수액(樹液)이 가지를 타고 오르듯이 말로 표현할 수 없는 어떤 용기가 그녀의 가슴에서 힘차게 솟아올랐다. 그것은 희망과 환희에 차서 다시는 패할 줄 모르는 본능을 안겨주는, 그래서 절대로 사라져버리지 않을 청춘 같은 것이었다(114).

상기 예문은 테스가 트란트릿지에서 겪은 모든 고통을 뒤로 하고 새로운 생활을 꿈꾸며 현실적으로 더버빌식의 공중누각은 더 이상 기대하지 말아야 한다고 다짐하는 부분이다. 위 예문의 TT 2는 다른 TT와는 달리 메소포타미아의 고대도시로서 세계의 중심으로 번영을 누리다 B.C. 4세기 알렉산드로스 3세 이후 쇠퇴하다 몰락한 바빌론과 비교하여 더버빌 가문도 몰락했다는 의미를 지닌 ST 'She would be able to look at them, and think not only that D'Urberville, like Babylon, had fallen, but that the individual innocence of a humble descendant could lapse as silently'를 생략하여 번역하였다. 또한 TT 2는 ST의 더버빌 가문의 조상들의 영지인 'her ancestral land'를 '선조들의 땅 혹은 영지'로 번역하지 않고 옛 영지 가까운 곳에 있는 '목장'으로 처리하여 의미가 애매모호하게 되었다. 그리고 TT 2는 이러한 조상들의 영지로 가면 기운이 솟고 희망을 불러오는 젊음이 인간의 어찌할 수 없는 본능이라는 부분인 ST의 'and the invincible instinct towards self-delight'를 TT에서는 생략하여 번역함으로써 ST의 생동감을 떨어지게 하는 결과를 초래하였다.

ST 3: They writhed feverishly under the oppressiveness of an emotion thrust on them by cruel Nature's law---an emotion which they had neither expected nor desired. The incident of the day had fanned the flame that was burning the inside of their hearts out, and the torture was almost more than they could endure. The differences which distinguished them as individuals were abstracted by this passion, and each was but portion of one organism called sex. There was so much frankness and so little jealousy because there was no hope. Each one was a girl of fair common sense, and she did not delude herself with any vain conceits, or deny her love, or give herself airs, in the idea of outshining the others. The full recognition of the futility of their infatuation, from a social point of view; its purposeless beginning; its self-bounded outlook; its lack of everything to justify its existence in the eye of civilization (while lacking nothing in the eye of Nature); the one fact that it did exist, ecstasizing them to a killing joy; all this imparted to them a resignation, a dignity, which a practical and sordid expectation of winning him as a husband would have destroyed(115).

TT 1: 그들은 잔인한 '자연'의 법칙에 따라 억지로 떠맡은 감정--기대하지도, 바라지도 않았던 감정--의 압박 속에서 열병을 앓듯 고

통스러워하고 있었다. 낮에 있었던 사건은 그들의 가슴속에 타고
있던 불꽃을 밖으로 터져 나오도록 부채질하였고, 그 고통스러움은
그들로서는 거의 감당할 수 없을 지경이었다. 그들을 서로 구별해
주던 차이점들은 이 감정 때문에 사라지고 없었고, 그들은 여성이
라는 하나의 생명체의 일부분에 불과했다. 희망이라곤 없었기 때문
에 그처럼 솔직해질 수 있었고 또 질투심조차 있을 수가 없었다.
그들은 각각 건전한 상식을 가진 처녀들이었고, 그래서 무슨 헛된
자만심으로 자신을 속이거나, 사랑한다는 사실을 부정하려 들거나,
또 남보다 낫다는 생각에서 우쭐거리거나 하는 일은 없었다. 세속
적인 관점에서 볼 때 그들의 사랑이 얼마나 허망한 것인지 그들은
충분히 자각하고 있었다. 그것은 지향 없이 시작된 일이었고 앞날
또한 자명했다. 문명의 눈으로 보면('자연'의 눈으로는 부족한 것이
없어도) 그 사랑의 존재를 정당화시켜 줄 것이 온통 부족했다. 그
것이 존재한다는 사실, 그것만이 그들에게 무아지경의 황홀감을 안
겨주었다. 이 모든 것이 그들에게 체념과 함께 체면을 가르쳤고,
만약 그들이 그를 남편으로 얻기 위해 현실적으로 욕심을 부렸다
면 이런 것은 배우지 못하였을 것이다(177).
TT 2: 오늘 낮에 있었던 일로 그녀들의 정열은 뜨거워졌고, 똑같이
타오른 그 정열로 인해 넷의 마음은 일치가 된 것 같았다. 에인절
의 사랑을 독차지하려던 희망이 사라져버렸으므로 그들에겐 질투
의 감정이란 조금도 없었다. 서로의 마음을 고백하고 서로를 가엾
게 여기는 연민과, 그를 사모함으로써 느끼게 되는 황홀한 감정만
이 있을 뿐이었다(184).
TT 3: 그러지 않아도 가슴속에서 불타오르던 정열의 불길을 낮에
일어난 일이 부채질한 셈이 되어, 처녀들의 안타까움은 견디기 어
려울 지경이었다. 사나이의 사랑을 독점하려는 희망도 사라지고 말
았으니 이젠 서로 털어놓고 고백이나 할 따름이지, 질투란 감정은
티끌만치도 찾아볼 수가 없었다. 모두가 상식깨나 지닌 처녀들이어
서이지 제멋대로 꼴사납게 구는 일도 없었고, 자기의 순정을 일부
러 숨기려고도 안 했으며, 또한 남을 무안하게 하려고 저만 잘난
체하려 들지도 않았다(151).
TT 4: 잔인한 '자연'의 법칙에 따라서-그들이 기대하지도, 바라지도
않았던- 갑자기 밀어닥친 감정에 억눌려 그들은 미칠 듯이 몸부림
치고 있었다. 낮에 일어난 일은 그들의 가슴속에서 불타오르고 있
는 정열의 불길을 부채질해서 견딜 수 없을 정도로 그들을 괴롭혔
다. 아가씨들을 제각기 구별 지어 주고 있던 여러 가지 특징은 이

러한 정열에 의해 사라져버리고 이제는 여성이라는 공통된 유기체의 일부분에 불과했다. 엔젤을 사랑한다는 것은 불가능했기 때문에 서로 터놓고 고백이나 할 따름이지 질투심 같은 감정은 조금도 없었다. 그녀들은 각자가 상식깨나 지닌 아가씨들이어서 남을 앞지르려는 생각에서 허황되게 우쭐대며 자신을 속이는 일도 없었고, 자기의 애정을 부정하지도 않았으며, 다른 사람들에게 우쭐대지도 않았다. 세상의 눈으로 볼 때, 그들이 엔젤을 열렬하게 사모한다는 것은 백해무익한 짓이라는 것을 그녀들은 충분히 알고 있었다. 그런 것은 아무 보람이 없는 것이고 자기들 멋대로의 감정이었으며, '자연'의 눈으로 볼 때에는 당연한 일이지만 문명의 눈으로 볼 때에는 그들이 사랑을 정당화할 아무 근거도 없었다. 그러나 그를 사랑하는 마음이 그녀들을 사로잡아 그녀들에게 황홀한 기쁨을 준 것만은 사실이었다. 이런 모든 그릇된 점을 깨달은 아가씨들은 그를 단념하게 되었고 그들 나름대로의 체통을 찾았다. 그녀들이 만일 엔젤을 남편으로 삼겠다는 현실적인 천박한 생각을 했었더라면 단념이나 체통 같은 것은 아랑곳하지 않았을 것이다(193).

TT 5: 자연의 법칙은 그녀들이 바라지도 않은 정서에 억눌려 몸부림치게 했고, 그녀들의 정서를 사정없이 짓밟았다. 오늘 낮에 있었던 일은 그녀들의 가슴속에 있는 불길을 부채질해서 견딜 수 없는 괴로움을 주었다. 그녀들을 따로따로 구별하려 했던 여러 가지 차이점들은 이 정열로 인하여 모두 사라져버리고, 이제는 여성이라는 공통된 한 유기체의 일부분에 지나지 않았다. 그녀들에겐 희망이 사라졌기 때문에 비밀도 없고 질투도 하지 않았다. 그녀들은 저마다 상당한 상식을 갖추고 있어 쓸데없는 자부심으로 허세를 부리지도 않았고, 자기의 사랑을 부인하지도 않았으며, 다른 사람들에게 우쭐대지도 않았다. 한 남자를 놓고 그녀들이 미치도록 사랑한 행위는 세상 사람들이 볼 때 어린애 장난 같은 짓이라는 사실을 그녀들 자신도 깨달았다. 왜냐하면 아무 목적도 없는 시작이고 자기들 멋대로 생각했으며, 또 교육을 받은 사람들의 처지에서 본다면 그녀들의 사랑은 정당화될 만한 이유가 부족했기 때문이다. 본능적인 면에서 말할 때 이성을 그리워하는 건 조금도 이상할 것이 없지만, 에인젤을 사모하는 마음이 존재하고 있어 그녀들을 황홀하게 한 것만은 사실이었다. 만약 그녀들에게 에인젤과 결혼하고자 하는 뿌리 깊은 욕심이 있었다면 수단 방법을 가리지 않고 부끄러운 짓들을 했을 것이다. 그러나 그녀들은 그럴 생각도 없었고, 또 자신들의 그릇된 점을 깨달았기 때문에 그를 체념하고 자기 나름의 체면을 찾은 것이었다(161~162).

TT 6: 잔인한 자연의 법칙에 의해 겪게 된 감정에 짓눌려 그들은 열병에 걸린 것처럼 몸을 보챘다. 그들은 이런 감정을 기대하지도 않았고 원하지도 않았다. 그날의 사건은 가슴속에서 타고 있던 불씨에 부채질을 했다. 고통이 참을 수 없이 쓰라렸다. 그들 한 사람 한 사람을 구분 짓던 개인적인 차이점은 이 열정에 의해 사라지고, 각자 성(性)이라는 유기체의 한 부분이 되었다. 그들에게는 희망은 없었기 때문에 오직 솔직함이 있을 뿐이었으며 질투 같은 것은 존재하지 않았다. 처녀들 모두 온당한 양식을 소유한 사람들이어서, 상대방보다 훌륭하다는 허망한 자부심에 빠져 있거나, 사랑의 감정을 부정하거나, 허세를 부리지 않았다. 사회적인 관점에서 그들의 사랑은 가망 없는 것임을 충분히 인식한 점, 그 사랑의 시작 자체가 목적이 없는 점, 스스로 제한된 전망, 문명의 눈으로 보았을 때 그 사랑을 정당화할 수 있는 것이 모두 결여된 점(자연의 눈으로 보았을 때는 부족한 것이 아무것도 없었지만), 그 사랑이 그들을 죽을 만큼 기쁘게 한 환희, 이 모든 것이 그들에게 체념과 위엄을 심어주었다. 이 위엄 있는 체념은 그를 남편으로 삼겠다는 실질적이고 이기적인 기대를 저버리지 않았더라면 불가능한 것이었다 (263).

TT 7: 오늘 낮에 있었던 일은 그녀들의 가슴속에 있는 불길을 부채질해서 견딜 수 없는 괴로움을 주었다. 그녀들을 따로따로 구별하려 했던 여러 가지 차이점들은 이 정열로 인해 모두 사라져버리고, 이제 여성이라는 공통된 한 유기체의 일부분에 지나지 않았다. 그녀들에겐 희망이 사라졌기 때문에 이제 비밀도 없고 질투도 하지 않았다. 저마다 상당한 상식을 갖추고 있어 쓸데없는 자부심으로 허세를 부리지도 않았고, 자기의 사랑을 부인하지도 않았으며, 다른 사람들에게 우쭐대지도 않았다. 한 남자를 놓고 그녀들이 마치 경쟁이라도 하는 듯한 행위는 세상 사람들이 볼 때 전혀 어린애 장난 같은 짓이라는 사실을 그녀들 자신이 스스로 깨닫게 되었다. 왜냐하면 아무 목적도 없는 시작이고, 그들대로의 생각일 뿐이었으므로 다른 사람들의 처지에서 본다면 그녀들의 사랑은 정당화될 만한 이유가 부족했던 것이다. 본능적인 면에서 말할 때 이성을 그리워하는 건 조금도 이상할 리 없고, 에인젤을 사모하는 마음이 자리잡고 있어 그녀들을 황홀하게 한 것만은 사실이었다. 만약 에인젤과 결혼하고자 하는 욕심이 그녀들에게 있었다면 방법을 가리지 않고 부끄러운 짓들을 했을 것이다. 그러나 그녀들은 곧바로 자신

들의 그릇된 점을 깨달았기 때문에 그를 체념하고 자기 나름의 자
리를 되찾은 것이다(164~165).

　상기 예문은 탈보테이즈 낙농장에서 에인젤과 같이 노동하는 세
여성의 감정에 대하여 표출하는 부분이며 그들의 마음속에 깊이 자
리 잡고 있는 에인젤에 대한 사랑의 괴로움을 설명하는 부분이다. TT
2와 TT 3는 다른 TT와는 달리 특정한 어휘나 신체적인 조건이나 사
회 및 경제적인 배경 등을 나타내는 어휘로 구성되어 있는 ST의 표현
을 삭제하거나 생략하여 번역하였다. 위 예문은 7월의 무더운 날씨로
기승을 부리는 일요일 아침에 테스와 세 처녀는 낙농장에서 3~4마
일가량 떨어진 멜스톡 교회에 예배를 가는 중이었다. 그러나 테스 일
행은 홍수 때문에 도로에 물이 고여 건너가지 못하고 있을 때 건초
피해를 알아보기 위해 온 클레어와 마주쳤으며 결국 클레어는 테스
와 세 처녀를 안아서 건네주었고, 그로 인해 네 처녀가 클레어에 대
한 각자의 사랑의 열정적인 감정을 토로한 부분이다. TT 2, TT 3과
TT 7은 본인들의 감정은 인위적인 감정이 아닌 잔인한 자연의 법칙
에 따라 맡겨진 감정이라는 ST 'They writhed feverishly under the
oppressiveness of an emotion thrust on them by cruel Nature's law---an
emotion which they had neither expected nor desired'와 네 처녀들에게는
여성이라는 하나의 생명체에 불과하다는 부분 이외 차이점이 없다는
의미를 지닌 ST의 'The differences which distinguished them as individuals
were abstracted by this passion, and each was but portion of one organism
called sex'를 TT에서 생략하여 번역함으로써 클레어에 대한 각자의 애
틋한 사랑의 감정을 애처롭게 느껴지게 하는 앞뒤의 문맥상 연결을

떨어뜨리는 결과를 발생시켰다. 또한 TT 2와 TT 3은 세속적인 관점에서 보는 그들 네 처녀의 사랑의 허무함과 문명의 관점에서 바라보는 사랑의 존재에 대한 감정을 설명하는 ST의 'The full recognition of the futility of their infatuation, from a social point of view; its purposeless beginning; its self-bounded outlook; its lack of everything to justify its existence in the eye of civilization (while lacking nothing in the eye of Nature); the one fact that it did exist, ecstasizing them to a killing joy; all this imparted to them a resignation, a dignity, which a practical and sordid expectation of winning him as a husband would have destroyed'를 삭제하여 번역함으로써 ST의 충실성을 현저하게 저하시켰다.

> ST 4: Then their sister, with much augmented confidence in the efficacy of this sacrament, poured forth from the bottom of her heart the thanksgiving that follows, uttering it boldly and triumphantly, in the stopt-diapason note which her voice acquired when her heart was in her speech, and which will never be forgotten by those who knew her. The ecstasy of faith almost apotheosized her; it set upon her face a glowing irradiation and brought a red spot into the middle of each cheek; while the miniature candle-flame inverted in her eye-pupils shone like a diamond. The children gazed up at her with more and more reverence, and no longer had a will for questioning. She did not look like Sissy to them now, but as a being large, towering and awful---a divine personage with whom they had nothing in common. Poor Sorrow's campaign against sin, the world, and the devil was doomed to be of limited brilliancy ---luckily perhaps for himself, considering his beginnings. In the blue of the morning that fragile soldier and servant breathed his last; and when the other children awoke they cried bitterly, and begged Sissy to have another pretty baby. The calmness which had possessed Tess since the christening remained with her in the infant's loss(74~75).

TT 1: 그러자 그들의 누이는 이 세례식의 적법성에 대해 한층 자신감을 갖고, 가슴속 깊은 곳에서부터 터져 나오는 감사의 기도를 올렸다. 그 기도소리는 너무나 씩씩하고 당당해서 목소리에 진심이 담겼을 때 나오는 폐구음전(閉口音栓)의 묵직한 어조를 띠었고, 그녀를 아는 모든 사람들로서는 결코 잊을 수 없는 음성이었다. 무아지경의 신앙은 그녀를 거의 신격화시켰다. 그것은 그녀의 얼굴에 빛나는 광휘(光輝)를 드러냈고 양쪽 뺨 한가운데에 홍조를 만들어냈다. 한편으로 그녀의 눈동자에 반사된 조그마한 촛불은 다이아몬드처럼 빛을 발했다. 아이들은 점점 더 외경의 눈길로 그녀를 바라보았고 더 이상 물어볼 엄두를 내지 못했다. 그들의 눈에는 이제 그녀는 누나가 아니라 거대하고 까마득한 외경스런 존재-그들과는 닮은 데가 전혀 없는 거룩한 존재로 보였다. 죄악과 세상과 악마에 대적하는 가련한 쏘로우의 싸움은 그다지 찬란하게 전개될 운명은 되지 못했다---그의 출발을 생각해볼 때 그 자신에게는 어쩌면 다행스러운 일이었는지 모른다. 동이 틀 무렵 그 연약한 병사이자 종은 숨을 거두었고, 아이들은 잠에서 깨어나 애처롭게 울면서 누나한테 예쁜 아기를 하나 더 낳아 달라고 졸라댔다. 세례를 줄 때부터 테스가 누리고 있던 마음의 평정은 아기가 죽고 나서도 그대로 유지되었다(113~114).

TT 2: 이 세례가 효과가 있을 거라고 확신한 테스는 정성스럽게 감사의 기도를 올렸다. 마음 깊은 곳에서 우러나온 기도는 맑고 높게 울렸으며 믿음에 도취된 그녀의 얼굴에는 밝은 빛이 감돌았다. 두 뺨은 발그레해졌고 눈동자에 거꾸로 비친 작은 촛불은 금강석처럼 반짝거렸다. 동생들은 그런 누나가 자신들과는 상관없는 거룩한 존재로 보여 존경의 눈초리로 쳐다볼 뿐이었다. 가엾게도 세상의 죄악에 대한 불쌍한 소로의 싸움은 너무나도 나약한 것이었다. 그의 출생을 생각한다면 죽음이란 오히려 다행한 것인지도 몰랐다. 먼동이 틀 무렵 하느님의 종이며 약한 병사인 소로는 마지막 숨을 거두었다. 잠에서 깨어난 동생들은 애처롭게 울어 대며 예쁜 아기를 하니만 더 낳아 딜라고 졸라 냈다. 테스는 세례를 주고 나면서부터 느낀 마음의 평우으 아기가 죽은 다음에도 변함없었다(120).

TT 3: 그러자 테스는 이 성례(聖禮)의 효과에 대해 자신이 생겨 신앙의 환희에 넘치자, 하느님처럼 거룩하게 보였다. 그리고 얼굴엔 밝은 빛이 감돌고 눈동자 속에 거꾸로 비친 조그만 촛불은 다이아몬드처럼 빛나고 있었다. 동생들은 더욱 존경하는 눈초리로 테스의 얼굴을 주목했다. 이젠 뭐라고 물어보고픈 생각도 없었다. 이젠 그녀가 누나로만 생각되지 않고, 거창하게 높이 솟아 있는 무서운 존재-저희들과는 어떤 공통점이 없는 거룩한 존재로 보였던 것이다. 가엾게도 죄악과 세상과 마귀에 대한 소로우의 싸움은 별로 눈부시지도 못할 운명이었다- 하지만 그가 태어난 경위를 생각한다면 본인을 위해서 천만다행한 일인지도 몰랐다. 날이 어렴풋이 밝아오는 새벽녘에 이 하느님의 연약한 병사는 마지막 숨을 거두었다. 동생들도 눈을 뜨고 애처롭게 울며 누나에게 예쁜 애기 하나만 더 낳으라고 졸라대는 것이었다. 세례를 줄 때부터 애기가 숨을 거둘 때까지 테스는 시종 침착했다(114).

TT 4: 그러자 테스는 이 성례(聖禮)의 효과에 대해서 자신감이 생겨 마음속에서 우러나오는 감사의 기도를 드렸다. 기도소리는 마음속에서 우러나오는, 한번 듣기만 하면 잊혀지지 않는 파이프 오르간의 폐구음전(閉口音栓) 같은 높은 소리로 대담하고 승리에 도취한 듯이 울렸다. 그녀는 신앙의 황홀감에 싸여서 마치 하느님이나 된 듯했다. 얼굴에는 밝은 빛이 떠오르고 양 볼에는 홍조가 피어났다. 그리고 눈동자에 비친 조그만 촛불은 다이아몬드처럼 반짝였다. 동생들은 테스를 더욱 경외하는 듯한 눈초리로 우러러보았다. 그들은 말 붙일 엄두도 못 냈다. 이제는 테스가 누나로 보이지 않고 무섭게 우뚝 서 있는 어마어마한 존재-자기들과는 다른 거룩한 존재로 보였다. 가련하게도 죄악과 세상과 악마에 대한 소로우의 싸움은 훌륭하게 싸울 운명은 못 되었다- 하긴 그가 태어난 사정을 생각한다면 그것이 본인을 위해서도 다행한 일인지도 모른다. 먼동이 틀 무렵, 하느님의 봉사자인 이 연약한 병사는 영원히 숨을 거두고 말았다. 동생들은 눈을 뜨고 애처롭게 울면서 테스에게 예쁜 아기를 하나만 더 낳아 달라고 졸라댔다. 세례를 줄 때부터 침착해진 테스는 아기가 죽었을 때에도 마찬가지였다(129).

TT 5: 세례의 효과에 자신을 얻은 테스는 가슴에서 우러나오는 대로 감사의 기도를 했다. 자기가 하는 말에 정신을 집중할 때 우러나오는 대담하고 울리는 듯한 높은 소리로 그녀는 감사의 기도를 드리는 것이었다. 한번 들으면 잊혀지지 않을, 사람을 감동시키는 음성이었다. 믿음에 도취된 그녀의 모습은 마치 속세를 떠난 사람처럼 얼굴에는 밝은 빛이 떠오르고, 두 뺨은 붉게 물들었다. 그녀의 눈동자에 조그맣게 반사된 촛불 빛은 금강석처럼 반짝였다. 동생들의 눈에는 누나가 점점 더 경건하게 보여서 감히 말을 붙일 엄두도 못 냈다. 지금 그녀의 모습은 누나가 아니라 우뚝 서 있는 탑처럼 보였고, 또 저희들과는 아무런 관계도 없는 무서운 존재같이 여겨졌다. 가엾게도 죄악과 세상과 그리고 악마에 대한 가련한 소로우의 싸움은 보잘것없는 운명을 지녔다. 그가 태어난 동기를 생각하면 죽음이란 오히려 다행스러운 일인지도 몰랐다. 먼동이 틀 무렵 허약한 병사는 마지막 숨을 거두었다. 잠에서 깨어난 동생들은 슬프게 울부짖으며 예쁜 아기를 다시 낳아달라고 누나에게 졸랐다. 세례를 주고 나서부터 느낀 마음의 안정은 아기가 죽었어도 여전히 계속되었다(108).

TT 6: 그러자 세례성사의 효능에 자신감이 넘친 아이들의 누나는 마음속 깊은 곳에서 우러난 감사의 기도를 올렸다. 말과 마음이 일치할 때 나오는 파이프 오르간의 디아파종 같은 그녀의 목소리는 대담하고 자신만만해져 그녀를 아는 사람이면 결코 잊을 수 없는 소리로 변해 있었다. 신앙의 희열은 그녀를 거의 신의 경지로 승화시켜 얼굴에는 환한 광채가 솟아났으며 양쪽 뺨 한가운데에는 홍조가 떠올랐다. 그녀의 눈동자에 거꾸로 비친 작은 촛불이 다이아몬드처럼 빛났다. 아이들은 점점 더 존경 어린 눈길로 그녀를 쳐다보았으며 그녀에게 질문을 하고 싶은 마음은 사라졌다. 이제 그녀는 아이들에게 누나로 보이지 않고, 크고 높게 우뚝 솟은 두려운 존재, 자신들과 아무런 공통점이 없는 신적인 존재로 보였다. 죄와 세상과 악마에 대항하는 가엾은 소로의 용감한 싸움은 한계에 다다를 수밖에 없었으나 그의 출생의 기원을 생각하면 다행한 일인지도 몰랐다. 푸르스름한 이른 새벽하늘 아래서 하느님의 나약한 병사며 종복은 그의 마지막 숨을 거두었다. 아이들이 잠에서 깨었을 때 그들은 슬프게 울었다. 그리고 누나에게 예쁜 아기를 하나 더 낳으라고 간청했다. 세례 때부터 테스가 보여준 침착한 태도는 아기를 잃은 순간까지 계속되었다(171~172).

TT 7: 세례의 효과에 자신을 얻은 테스는 가슴에서 우러나오는 대로 감사의 기도를 했다. 정신을 집중할 때 폭발할 듯 터져 나오는 대담하고 울리는 듯한 소리로 그녀는 감사의 기도를 드리는 것이었다. 한번 들으면 잊혀지지 않을 가슴을 뒤흔드는 음성이었다. 믿음에 도취된 그녀의 모습은 은혜를 받은 듯 얼굴에는 밝은 빛이 떠오르고, 두 뺨은 밝게 물들었다. 마치 속세를 떠난 사람 같이 보였다. 테스의 눈동자에 조그맣게 반사된 촛불이 금강석처럼 반짝였다. 동생들 눈에는 누나가 점점 더 경건하게 보여서 감히 말을 붙일 엄두도 못 냈다. 지금 그녀의 모습은 사람이 아니라 우뚝 서 있는 탑처럼 보였고, 또 저희들과는 아무런 관계도 없는 무서운 존재 같이 여겨졌다. 세상의 죄악과 악마에 대한 가련한 소로우의 싸움

은 보잘것없는 운명을 지녔다. 먼동이 틀 무렵, 허약한 병사는 마
지막 숨을 거두었다. 잠에서 깨어난 동생들은 가슴이 에이는 듯 울
부짖으며 다시 예쁜 아기를 낳아 달라고 누나에게 졸랐다. 세례를
주고 나서부터 느낀 마음의 안정은 아기가 죽었는데도 그다지 흔
들리지 않았다(109).

상기 예문은 테스가 체이스 숲에서 알렉 더버빌에 의하여 강제로
관계를 맺고 고향 말로트로 돌아와 쏘로우라는 아이를 낳았으나 그
아이가 너무 아파서 동생들과 함께 세례예식을 거행하는 부분이다.
테스는 동생들 앞에서 거룩한 세례의식을 거행하고 그 광경을 바라
보는 동생들은 누이 테스를 거룩한 존재로 여긴다. TT 1과 TT 4는 다
른 TT와는 달리 세례식을 거행하는 기도소리가 마치 파이프 오르간
의 묵직한 음역인 ST의 'the stopt-diapason note'를 한자어인 '폐구음전
(閉口音栓)'으로 번역 처리하였다. 번역자가 "시각성(視覺性), 조어력(造
語力), 축약력(縮約力)이 뛰어나게 돋보이는 뜻글자인 한자어"73)를 사
용하여 번역하는 경우 TT의 독자들이 이해하기 힘든 한자어를 사용
함으로 인하여 오히려 가독성이 떨어지는 결과를 초래할 수 있다. TT
2와 TT 3은 이 부분을 생략하여 번역하였고, TT 5, TT 6과 TT 7은 이
부분을 '대담하고 울리는 듯한 높은 소리'와 '파이프 오르간의 디아
파종 같은 그녀의 목소리'로 처리하여 옥타브를 뜻하는 디아파종74)
을 풀어쓰는 방식이나 원문의 의미적인 풀이를 통한 번역처리 방식
을 택하였다. 번역자가 TT 독자들에게 익숙하지 않는 전문용어나 한

---

73) 유명우, 「한국의 번역과 번역학」, 『번역학연구』, 제1권 창간호, 2000, p.235.

74) 디아파종은 "옥타브를 뜻한다. 프랑스에서는 성악 음역을 가리켰으며, 소리굽쇠와 음높이를 의미하기도
    했다. 오르간에서 디아파종은 스톱(stop : 같은 종류의 음색을 내는 파이프 열, 리드 열, 현의 열)을 뜻하
    며, '열린 디아파종'과 '닫힌 디아파종'의 2종류로 나뉜다. 열린 디아파종에 의한 파이프를 기준열
    (principals)이라고 한다."(출처: http://enc.daum.net/dic100/contents.do?query1=b05d2709a)

자어를 사용할 경우 오히려 가독성을 저하시키는 결과를 발생할 수 있음으로 신중을 기해야 한다.

ST 5: Tess's sense of a certain ludicrousness in her errand was now so strong that, notwithstanding her awe of him, and her general discomfort at being here, her rosy lips curved towards a smile, much to the attraction of the swarthy Alexander. "It is so very foolish," she stammered; "I fear I can't tell you."
"Never mind-I like foolish things. Try again my dear," said he kindly.
"Mother asked me to come," Tess continued; "and, indeed, I was in mind to do so myself likewise. But I did not think it would be like this. I came, sir, to tell you that we are of the same family as you."(28)

TT 1: 자기가 심부름 온 일이 지금 와서 보니 아주 우스꽝스럽다는 생각이 심하게 들어, 테스는 그 사람이 무섭기도 하고 또 자신이 거기 있다는 사실이 다소 불안스럽긴 했지만, 장밋빛 입술로 슬며시 미소를 지었고, 거무스름한 얼굴의 알렉산더는 거기에 상당히 매력을 느꼈다. "너무 터무니없는 일이라서." 그녀는 말을 더듬었다. "말씀드리기가 거북해요!" "걱정 말아요. 난 터무니없는 일을 좋아하거든요. 다시 말해 봐요, 아가씨." 그가 다정하게 말했다. "어머니가 가라고 해서 왔는데," 테스가 말을 이었다. "사실은, 저도 그럴 생각이 있었지만요. 아무튼 일이 이렇게 될 줄은 몰랐어요. 저는 우리가 이 댁하고 친척이라는 걸 말씀드리러 왔어요."(42)
TT 2: 테스는 자기의 심부름이 다소 우스꽝스럽게 느껴졌다. 게다가 낯선 알렉이 두렵기도 하고 이곳 저택에 와 있다는 사실이 불안스럽기도 해서 자신도 모르게 장밋빛 입술을 움직여 살짝 미소 지었다. 수줍어하는 듯한 테스의 그 모습이 가무잡잡한 알렉을 매혹시켰다. "너무 어처구니가 없는 용무라서 말씀드릴 수가 없어요." "괜찮아요, 난 그런 걸 좋아하니까. 어서 말해 봐요, 아가씨." "엄마가 가보라고 하셨어요. 저도 그럴 생각이 있었고요. 사실 저는 댁과 우리 집이 먼 옛날에는 한 가족이었다는 것을 말씀드리러 온 거예요."(51)
TT 3: 테스는 자기의 심부름이 다소 우스꽝스럽게 느껴졌으므로 눈앞에 서 있는 사나이가 두렵기도 하고 여기에 와 있다는 것이 어쩐지 불안스럽기도 했다. 그러나 그의 장미꽃 빛깔의 입술은 저도 모르게 미소를 지었다. 이 미소를 보자 낮이 거무스레한 알레크의 마음은 매혹되고 말았다. 「너무나 싱거운 일이 되어서」라고 그녀는 머뭇거렸다. 「말씀드리기가 쑥스러워서!」 「괜찮아요. 어디 한번 말해 봐요」 그는 친절히 말했다. 「저 어머니가 가보라고 했어요」 테스는 말을 이었다. 「그리고 사실은 내 생각도 그랬지만, 여기가 이런 줄을 몰랐어요. 내가 온 것은 우리 집이 댁하고 일가가 된다는 것을 알리기 위해서여요」(49)

TT 4: 테스는 새삼스레 자기의 심부름이 매우 우습다는 생각이 들어 그 청년이 무서웠고, 자기가 여기에 온 것이 불안스럽게 느껴졌다. 그러나 그녀의 장밋빛 입술은 빙그레 미소를 지었다. 이런 테스의 미소에 가무잡잡한 알렉산더는 크게 매력을 느꼈다.

"아주 어리석은 일이에요." 그녀는 말을 더듬거렸다. "말씀드리기가 거북해요!"

"괜찮아요. 그 어리석은 일을 듣고 싶군요. 아가씨, 어서 말해 봐요." 그가 친절하게 말했다.

"어머니가 가보라고 하셨어요." 테스는 말을 계속했다. "그리고 사실은 나도 그럴 생각이었지만요. 그러나 여기가 이런 줄은 몰랐어요. 나는 우리 집안이 댁과 친척이라는 걸 알리러 왔어요."(55)

TT 5: 테스는 자기의 심부름이 매우 우스꽝스럽다는 생각이 새삼스레 강하게 느껴져서, 그가 두렵기도 하고 여기 와 있다는 것이 불안스러웠음에도 불구하고 장밋빛 입술로 방긋 미소를 지어 보였다. 이것이 가무잡잡한 알렉산더의 마음을 크게 끌었다.

"아주 어처구니없는 일이에요." 그녀는 말을 더듬거렸다. "말씀드릴 수 없을 것 같아요!"

"괜찮습니다. 나는 어처구니없는 짓을 좋아하니까. 이야기해 봐요, 아가씨." 그는 다정하게 말했다.

"어머니가 가보라고 하셨어요." 테스는 말을 계속했다. "그리고 실은 저도 그럴 생각이었지만요. 하지만 이렇게 될 줄은 몰랐어요. 저는 댁과 우리집이 한 집안이라는 말씀을 드리러 왔어요."(47)

TT 6: 그 순간 테스는 자신의 심부름이 우스꽝스럽다는 생각이 너무 강하게 일었다. 그래서 남자에 대한 두려움과 불안한 마음으로 그 자리에 서 있는데도 그녀의 장밋빛 입술이 곡선을 그리면서 희미한 미소를 지었다. 그것은 거무튀튀한 알렉의 환심을 샀다.

"너무 바보 같아서요." 그녀가 말을 더듬거렸다. "말을 못 하겠어요."

"괜찮아요. 난 바보 같은 짓을 좋아하거든요. 아가씨, 한 번 더 말
해 보세요." 그가 친절한 목소리로 말했다. "어머니가 가보라고 해
서요." 테스가 말을 이었다. "사실 저도 그렇게 할 마음이었고요.
하지만 이럴 줄은 몰랐어요. 제가 온 용건은 저희 집이 선생님 집
과 같은 집안이라는 것을 알리기 위해서예요."(70)
TT 7: 테스는 이곳까지 찾아오게 된 자신을 돌아보며 부끄러워서
더 이상 말을 이을 수가 없었다. 또, 그가 두렵기도 하고, 불안해서
일부러 장밋빛 입술로 어색한 미소를 지어 보였다. 미소가 알렉산
더의 마음을 크게 움직였다. "아주 어처구니없는 일이에요." 그녀
는 말을 더듬거렸다. "말씀드릴 수도 없을 것 같아요!" "괜찮습니
다. 나는 어처구니없는 짓을 좋아하니까. 얘기해 봐요, 아가씨." 그
는 정답게 말했다. "어머니가 가보라고 하셨어요." 테스는 머뭇거
리며 말을 계속했다. "그리고 실은 저도 그럴 생각이었지만요. 하
지만 이렇게 될 줄은 몰랐어요. 저는 댁과 우리 집이 한 집안이라
는 말씀을 드리러 왔어요."(42)

상기 예문은 테스가 자신의 집안이 명망 높은 더버빌 가문임을 알
게 되어서 트란트릿지의 자신의 가문과 친척이라고 여기는 알렉 더
버빌가에 와서 알렉과 만나 친척임을 알리는 부분이다. 모든 TT는 테
스의 외모 중에 작품에서 두드러지게 묘사하는 입술부분인 ST의 'her
rosy lips curved towards a smile'를 '그녀의 장밋빛 입술이 곡선을 그리
면서 희미한 미소를 지었다 또는 장밋빛 입술로 슬며시 미소를 지었
고'로 번역하여 알렉 앞에서 수줍어하는 테스의 모습을 묘사했다. 또
한 TT들은 ST의 'much to the attraction of the swarthy Alexander'를 '거
무스름한 얼굴의 알렉산더는 거기에 상당히 매력을 느꼈다 또는 알
렉산더의 마음을 크게 움직였다'로 번역하여 테스의 수줍이하는 모
습에 반한 알렉의 묘사 등 ST에 대하여 특별한 첨가나 생략이나 삭제
를 히지 않고 ST의 충실성과 TT의 가독성을 높이는 결과를 가져왔다.

제4장

번역비평의 주요쟁점:
충실성과 가독성의 고찰

1. 아동문학의 특성

어린이들의 세계를 형상화하여 문학작품으로 구현된 아동문학은
어른들의 세계에선 이해할 수 없는 많은 신비로운 세계가 존재한다.
이러한 신비스럽고도 이상스러운 세계를 우리는 아동문학이라 일컫
는다. 아동문학에는 넓이와 깊이라는 두 가지 측면이 존재한다. 넓이
는 아동문학이 만들어내는 '신비한 세계'나 '이상한 세계'를 가리킨
다. 이와 더불어 『내가 나인 것』이나 『클로디아의 비밀』처럼 '현실세
계'가 있다. 『한밤중 톰의 정원에서』나 『마루 밑 바로우어즈』의 '신
비한 세계'는 판타지[1]라고 한다. 그리고 저 유명한 루이스 캐럴(Lewis

---

[1] 우리는 환상성, 환상문학 더 나아가 우리 시대의 판타지문학을 이해하기 위한 첫걸음으로서 이제 서구문학
에서 논의되었던 환상문학에 대한 담론들을 간략하게 서술하면 다음과 같다. 우리가 많이 언급하고 있는
판타지는 가상의 세계에 대한 이야기이며, 현실에선 도저히 일어날 수 없는 세계의 이야기를 일컫는다. 메
츨러사전에서 "환상Phantasie(그리스어로 phantasia=상상, Vorstellung, 현상Erscheinung)은 원래 그리스어
에서 유래된 말로 현실에는 존재하지 않는 대상을 마음속에서 감각적으로 만들어내는 것을 의미했다. 예술
이나 문학에서 이전에 감각적으로 지각했던 것들, 다시 말해서 내적 체험과 이미지들을 새롭고 현실과는
전혀 다른 관계로 형상화할 수 있는 능력으로서의 상상력이다. 이렇게 새롭게 형상화된 세계는 매우 구체

Carroll)[2]의 『이상한 나라의 앨리스 Alice's Adventures in Wonderland』

(1865)[3]나 『우리 마을』 같은 '이상한 세계'는 현실에 일어날 수 없는

적이어서 추상적인 사변과는 구분된다. 이 환상의 상상력은 어린 아이들의 모방력이나 신화에 나오는 자연
종족들의 수동적인 상상력과 작가나 예술가들의 창조적인 상상력과는 구분된다"고 기술했다. 야후 백과사
전은 "환상문학이란 초자연적인 가공세계에서 일어난 사건이나 현실에 있을 수 없는 사건을 소재로 한 문
학작품. 환상문학은 18~19세기 유럽문학의 주류였다고 여겨지는 리얼리즘문학이 일단 고갈점에 이르고,
그 이전의 환상성이 풍부한 문학이 재평가되면서 나타나기 시작하였다. 1920년대에는 모더니즘문학 이후
기법상의 환상성과 인간의 세계인식의 상징적 허구에 대한 인식이 깊어짐에 따라 종래의 리얼리즘에 대한
환상문학이라는 장르의 정립이 성립되었다"고 기술하고 있다. 환상문학을 소재적 측면과 생성과정의 역사
적 측면에서 규정한 것이다(이유선, 『판타지문학의 이해』, 역락, 2005, pp.26~27).

2) 루이스 캐럴(Lewis Carroll, 1832~1898), 즉 찰스 루트위지 도지슨은 옥스퍼드 대학의 수학교수이자 동화
작가로 판타지 동화(literary fairy tales) 『앨리스 시리즈』는 그의 대표적인 작품이다. 『앨리스 시리즈』는 교
훈주의에서 탈피하여 어린이의 상상력을 해방시킨 작품으로서 아동문학사에 큰 획을 그었을 뿐 아니라 '삶
이란 무엇인가'라는 질문에 답하는 은유적인 문학으로서 영문학사에서도 높이 평가되는 작품이다. 『앨리스
시리즈』 또는 『앨리스』는 앨리스의 모험을 다루는 네 권의 텍스트인 『지하세계의 앨리스 Alice's
Adventures Under Ground, 1864』, 『이상한 나라의 앨리스 Alice's Adventures in Wonderland, 1865』, 『
거울 나라의 앨리스 Through the looking-Glass and What Alice found there, 1871』, 『자장가 "앨리스"
The Nursery "Alice", 1890』를 말한다. 아동문학으로서 『앨리스』는 상상력이 배제된 채 교훈적인 내용으
로 가득한 책을 읽어야 했던 어린이들에게 즐거움을 주기 위해 쓰였고, 빅토리아시대의 어린이들은 이 새
로운 판타지 이야기에 즐거워했다. 『앨리스』가 출판되기 이전에도 어린이의 즐거움을 인식한 작품들이 있
었다. 대표적인 예를 들자면 존 번연(John Bunyan)의 『천로역정 The Pilgrim's Progress, 1678』, 다니엘
디포(Daniel Defore)의 『로빈슨 크루소 Robinson Crusoe, 1719』, 조너선 스위프트(Jonathan Swift)의 『걸리
버 여행기 Gulliver's Travels, 1726』 등이 있다. 이 작품들은 원래 성인을 대상으로 쓴 것이지만 『천로역정
』의 위험한 여행, 『로빈슨 크루소』의 무인도, 『걸리버 여행기』의 소인국이나 상상의 세계 같은 주제가 어
린이의 관심을 끌어서 어린이 책으로 다시 발간되었다. 『앨리스』는 어린이뿐만 아니라 성인까지 매료시켰
다. 1920년대에 비평가들은 『앨리스』의 판타지 이야기가 삶에 대한 성숙한 시각이 반영된 작품임을 주목
하면서부터, 이 작품은 분별력을 강조하던 시대에 출현한 문학적인 돌연변이가 아니라 삶에 대한 심도 깊
은 성찰을 담은 작품으로 평가받기 시작했다. 이러한 문학적 평가가 『앨리스』에 감추어진 심층적 의미와
이 작품이 영문학사에 중요한 위치를 차지하는 이유를 충분히 설명하지는 못하겠지만, 『앨리스』와 빅토리
아시대 정신과의 관련성 그리고 이 작품의 문학적 특성을 더 깊이 이해하는 데 필요한 통찰력을 줄 수 있
을 것이다. 어린이를 사랑한 동화작가 캐럴의 『앨리스』는 앨리스 리델(Alice Liddell, 1852~1934)과 그녀
의 자매들에게 들려준 이야기에서 탄생했다. 그리고 이 이야기가 발전하여 네 권의 『앨리스』가 만들어졌으
며, 『앨리스』는 영어로 쓰인 책 중에서 윌리엄 셰익스피어(William Shkespeare)와 킹 제임스 판 성서 다음
으로 가장 많이, 그리고 가장 자주 인용되는 작품이었다(양윤정, 『황금빛 오후의 만남-루이스 캐럴의 판타
지동화 앨리스의 세계』, 열음사, 2006, pp.21~23).

3) 전통적인 동화들과는 달리, 루이스 캐럴이 만든 이야기는 어린 주인공의 개성과 독립성을 찬양하고 있다.
『이상한 나라의 앨리스』는 '호기심에 불타는' 일곱 살짜리 여자아이가 호주머니에 시계를 달고 있는 흰 토
끼를 쫓아 굴속으로 들어간 후에 겪는 환상적인 지하세계의 모험이야기다. 마치 꿈속에 있는 것처럼, 이야
기는 갑작스런 시공간의 변화에 부딪치게 되고, 전혀 예기치 못하게 변형된 등장인물들이 등장한다. 풍자적
인 시와 말장난이 넘치고 엉뚱하게 이어지는, 완전히 뒤바뀐 논리가 이 이야기의 특징이다. 황당하기 짝이
없는 이 줄거리를 요약한다거나, 기상천외하게 부조리한 분위기와 이상한 나라의 존재, 등장하는 인물들의
매력적이고 코믹하여 환상적인 모습을 그대로 표현한다는 것은 매우 어려운 일이다. 앨리스는 이상한 나라
에서 온갖 종류의 엉뚱하고 괴상하고 우스꽝스러운 존재들과 마주친다. 예를 들면 모든 일, 모든 것에 황당
할 정도로 무감각한 공작부인이 있는데, 그녀는 캐럴의 상상 속에서 나온 가장 무뚝뚝한 인물이라고 할 수
있을 것이다. 그런 그녀가 한 아기를 흔들며 잠재우다가 갑자기 앨리스에게 던져 버린다. 그리고 아기는 앨
리스의 품에 안기자마자 새끼 돼지로 변하고 만다. 그뿐이 아니다. 웃는 고양이인 체셔 고양이는 또 얼마나

불가능의 이야기임으로 난센스 이야기이다. 이 정의가 거의 굳어져 있다. 그러나 여기서는 개론식 정의는 문제가 되지 않는다. 문제는, 가령 이렇게 세 가지 방향으로 분류할 수 있다면 그 세계가 각각 어떤 형태로 어린이 독자와 관련을 맺고 있는가, 무엇을 어떤 식으로 전달하는 세계인가 하는 점이다. 어린이 문학의 본질은 어린이 속에 잠재해 있는 인간의 가능성에 형태를 부여하는 것이라고 했다. 다양한 인물, 갖가지 사건을 통해 그 가능성을 표현하는 것이라고 규정했다. 이 규정에 따라 어린이 문학의 세 공간(세 방향 또는 세 가지 방법이라고 해도 좋다)을 돌아보면 다음과 같다.

현실세계는 어린이의 일상세계를 묘사하고, 그 속에 있을 수 있는 인간의 모습, 있어야 하는 인간의 모습을 탐구한다. 판타지는 일상세계 너머(또는 일상세계 안)에 '또 하나의 세계', '신비한 세계'를 만들어내고 그 별세계를 그려냄으로써 인간 본연의 모습을 추구한다. 난센스는 이 일상적 세계를 뒤집어(거기서 통용되는 기성의 가치관을 깨부수어) '이상한 세계'를 만들어내고, 인간이나 세계가 이상해질 수 있다(이상한 것과 만날 수 있다)는 형태로 인간 속에 있는 가능성을 찾는다. 그러나 이 세 가지 방법이 항상 명확하게 분리되어 있는 것은 아니다. 『이상한 나라의 앨리스』의 경우, 일단 난센스로 분류했지만 앨리스가 토끼 굴에 뛰어들어 모험을 하기 전인 앞부분에는 '현실세계'가 존재한다. 앨리스는 토끼 굴을 '통로'로 별세계로 들어간다.

놀라운 동물인가! 이 고양이는 자기와 앨리스가 미쳤다는 것을 어떻게든 앨리스에게 설득해보려고 하지만, 헛수고로 끝날 뿐이다. 앨리스는 이렇게 터무니없이 이상한 세계 속으로 들어가 수많은 등장인물들을 만나면서 인간세계에서는 상상할 수 없는 비상식적인 상황들이 전개되고 결국에는 다시 현실의 세계로 꿈을 통해서 돌아오는 이야기이다. 이 작품에는 동화라고 하기에는 너무나 많은 비현실적인 이야기와 현실세계의 풍자적 언어유희들이 존재하는 빅토리아조의 대표적 문학작품으로서 어린이만이 점유할 수 있는 아동문학의 범주가 아니라 모든 연령층의 독자들이 탐닉할 수 있는 문학작품인 것이다(시공디스커버리총서, 『루이스 캐럴-이상한 나라의 앨리스와 만나다』, 시공사, 2001, pp.69~71).

이런 점에서 보면 판타지라고 해야 할 것이다. 그러나 토끼 굴을 지나 도착하는 세계는 이른바 '신비한 세계'가 아니라 '이상하고 이상한 세계'이다. 구체적 작품은 분류방법에 규제되지 않는다. 분류 가능한 방법을 서로 조합하여 성립한다. 방법이 있고 작품이 있는 것이 아니라 작품이 있고 난 뒤에 방법이 추출되는 것이다. 이러한 아동문학이 가지는 넓이에 대하여 서술한 부분이다. 또 다른 한 가지인 아동문학의 깊이는 사상의 형상화라고 할 수 있다. 이때 사상은 어린이 책 작가 자신의 사고방식이나 생활방식의 문제이며, 이것이 얼마나 세밀하게 형상화되어 있는가 하는 것이 문제이다. 아무리 자유로운 어린이관을 갖고 있다 해도, 그것이 그대로 생동감 있는 형태를 갖지 못한다면 관념의 전달이나 포교로 끝나 버릴 것이다. 또 놀이의 필요성을 충분히 인식하고 있더라도, 어린이가 자유로이 즐길 수 있는 세계를 그려내지 못한다면 결국 작가의 신념을 증명하는 것으로 끝날 것이다. 어린이들이 원하는 것은 무엇보다 가슴이 두근거리는 이야기, 가슴이 설레는 재미이다. 작가는 이처럼 가슴이 두근거리고 설레는 이야기를 썼을 때 비로소 자기 사상의 형상화에 성공한다.

어린이를 그리는 것은 인간을 그리는 것이다. 인간을 그리는 것은 삶의 기쁨 또는 슬픔 등 그 모든 것들을 그리는 것이다. 그것은 분명하지만 반드시 현실을 그대로 옮기는 것만은 아니다. 아무리 현실을 그대로 옮겨놓은 것 같은 이야기라 해도 그것은 현실에 대치된 또 하나의 세계이다. 그 또 하나의 세계에서 살아가는 등장인물들을 현실의 울타리와 연계해서 전개하는 것이 아동문학이다. 어린이들을 대상으로 하는 아동문학의 세계에서는 현실과 동떨어진 모든 세계들이 존재하며 비상식적이라고 여겼던 이야기들도 현실이 되어서 살아서 움직이는 것이다. 이러한 세계 속에서 살아가는 어린이들은 단순히 빅토리아 왕조시대의 양면성 중의 하나인 순수한 세계[4] 속에 살아가야 하며 교육적이고 교훈적인 성격만을 지녀야 한다고 강조하면서 어른들이 보는 세계로 형상화시킨 아동문학은 너무나 획일적인 부분이 될 것이다.[5] 아동문학은 아동의 세계를 투영해야 하며 어른의 눈으로 보는 세계를 교육적인 효과를 제고한다는 전제 아래 아동문학을 어른의 문학세계와 동일시한다면 그 순간 아동문학은 사라지게 되는 것이다.

---

4) 당시 비토리아 왕조시대의 어린이관은 두 가지 극단적 양상을 보이고 있었다. '어린이는 어른의 아버지'로 그 순수함을 한없이 찬양하던 시선, '인간은, 갓난아이조차도 죄인'이라는 삼엄한 청교도적 시선이었다. 또한 당시의 어린이문학은 종교와 도덕과 예절에 관한 교훈, 설교, 협박, 설득이 주류를 이루고 있었다. 낚시 갔다가 물고기를 괴롭힌 벌로 꼬챙이에 꿰여 피를 철철 흘리는 아이 이야기, 고작 여덟 살 나이에 온갖 순교자적 희생을 기쁘게 감내하면서 죽어가는 아이 이야기, 부모 없는 아홉 남매의 맏언니로 동생들을 키우고 교육을 완벽하게 해내는 여자 아이 이야기, 어린이들은 주눅이 들지 않을 수 없었다(김서정, 『멋진 판타지』, 굴렁쇠, 2002, p.111).

5) 우에노 료, 『현대 어린이문학』, 햇살과 나무꾼 역, 사계절, 2003, pp.197~203.

2. 아동문학번역의 충실성과 가독성[6]

우리 인류가 번역[7] 활동을 시작된 이래로 번역이 무엇이며 어떻게
번역을 해야 하는지에 대하여 끊임없이 논쟁해 왔다. 이러한 번역행
위에 대하여 많은 번역이론가들은 ST에 담겨 있는 저자의 메시지를
'충실한 표현'으로 번역을 해야 하는지 TL의 독자가 읽고 이해하기
쉽게 가독성(Readability)을 우선적으로 고려한 '자연스러운 표현'으로
번역을 해야 하는지에 대해 오랜 세월 고민해왔다. 키케로(Cicero)는
TT와 ST의 관계에 대해서 "내가 단어 대 단어로만 옮긴다면 그 결과
물은 매우 어설프게 보일 것이고, 어쩔 수 없이 필요에 의해 어순이
나 어법을 바꾼다고 하면 번역자로서의 역할을 벗어난 것처럼 보일
것"이라고 표현했다.[8] 즉, 키케로의 이 말은 번역의 이론에 관한 견
해에서 번역자가 번역을 할 경우엔 단어 대 단어 식으로 번역하는 것
보다 의미 대 의미로 번역하는 것이 중요하다고 이야기하면서, 번역
자는 원문텍스트와 번역문텍스트를 읽는 독자들에 대하여 책임감을
가져야 한다는 것을 보여준다.

호레이스(Horace)와 키케로는 "번역을 통하여 그들 자신의 모국어
와 문학을 풍부하게 만든다는 기본적인 원칙 때문에 '충실함'을 더욱

---

6) 2009년 2월 신영어영문학회에 발표한 「아동문학번역의 충실성과 가독성 연구」를 중심으로 편성하였다.

7) 번역은 "어느 언어로 표현된 텍스트를 의미가 동일한 다른 문자언어로 옮기는 작업이다. 이에는 두 가지
방향의 번역이 있을 수 있다. 하나는 한국어가 아닌 다른 언어의 텍스트를 한국어로 옮기는 작업과 그 반대
의 경우, 즉 한국어로 표현된 텍스트를 한국어가 아닌 그 외의 언어로 옮기는 작업을 포함한다. 번역에 대
한 이런 정의에는 (1) 번역이란 원작의 사상을 완벽하게 기술할 수 있어야 한다는 점, (2) 문체와 글쓰기
방식이 원문의 것과 같은 특성을 가져야 한다는 점, (3) 번역이란 원문이 가진 평이함을 유지해야 한다는
점 등의 속성이 내재되어 있다(이석규 외 5인 공저, 2002, p.16)." 또한 김효중은 "번역은 원문텍스트를 이
해, 분석하고 번역등가를 찾아서 원문텍스트에 상응하는 번역문텍스트를 생성하는 창조적 활동이다"라고
주장한다(김효중, 2004, p.127).

8) Susan Bassnett-McGuire, 1980, p.43.

엄격하게 의식하여 출발어에 가깝도록 하기보다는 도착어로 쓰인 번역의 미학적 가치판단의 기준을 중요시하였다."[9] 또한 원문텍스트에 대한 번역문텍스트의 충실성에 있어서, 김효중은 "현대 번역이론의 특성은 문화와 언어가 서로 의존한다는 가설에 기초하며 언어 내적요인보다 언어 외적요인에 더 관심을 갖는다고 말하면서, 번역은 상이한 문화 간의 커뮤니케이션으로 간주되고 여기에서 번역문텍스트의 기능이 가장 중요시되며, 이러한 기능적 번역이론[10]에서는 전통적으로 번역의 기준이 되었던 신성한 원문텍스트가 중요시되지 않는다고 말한다."[11] 이러한 기능적 번역이론에서 강조하고 있는 저자의 의도가 충실히 반영된 원문텍스트를 중요시하지 않고 번역문텍스트의 독자를 위해 가독성만을 지나치게 강조하여 번역을 하게 되면 원문텍스트 내용의 임의적인 삭제, 첨부, 생략 및 부가설명이 빈번하게 일어나서 결국에는 원문텍스트의 저자가 말하고자 하는 의미와는 전혀 다른 번역문텍스트가 될 수가 있다. 이러한 원문텍스트의 충실성과 번역문텍스트의 가독성에 대한 논쟁에 대해 슈톨제(Stolze)는 "초기의 번역자들은 더욱이 그들의 방법론을 세웠지만, 하나의 특수한 언어사용으로서 번역행위를 이론적으로 파악하고 학문적으로 기술하는 것은 아직도 성공하지 못하고 있다. 번역활동에 대한 수많은 의견들은 근본적으로 항상 설득력 있게 이론적으로 입장을 설명하지 못

---

9) Susan Bassnett-McGuire, 1980, pp.43~44.

10) "기능주의 번역이론은 텍스트와 번역결과물의 기능이나 기능들에 초점을 맞춘다는 것을 의미한다. 기능주의는 이러한 방식으로 번역에 접근하는 다양한 이론들에 대한 광의의 용어이다. 물론 우리가 스코포스 이론(Skopostheorie)이라 칭하는 것이 이러한 발전에 중추적 역할을 해왔다. 대표적인 학자와 이론에는 라이스(Reiss)의 '텍스트 유형 분석이론'과 훼르메르(Vermeer)의 '스코포스 이론(Skopostheorie)' 등이 있다 (Christiane Nord, 『번역행위의 목적성』, 정연일·주진국 역, 한국외국어대학교, 2006. pp.1~20)."

11) 김효중, 2004, p.186.

하고, '충실한' 번역과 '자유로운' 번역 사이의 근본적인 논쟁의 주위를 맴돌고 있다. 대체적인 규칙으로서 사람들은 오랫동안 그리고 학교의 외국어 수업에서 부분적으로 오늘날까지 다음과 같이 가르치고 있다: '가능한 축역을 하고 필요한 만큼 자유롭게 번역하라'"12)라고 주장하였다. 이렇듯이 충실성과 가독성에 대한 두 가지 번역방법은 모두 번역행위에 있어서 어느 한쪽을 강조할 수 없는 중요한 문제다. "번역자들에 따라 번역에 대한 정의가 다르지만, 결국 의미에 충실하고 자연스러운 표현을 지향하는 데에서 일치점을 볼 수 있는 것이다. 원문을 정확하게 옮기느냐, 등가로 의역하여 가독성을 높이느냐는 두 가지 잣대는 번역의 질을 결정하는 주요요소로서 어느 한쪽도 소홀히 할 수 없다. 하지만 번역자는 원문텍스트의 성격에 따라 정확성과 가독성 중 어느 쪽에 무게를 두어야 할지를 선택해야 한다."13) 번역의 목적은 외국어로 된 원문텍스트를 읽고 이해하여 번역문텍스트 독자에게 이해하기 쉽게 표현하는 행위이다. 따라서 번역자는 SL과 TL를 모두 알고 있는 원저자와 독자 사이의 중개자14)로서 ST 저자의 메시지를 충실히 전달하면서도 그것을 읽는 TL 독자를 배려해서, 읽고 이해하기 쉽게 번역을 해야 할 책임과 의무를 동시에 가지고 있다. 이와 같이 충실성과 가독성의 두 조건을 다 충족시키는 번역을 할 때 TT의 독자는 ST 저자의 충분한 의도를 파악하게 된다. 본 연구에서는 특이한 문체적 특성과 풍부한 언어유희 및 "전도적 현실을 표현하고

---

12) 박용삼, 2003, pp.105~106 재인용.

13) 최정화, 2001, p.199.

14) "SL 문화의 텍스트를 TL 문화의 텍스트로 번역하는 일은 바로 언어와 기타 여러 가지 배경이 다른 의사소통의 참여자들을 서로 연계시켜 주는 일이다. 따라서 번역자가 원문에 '충실'하다는 미명 아래 어떠한 개입이나 중재 없이 문자 그대로 번역하여 독자로 하여금 ST를 접하도록 한다면, TL 문화권의 독자와 원저자 간의 원활한 의사소통에는 상당한 어려움이 야기될 것이다(이근희, 2005, pp.26~27)."

환상성"[15]을 보여주고 있는 루이스 캐럴(Lewis Carroll)의 작품 『이상한 나라의 앨리스』(Alice in Wonderland, 1865)[16]와 그 번역본 다섯 종을 분석대상으로 하여 아동문학의 영한번역에 나타난 충실성과 가독성에 대한 번역양상을 고찰해보고자 한다.

1) 아동문학번역의 특성

아동들은 생활 속의 환경을 통해 언어를 배우고, 책을 통해 지식을 흡수한다. 어른들은 책을 읽는 중에 책의 어휘나 문장 또는 논리적인 면에서 오류가 발견되더라도 이러한 것들을 스스로 자신이 가지고 있는 지식으로 수정해 나가면서 책읽기를 할 수 있다. 그러나 어린이들은 이러한 어른들과 같은 지적 능력의 발달이 발전단계에 있어서 미흡하다. 따라서 아동도서는 그것이 번역문텍스트이건 아니건 성인들이 읽는 어른을 위한 책보다 언어의 품질이 훨씬 중요하다. 그럼에도 불구하고 현실적으로 많은 번역자들 사이에서는 아동을 위한 아동문학의 번역이 더 쉽다는 생각이 팽배하고, 아동문학작품들의 번역에서의 문제점들은 부분적으로 지적하면서 지나친 점이 많다. 아동독서인구가 많아지고 있는 현재 상황에서 이론적으로 체계화된 아동도서의 번역에 대한 연구는 다른 어떤 분야의 번역보다도 더 신중을 기해 연구되어야 하며, 번역사들은 이러한 연구이론을 통해 번역해야 하며, 번역이론을 통한 충실한 번역이 될 때 계속 배워나가는 아동들

이 언어의 품질이 높은 좋은 문학작품을 접함으로써 독서의 즐거움을 더욱더 극대화시킬 수가 있는 것이다. 많은 아동문학작품 중에서도 독특한 문체와 언어적 유희를 동반하여 사회현실을 풍자한 루이스 캐럴의 작품 『이상한 나라의 앨리스』는 우리나라에서뿐만 아니라 전 세계적으로 많은 나라에서 번역되어 읽히고 있으며 아동문학번역의 중요한 연구대상으로 다루어지고 있는 것 또한 현실이다. "와이스브로드(Weissbrod)는 규범중심(norm-oriented)의 접근법을 통해 각각의 히브리어 번역본에서 언어유희를 어떻게 다루고 있는가를 분석하였는데, 그의 분석결과에 따르면 가장 먼저 번역된 1923년 본의 경우 언어유희를 TT 독자들의 문화에 맞게 자국화된 번역의 양상을 보인다. 그리고 1951년 번역본에서는 이국화를 띤 언어유희는 완전히 무시되는 특성을 보이면서 1987년 본에 이르러서는 완전한 자국화보다는 어느 정도 히브리어의 표준에서 벗어나더라도 ST의 언어유희를 살리고자 하는 노력이 드러난다."17) 원문텍스트가 가지고 있는 독특한 문화적 특성들 때문인지 번역과 연관된 『이상한 나라의 앨리스』 연구는 번역문텍스트 독자들을 위해 원문텍스트에서 표현되고 있는 이국적 표현들을 느끼지 않도록 번역하는 자국화(domestication)와 원문텍스트에서 표현하는 이국적인 표현들의 생생함을 그대로 전달하는 이국화(foreignization)18)의 관점에서 주로 논의되었다. "오티넨

---

17) 김순영, 「『이상한 나라의 앨리스』를 통해 본 언어유희의 번역」, 『번역학연구』, 제8권 2호, 2007, pp.32~33.

18) 베누티(Venuti)는 "쉴라이어마허(Schleiermacher)로부터 '자국화 번역(친숙하게 하기, domesticating translation)'과 '이국화 번역(낯설게 하기, foreignizing translation)'이라는 개념을 도입하였는데 자국화 번역은 번역문텍스트의 독자들이 원문텍스트의 생소함을 가능하면 느끼지 않도록 채택하는 명료하고 자연스러운 양식의 번역방법이며, 이국화 번역은 원문텍스트에 존재하는 이국풍의 요소를 번역문텍스트에 그대로 옮겨 의도적으로 번역문텍스트 언어권의 관습에 적합지 않은 번역문텍스트를 생산하는 번역의 방법이다(이근희, 2005, pp.77~79)."

(Oittinen), 노드, 키비(Kibbee)는 주인공인 '앨리스'의 이름을 비롯한 고유명사의 번역은 번역문텍스트가 생산된 시기와 장소, 문화 등과 같은 상황적인 요소와 대상독자가 누구인가에 따라 달라질 수 있음을 보이면서, 이러한 차이를 가져오는 것은 번역자가 자국화 전략을 취하는가 혹은 이국화 전략을 취하는가에 따라 결정되는 것이라고 보았다."[19] 국내 학자들 중 성승은(2005)은 『이상한 나라의 앨리스』의 손영미(2004년 번역본), 김성렬(2002년 번역본), 권혁(2004년 번역본) 3종의 번역본을 분석대상으로 삼아서 대상독자가 다르게 설정된 번역서에 대해 담화 경향의 차이가 어떻게 번역전략에 반영되었는지를 보였다. 김순영(2007)에서는 독특한 문체와 풍부한 언어유희를 담고 있는 『이상한 나라의 앨리스』와 그 번역본 여섯 종을 분석대상으로 하여 영한번역에 나타난 언어유희(pun)의 번역양상을 동음 [동형] 이의어(homonymy), 동음이형어(homophony), 동형이의어(homography), 유형유음어(paronymy)로 세분화하여 보았다.

본 논문의 분석대상 번역문텍스트는 대상독자와 번역시기에 관한 부분을 고려하여 최근에 출판된 서적이면서 초등생부터 성인에 이르기까지 광범위하게 가장 많이 읽히는 텍스트로 선정하였다. 성인용은 청소년 이상을 의미하고 있으며 원문텍스트의 충실성과 번역문텍스트의 가독성을 평가할 수 있는 텍스트로 엄선하였다. 분석대상으로 선정한 텍스트는 종 5종으로 각각 1993년, 2001년, 2005년, 2007년에 출간된 번역본이다(<표 1> 침조).

---

19) 김순영, 2007, p.33.

옮긴이(출판연도)		출판사	대상독자
TT 1	최인자(2005)	북폴리오	성인
TT 2	최용준(2007)	열린책들	성인
TT 3	이동민(1993)	소담	청소년 이상
TT 4	심상우(2005)	계림	초등생
TT 5	손영미(2001)	시공사	청소년 이상

<표 1>에서 제시한 분석대상 텍스트 중에서 이동민(1993)의 경우엔 가장 많은 독자들이 읽는 책이며 또한 이 책 이후에 번역 출판되고 있는 번역문텍스트의 참조가 되고 있으며, 많은 부분들이 생략 처리되어 있고 독자들의 이해를 높이기 위해 다른 번역문텍스트가 언어유희 등의 설명들을 각주나 괄호 처리하여 부가설명을 하였지만 이동민의 경우엔 이에 대한 특별한 언급은 없다. 최인자(2005)는 국내에서 유일하게 마틴 가드너(Martin Gardner) 주석 원문텍스트를 완역본으로 처리하여 성인들과 청소년들에게 원저자인 루이스 캐럴의 아동문학세계를 이해하는 데 많은 도움을 주었고, 심상우(2005)는 초등학생을 대상으로 책 뒷부분에 논술을 첨가하여 논술대비용으로 명시하고 있다. 손영미(2001)는 청소년 이상이 부담 없이 읽을 수 있게 책 서문에 이상한 나라의 앨리스가 만나는 친구들을 삽화와 함께 설명하여 독자의 이해를 도왔다. 최용준(2007)은 각주 등을 상세하게 설명함으로써 다른 책에 비교해서 독자의 이해를 최대한 높이는 데 주력하였다. 특히 이동민(1993), 손영미(2001), 최인자(2005)는 원본과 동일한 존 테니얼(John Tenniel)의 삽화를 사용하고 있는 데 반해 심상우(2005), 최용준(2007)의 경우에는 박해남의 삽화와 머빈 피크(Mervyn

Peake) 삽화를 사용함으로써 대상독자 연령대의 차이가 있음을 삽화를 통해서도 느낄 수 있었다. 본 논문에서는 충실성이 저하된 번역, 가독성이 저하된 번역 및 충실성과 가독성이 우수한 번역양상을 위주로 살펴보기로 하겠다.

2) 텍스트 분석

(1) 충실성이 저하된 번역

ST 1: Alice felt so desperate that she was ready to ask help of any one; so, when the Rabbit came near her, she began, in a low, timid voice(Carroll, 1992, p.14).

TT 1: 지금 앨리스는 너무나 절망적인 상태였기 때문에 상대를 가려서 부탁할 형편이 아니었다. 그래서 토끼가 옆을 지나갈 때, 앨리스는 작은 목소리로 수줍게 입을 열었다(최인자, 2005, p.53).
TT 2: 앨리스는 너무나 절박한 심정이라서 누구에게든 도움을 청해야 했기에 흰 토끼가 다가오자 겁먹은 목소리로 나직이 말했다(최용준, 2007, p.23).
TT 3: 토끼의 출현은 절망적인 상태에서 지푸라기라도 잡고 싶었던 앨리스에게 여간 반가운 게 아니었다. 그래서 토끼가 옆으로 다가오자 그녀는 가늘고 조그만 소리로 토끼를 불렀다(이동민, 1993, p.22).
TT 4: 그때 앨리스는 너무도 큰 슬픔에 빠져 있었기 때문에 아무에게라도 도움을 청하고 싶었습니다. 앨리스는 토끼에게 상냥하게 말했습니다(심상우, 2005, p.27).
TT 5: 앨리스는 몹시 절망적인 상태였던 터라 누구한테라도 도움을 청해야 할 판이었다. 그래서 토끼가 가까이 다가오자 겁먹은 소리로 나직이 말했다(손영미, 2001, p.24).

　　ST 1의 TT 1, TT 2, TT 4, TT 5에서는 ST의 'so desperate that she was ready to ask help of any one'를 '너무나 절박한 상태이어서 누구에게든 도움을 청하고 싶다'라는 앨리스가 처한 상황을 ST의 의미에 가깝게 번역을 함으로써 앨리스가 케이크를 먹고 너무 키가 커져서 눈물을 펑펑 흘리며 누구에게든 도움을 청해야겠다는 절망에 처한 상황을 독자로 하여금 느끼게 하고 있는데, TT 3는 절망적인 부분을 강조하기 위하여 ST에는 없는 '지푸라기라도 잡고 싶었던'이란 부분을 임의로 첨가하는 번역의 전략을 취함으로써 TT의 독자에게 가독성의 의미는 부여할 수 있으나 ST의 의미의 충실성은 떨어지게 만들었다.

ST 2: ⋯⋯ and found quite a crowd of little animals and birds waiting outside. The poor little Lizard, Bill, was in the middle, <u>being held up by two guinea-pigs</u>, who were giving it something out of a bottle(32).

TT 1: 그리고 문 밖에서 웅성거리고 있는 작은 동물들과 새 무리를 발견했다. 가엾은 작은 도마뱀 빌은 그 무리의 중간에서 기니피그 두 마리의 시중을 받으며 병에 든 어떤 액체를 마시고 있었다(82).

TT 2: 밖에는 작은 동물들과 새들이 모여 기다리고 있었다. 가운데에는 불쌍한 꼬마 도마뱀 빌이 기니피그 두 마리의 부축을 받고 있었고, 기니피그들은 빌에게 병에 든 뭔가를 먹이고 있었다(47).

TT 3: 뒤뜰에는 조그만 동물들과 새들이 떼를 지어 웅성거리고 있었고 두더지 두 마리가 불쌍하게도 쭉 뻗은 도마뱀 빌의 머리를 받쳐 들고 병에 든 것을 입속에 넣어 주고 있었다(53).

TT 4: 밖에는 조그만 동물들과 새들이 떼를 지어 모여 있었습니다. 가엾은 도마뱀 피에르는 두더지 두 마리의 부축을 받으며 동물들 가운데 서 있었습니다 + 생략(61~62).

TT 5: 밖에는 작은 동물들과 새들이 모여 있었다. 동물들 한가운데에는 가엾은 꼬마 도마뱀 빌이, 기니피그(곱슬곱슬한 털이 달린 조그만 동물, 토끼처럼 생겼으나 귀가 짧고 꼬리는 없다. 어린이들이 애완동물로 기르기도 하고, 실험동물로 쓰이기도 한다: 옮긴이) 두 마리에게 안겨서 병에 담긴 것을 마시고 있었다(57~58).

ST 2의 ST의 'being held up by two guinea-pigs'를 TT 1, TT 2, TT 5는 '기니피그 두 마리의 부축을 받으며'로 번역하였으나 TT 3, TT 4는 '두더지 두 마리의 부축을 받으며'로 번역하여 ST와는 전혀 다른 동물로 오역처리 하였다. 국어사전에 보면 기니피그는 TT 5의 번역자의 설명처럼 '모르모트라고 하며 생물학, 의학의 실험동물로 많이 사용하는 쥐과의 한 종'이고, TT 4와 TT 5가 번역한 두더지는 '쥐와 비슷하게 생긴 동물의 한 가지이며 땅에 굴을 파서 사는 까닭에 주둥이가 뾰족하며 눈이 퇴화되고, 발바닥이 삽처럼 생긴 동물'이다. 즉, 전혀 다른 동물임에도 불구하고 TT 3과 TT 4는 동일하게 'guinea-pig'를 두더지로 오역함으로써 원문의 충실성에 부정적인 영향을 미칠 수 있다. 또한 TT 4는 ST의 '……, who were giving it something out of a bottle'를 생략하여 번역 처리함으로써 의미의 충실성을 저하시켰다.

> ST 3: 원문텍스트에는 아래와 같은 번역문텍스트가 존재하지 않음
>
> TT 3: 이런 생각을 하면서도 앨리스는 자신의 생각이 뒤바뀐 것이라는 걸 깨닫지 못하고 있었다. 혹시 앨리스도 고양이의 말대로 미쳐버린 게 아닐까?(88)
> TT 3: "아까 앨리스에게서 핀잔을 받은 데 대한 반격이었다."(101)
> TT 3: 앨리스의 이 말에 뒤늦게야 자기의 실수를 깨달은 자라는 얼굴을 붉히고 벌컥 화를 냈다(144).

ST 3의 경우에는 다른 TT에서 발견할 수 없는 부분을 TT 3은 번역자가 ST에 없는 부분을 임의로 첨가해 가독성을 살리고자 했으나 원문과 관계없는 부분을 삽입함으로써 ST를 해치는 결과로 이어질 수

가 있다. 특히 TT 3의 (88), (101)과 (144) 부분은 문장 안에서 어휘나 구문을 부연설명하기 위해 첨가되는 것이 아닌 전혀 본문의 내용과 는 상관없이 첨가되어서 첨가부분의 앞뒤 문맥과 연결이 되지 않고 전혀 다른 의미로 첨가되어 독자의 이해를 높이기 위한 가독성만을 우선시하여 ST의 충실성을 위배한 부적절한 문장으로 번역되었다.

ST 4: First, however, she waited for a few minutes to see if she was going to shrink any further: she felt a little nervous about this; "for it might end, you know," said Alice to herself; "in my going out altogether, like a candle. I wonder what I should be like then?" And she tried to fancy what the flame of a candle looks like after the candle is blown out, for she could not remember ever having seen such a thing(11~12).

TT 1: 그렇지만 먼저 앨리스는 자신이 얼마나 더 작아질 것인지 알기 위해서 잠깐 동안 기다렸다. 그러면서 앨리스는 조금 불안했다. "계속 줄어들다가는 다 녹아버릴 초처럼, 완전히 없어져 버릴지도 몰라, 그럼 나는 어떻게 되는 거지?" 앨리스는 초가 완전히 녹아버린 후에 촛불이 어떻게 되는지 상상해보려고 애를 썼다. 왜냐하면 그런 걸 본 적이 있는지 전혀 기억이 나지 않았기 때문이다(49).
TT 2: 하지만 먼저 몸이 더 작아지는 건 아닌지 잠시 기다려 보았다. 앨리스는 조금 걱정스러웠다. 「이러다가 초처럼 완전히 사라져 버릴지도 몰라.」 앨리스가 혼잣말을 했다. 「그러면 어떻게 하지?」 앨리스는 양초가 꺼지면 불꽃이 어떻게 보이는지 상상해 보려 애썼지만 그런 걸 본 적이 없었기에 기억조차 떠올릴 수 없었다(20).
TT 3: 원문텍스트 전체가 삭제되었음.
TT 4: 그러다 혹시 몸이 더 줄어들지 않을까 하는 생각이 들었습니다. 그래서 몸이 더 줄어들기를 기다리는 동안 갑자기 무서워졌습니다. '이렇게 작아지다가는 나중에 내 몸이 없어져 버릴지도 몰라. 양초가 타서 없어지는 것처럼 말이야. 그럼 나중에 어떻게 다시 몸을 커지게 하지?' 앨리스는 걱정이 되었습니다. 그리고 양초가 다 탔을 때 촛불이 어떻게 되는지 떠올려 보았습니다(20).
TT 5: 하지만 혹시 키가 더 줄어들까 싶어서 조금 걱정스러운 마음으로 잠시 기다렸다. "이러다가 나중에는 양초처럼 몽땅 사라져 버릴지도 몰라. 그러면 난 어떻게 될까?" 그러면 양초가 꺼지고 나면 불꽃이 어떻게 보이는지 상상해 보려고 했으나, 그런 걸 본 기억조차 없었다(19).

ST 4는 일반적으로 번역 시에 삭제와 생략은 ST에서 표현된 특정한 표현들을 삭제하거나 생략하는 번역의 한 전략적 방법이다. 이는 "ST상에 목표텍스트 문화권에서 금기시하는 내용이나 표현, 또는 왜곡되거나 음란하고 외설스러운 부분이 있어 목표텍스트 문화권의 독자에게 바람직하지 않은 반응을 유발할 때 사용할 수 있는 방법이다."[20] 그런데 다른 TT와는 달리 TT 3에서는 앨리스는 지금까지 본 적이 없는 아름다운 정원으로 들어가기를 원했으나 자신의 몸이 너무 커서 들어갈 수가 없어서 탁자 위에 있는 병에 든 것을 마셔서 점점 작아져 망원경처럼 줄어들어 24센티미터밖에 되지 않자 초조해하며, 후엔 다 녹아버린 초처럼 된다고 걱정하는 작품전개에 있어서 목표텍스트 문화권의 독자에게 바람직하지 않은 반응을 주는 부분이 아닌데도 불구하고 ST의 중요한 부분의 모든 부분을 삭제하여 번역함으로써 앞뒤 문단의 연결성이 떨어지고 ST의 충실성마저 저하시킨 결과를 초래하였다.

ST 5: "and vinegar that makes them sour--and camomile that makes them bitter--and--and barley-sugar and such things that make children sweet-tempered. I only wish people knew that: then they wouldn't be so stingy about it, you know- "(70)

TT 1: '그리고 식초는 사람들을 까다롭게 만들고, 카모마일 차는 사람들을 신랄하게 만들어. 그리고 보리엿 같은 것들은 아이들을

─────────────────

20) 이근희, 2005, p.52.

말 잘 듣게 만들지. 그런데 사람들이 그런 사실을 안다면 아이들에게 사탕을 주는 데 그렇게 인색하지는 않을 텐데 말이야……'(141)

TT 2:「그리고 식초는 사람들을 심술궂게, 카모마일 차는 사람을 모질게, 보리엿은 아이들을 상냥하게 하지. 사람들이 이 사실을 알았으면 좋겠어. 그러면 단 걸 가지고 그렇게 쩨쩨하게 굴지는 않을 텐데」(102).

TT 3: '식초는 사람을 시게 만들고, 소금은 짜게 만들고, 꿀이나 사탕은 아이들의 성격을 부드럽고 달콤하게 만들 거야. 모든 사람들이 이런 사실을 안다면 세상이 훨씬 여유로워질 텐데……'(123)

TT 4: '식초는 사람을 시게 만들고, 소금은 짜게 만들고, 꿀이나 사탕은 아이들의 마음을 부드럽고 달콤하게 만들 거야. 모든 사람들이 이런 사실을 안다면 얼마나 좋을까. 그러면 세상이 지금보다 훨씬 좋아질 텐데……'(133)

TT 5: '식초를 먹으면 까다로워지고, 카밀레(영국 빅토리아시대에 널리 쓰인 약, 약간 쓴맛이 난다: 옮긴이)를 먹으면 신랄해지고, 그리고 …… 그리고 …… 보리 사탕이나 그 비슷한 사탕을 먹은 애들은 상냥해져. 사람들이 이걸 알았으면 정말 좋겠다. 그러면 사탕을 놓고 그렇게 인색하게 굴지 않을 텐데……'(126)

ST 5의 TT 3과 TT 4는 다른 TT와 다르게 ST의 'camomile(약용식물, 카밀레)'을 전혀 다른 의미를 가진 소금으로 번역하였다. 그리고 'barley-sugar(보리엿: 보리를 달인 물에 설탕을 넣어 졸인 엿)'를 꿀이나 설탕으로 아동문학의 특성상 가독성의 효과를 최대로 살리기 위해서 자국화의 개념을 번역전략으로 취하면서 번역하였으나 오히려 ST의 의미를 왜곡함으로써 TT의 독자의 이해를 혼란스럽게 만드는 결과를 초래하였다. 그러나 TT 1과 TT 2는 'camomile'과 'barley-sugar'를 카모마일과 보리엿으로 번역하였다. 또한 TT 5는 카밀레와 보리 사탕으로 번역하면서 ST의 의미의 충실성을 높였고, TT 독자의 가독성을 높이기 위해서 괄호설명을 곁들여서 번역하는 전략을 취하였다.

(2) 가독성이 저하된 번역

ST 6: ······ she said aloud. "I must be getting somewhere near the centre of the earth. Let me see: that would be four thousand miles down, I think-."(8)

TT 1: "얼마나 아래로 떨어진 걸까? 지구의 중심에 가까이 가고 있는 게 틀림없어. 그래, 6천 킬로미터쯤 내려온 것 같아."(43~44)
TT 2: 지금까지 몇 킬로미터나 떨어져 내려왔을까? 앨리스가 큰소리로 말했다. 「분명히 지구 중심쯤엔 와 있을 거야. 어디 보자, 그럼 한 6천 킬로미터 정도인가······」(15).
TT 3: 「지금까지 몇 마일이나 떨어져 내렸을까?」 앨리스가 큰소리로 말했다. 「아마 지구 중심부에 가까워졌을 거야. 얼마더라? 그래 4천 마일쯤 된다고 했어······」(11).
TT 4: 도대체 몇 킬로미터나 떨어진 것일까? 앨리스는 아래로 떨어지면서 너무나 무서운 생각이 들었습니다. '이러다가 영원히 떨어지는 것은 아닐까? 벌써 6킬로미터는 떨어졌을 거야.'(12)
TT 5: 앨리스는 큰 소리로 떠들었다. "지금까지 몇 미터나 떨어졌을까? 지구 중심 어딘가에 가까워지고 있을 텐데. 응, 지구 중심이라면 아마 6,400킬로미터쯤이나 떨어진 곳일 텐데······."(13)

ST 6에서 ST의 'four thousand miles'를 TT 1과 TT 2는 TT 독자를 위한 TT 문화권의 도량형 단위인 킬로미터제로 환산하여 '6천 킬로미터'로 환산하여 표기하였으며, TT 3은 ST의 문화권의 단위가 TT의 문화권에 적용되지 않고 ST 문화권의 도량형 단위인 마일을 사용하였으며, TT 4는 번역자의 실수로 4천 마일을 4마일로 잘못 인식하여 6킬로미터로 오역하여 처리하였고, TT 5는 1마일을 1.609킬로미터로 정확한 TT 문화권의 도량형 단위로 계산하여 6,400킬로미터로 적용하는 번역전략을 취하였다. 특히 TT 3과 같은 이국화의 개념으로 번역하는 방법은 목표문화권의 독자가 자국의 도량형 단위로 번역하지

않았기 때문에 거리가 얼마나 되는지 알 수 없다는 단점이 생기며 가
독성 저하를 초래할 수 있다.

ST 7: Alice had no idea what to do, and in despair she put her hand in
her pocket, and pulled out <u>a box of comfits</u>, (luckily the salt water had
not got into it), and handed them round as prizes(23).

TT 1: 앨리스는 어찌할 바를 몰랐다. 앨리스는 절망적으로 호주머
니에 손을 넣었다. 그리고 손에 잡히는 콤피트 과자 상자를 꺼내서
(다행히 과자는 소금물에 젖지 않았다) 동물들에게 상으로 건네주
었다(67).
TT 2: 앨리스는 어찌해야 할지 몰랐고, 필사적으로 주머니를 뒤져
사탕상자를 꺼내(다행히 소금물이 들어가 있지 않았다) 상으로 나
누어 주었다(34).
TT 3: 당황한 앨리스가 엉겁결에 주머니에 손을 넣자 뭔가 잡히는
게 있어 꺼내 보았다. 사탕이 든 상자였다(물에 빠졌는데도 어찌된
셈인지 녹지 않았다). 앨리스는 사탕을 꺼내 하나씩 상으로 주며
다행이라고 생각했다(35).
TT 4: 당황한 앨리스는 어찌해야 할지 몰랐습니다. 그래서 엉겁결
에 주머니를 뒤져 보았더니 사탕 한 봉지가 들어 있었습니다. 아까
물에 빠졌는데도 다행히 녹지 않았습니다. 앨리스는 모두에게 사탕
을 하나씩 나누어 주었습니다(43).
TT 5: 앨리스는 어떻게 해야 할지 몰라 망설이다가 절망적인 심정
으로 호주머니에 손을 넣었다. 그리고 컴핏(과일에 설탕을 묻힌 사
탕: 옮긴이) 상자를 꺼내어 상품으로 나눠 주었다(운 좋게도 그 안
까지는 소금물이 들어가지 않았다)(40).

ST 7에서 ST의 'a box of comfits'은 사전적인 의미 '콤피트(설탕에 조
린 마른 과일이나 씨앗 등 나무열매를 넣은 당과)'를 말하는데 TT의
독자인 아동에게 TT 문화권에 맞는 이해하기 쉬운 어휘로 대응해서
번역을 해야 하는데 TT 1은 '콤피트 과자 상자'로 번역해 ST의 충실성
만을 강조했고, TT 5는 ST의 충실성을 살려 '컴핏'으로 번역했고, 아울

러 가독성을 높이기 위해 번역문 옆에 주석을 달아놓았다. TT 2, TT 3과 TT 4는 특별한 부연설명을 하지 않고 '사탕상자와 사탕 한 봉지'로 TT에서 외국어의 생소함을 최소화하기 위해 자국화 전략을 취하였다. 그러나 별도로 설명하지 않고 자국화를 처리함으로써 ST의 충실성과 TT 독자들을 위한 가독성을 저하시키는 결과를 초래하였다.

ST 8: "Why did you call him Tortoise, if he wasn't one?" Alice asked. "We called him Tortoise because he taught us," said the Mock Turtle angrily: "really you are very dull!"(75)

TT 1: "땅에 살지 않는데 왜 땅에 사는 거북이라고 불렀어?" 앨리스가 물었다. "우리를 가르쳤으니까 그렇게 불렀지. (tortoise의 발음은 taught us, 즉 '우리를 가르쳤다'와 비슷하다-옮긴이) 너 정말 멍청하구나!"(149)

TT 2: 「왜 민물 거북이 아닌데 민물 거북이라고 불렀어?」 앨리스가 물었다. 「우리를 가르쳤으니까 민물거북이라고 불렀지」 가짜 거북이 화를 내며 말했다. 「너 정말 멍청하구나!」(111)

TT 3: 「거북이니까 거북이라고 불렀겠지. 그렇지 않아?」 「그분이 우릴 그렇게 가르쳤기 때문에 거북이라고 부른 거야!」 자라가 화를 벌컥 내며 말했다. 「넌 정말 그것도 몰라?」(131)

TT 4: 앨리스가 물었습니다. "왜 선생님을 그리스 거북이라고 불렀나요? 바다거북인데요? 그리스 거북은 민물에서 사는 거북이잖아요." "왜냐하면 그분이 그리스에 대해 잘 알고 있었거든요. 당신은 정말 아는 게 없군요." 가짜 거북이 화를 내며 말했습니다(143).

TT 5: 앨리스가 물었다. "바다거북이라면서 왜 민물거북이라고 불렀어?" 가짜 거북이 화를 내며 말했다. "우리를 가르쳤으니까 민물거북이라고 불렀지. 넌 정말 멍청하구나!"(우리를 가르쳤다(taught us)와 '민물거북(tortoise)'은 영어로 말히면 발음이 비슷하다: 옮긴이)(136)

ST 8의 TT 1, TT 2와 TT 5는 관련 정보를 괄호와 주석을 이용한 부가설명을 통하여 TT의 독자를 위하여 언어유희를 자세하게 설명

하는 번역전략을 취하고 있다. TT 3은 언어유희가 발생하는 부분에
대한 추가설명 없이 단순하게 어휘적인 의미만을 전달하는 전략을
취해 TT 독자에 대한 가독성이 저하되는 결과를 초래할 수 있다.
TT 4는 다른 TT와 다르게 '그리스 거북'이라는 새로운 어휘를 사용
하여 바다거북과 차별화를 시키면서 번역문텍스트 독자의 가독성
을 높이려는 의도로 언어유희를 새롭게 구성하여 번역하는 전략을
취하고 있다.

> ST 9: "Ah, well! It means much the same thing," said the Duchess,
> digging her sharp little chin into Alice's shoulder as she added, "and the
> moral of that is--" "<u>Take care of the sense, and the sounds will take care
> of themselves.</u>"(70~71)

> TT 1: 공작부인은 날카로운 턱으로 앨리스의 어깨를 찍어 누르면
> 서 덧붙였다. "그리고 교훈은 말이야, '의미에 신경 쓰라. 그러면
> 소리는 저절로 따라 온다'는 것이란다."(142)
> TT 2: 공작부인이 작고 날카로운 턱으로 앨리스의 어깨를 찍어 누
> 르며 말했다. 「그리고 <그 말>의 교훈은…… <말의 의미에 마음
> 써라. 그러면 문장은 저절로 만들어진다>는 거지」(104).
> TT 3: 공작부인은 뾰족한 턱으로 앨리스의 어깨를 눌러대며 덧붙
> 여 말했다. 「이런 말도 있어. '호랑이에게 물려가도 정신만 차리면
> 아무 일도 없다.' 결국 같은 뜻이야」(124).
> TT 4: 공작부인은 뾰족한 턱을 앨리스의 어깨 위에 얹어 놓으며 말
> 했습니다. "이런 교훈도 있단다. '호랑이에게 물려가도 정신만 차
> 리면 된다'는 말이지. 모두 다 같은 뜻이야."(135)
> TT 5: 공작부인은 뾰족하고 조그만 턱을 앨리스의 어깨에 밀어붙
> 이며 말했다. "아, 그래! 그게 그거야. 그리고 그 말이 주는 교훈
> 은…… '뜻을 잘 알고 있으면 말은 절로 나온다'는 거지."(127)

ST 9에서는 속담 등 ST의 관용적인 표현을 할 때엔 번역자는 TT
문화권에 존재하는 유사한 의미의 속담으로 등가처리해서 번역하여

야 하며 TT 문화권의 독자가 쉽게 이해할 수 있도록 ST의 의미의 충실성을 살리면서 가독성을 높이기 위해 괄호 또는 주석으로 보충설명을 해주어야 한다. 위 예문 TT 1, TT 2는 ST의 'Take care of the sense, and the sounds will take care of themselves'를 주석을 통해서 '푼돈에 신경 써라. 그러면 큰돈은 저절로 모인다'는 부연설명으로 영국속담을 독자가 쉽게 이해할 수 있도록 하는 전략을 취하였다. TT 5는 특별한 부연설명 없이 ST의 문장의 의미만을 독자에게 전달함으로써 충실성은 충족하였지만 가독성은 떨어진다. 그러나 TT 3과 TT 4는 부연설명이 없이 TT와 등가가 되지 않는 전혀 다른 TT의 속담 '호랑이에게 물려가도 정신만 차리면 된다'라고 번역하는 전략을 취함으로써 충실성과 가독성을 저하시키는 결과가 발생하였다.

(3) 충실성과 가독성이 우수한 번역

ST 10: She took down a jar from one of the shelves as she passed: it was labeled "ORANGE MARMALADE" but to her great disappointment it was empty: (8).

TT 1: 앨리스는 스쳐 지나가는 선반들 중 하나에서 병 하나를 집어 들었다. 그 병에는 '오렌지 잼'이라는 딱지가 붙어 있었지만, 너무나 실망스럽게도 안은 비어 있었다(43).
TT 2: 앨리스는 지나쳐 내려가며 선반에서 단지를 하나 집어 들었다. 단지에는 <오렌지 마멀레이드>라고 적힌 딱지가 붙어 있었지만, 안은 텅 비어 있었다(14).
TT 3: 너무도 신기한 생각에 선반 위에 얹혀 있는 항아리 하나를 집어 들고 보니 자기가 너무나 좋아하는 '오렌지 마아말레이드'라는 라벨이 붙어 있었지만 항아리는 텅 비어 있었다(10).
TT 4: 앨리스는 신기해하며 선반 위에 놓인 항아리 하나를 집어 들었습니다. 그 항아리에는 '오렌지 잼'이라는 글자가 씌어 있었습니다. 하지만 뚜껑을 열어 보니 속은 텅 비어 있었습니다(12).
TT 5: 앨리스는 한 선반을 지나치면서 단지 하나를 집어 들었다. '오렌지 마멀레이드'라는 꼬리표가 붙어 있었지만, 실망스럽게도 빈 단지였다(13).

ST 10의 TT 2, TT 3, TT 5는 ST의 'MARMALADE'를 특별한 부연설명이 없이 TT에 '마멀레이드'라고 음차 번역하여 이국화 전략을 사용하였으며 TT 1과 TT 4는 ST의 'MARMALADE'를 '잼'으로 자국화 전략을 취하면서 TT 독자에게 가독성을 높였다. 또한 ST의 'label'를 TT 3에서는 TT에 이국화 전략을 사용하여 라벨이라고 처리하였고, 다른 TT들은 딱지 또는 꼬리표로 자국화 전략을 사용하여 TT 독자들의 이해력을 최대한 높이는 데 주력하여 번역하였다.

ST 11: "And yet what a dear little puppy it was!" said Alice, as she leant against a buttercup to rest herself, and fanned herself with one of the leaves: (33).

TT 1: "그래도 정말 귀여운 강아지였어!" 앨리스는 미나리아재비에 몸을 기대며 중얼거렸다. 그리고 미나리아재비 잎으로 부채질을 했다(84).
TT 2: 「하지만 정말 귀여운 강아지였어!」 미나리아재비에 기대어 그 잎으로 부채질을 하며 앨리스가 말했다(49~50).
TT 3: 「날 괴롭히긴 했지만 그래도 아주 귀엽게 생긴 강아지였어!」 겨우 안심한 앨리스는 미나리아재비의 줄기에 몸을 기대고, 그 잎으로 부채질을 해 땀을 식히며 쉬고 있었다(55).
TT 4: "무섭긴 했지만 정말 귀여운 강아지였어." 앨리스는 숨을 가다듬으며 중얼거렸습니다. 그리고 미나리아재비줄기에 몸을 기대고 잠시 쉬면서 미나리아재비 잎으로 부채질을 하며 땀을 식혔습니다(64).
TT 5: 앨리스는 미나리아재비에 기대어 서서, 그 이파리를 하나 따

서 부채질하면서 땀을 식혔다. "하지만 정말 귀여운 강아지였어!"(60)

ST 11는 전체적으로 충실성이 뛰어나며 가독성 또한 TT의 독자를 혼란스럽게 하는 번역의 예는 없다. 그러나 TT 3과 TT 4에서 번역자는 ST의 'And yet what a dear little puppy it was!'를 앞부분 문맥인 앨리스 앞에 커다란 강아지가 나타나 앨리스 자신을 잡아먹을 것 같다는 무서운 생각이 들었던 부분과 연결하여 '날 괴롭히긴 했지만 그래도 아주 귀엽게 생긴 강아지였어'와 '무섭긴 했지만 정말 귀여운 강아지였어'로 번역하여 ST 표면상 드러나 있지 않는 부분의 관련 정보를 문장 내에 자연스럽게 삽입하는 방법을 통한 외적 명시화 방법의 번역전략을 취하여 ST의 충실성과 TT의 가독성을 높이면서 앞뒤 문맥 정보의 연계성을 높이고 있다.

ST 12: They were indeed a queer-looking party that assembled on the bank--the birds with draggled feathers, the animals with their fur clinging close to them, and all dripping wet, cross, and uncomfortable(21).

TT 1: 기슭에 모인 일행의 모습은 매우 우스꽝스러웠다. 새들은 깃털이 땅바닥에 질질 끌렸고, 동물들은 털이 몸에 찰싹 엉겨 있었다. 모두들 몸에서 물이 뚝뚝 떨어졌고, 기분이 썩 좋지 않았다(63).

TT 2: 강둑에 모인 동물들은 몰골이 정말 말이 아니었다. 깃털이 질질 끌리는 새며 몸에 털이 착 달라붙은 동물이며 모두가 물이 뚝뚝 떨어질 정도로 흠뻑 젖어 시무룩한 표정으로 불편하게 앉아 있었다(31).

TT 3: 새들과 붙짐승들 모두 하나같이 물에 젖어 털이며 가죽이 착 달라붙은 데다 날개를 축 늘어뜨린 채 육지에 올라와 옹기종기 모여 앉은 그들은 정말 우스꽝스러웠다(31).

TT 4: 물가에 옹기종기 모여 있는 동물들은 우스꽝스러운 모습이었습니다. 새들은 젖은 날개를 축 늘어뜨리고, 동물들의 젖은 털에서도 물이 뚝뚝 떨어지고 있었습니다. 모두들 몸이 젖은 탓인지 기분이 좋지 않아 보였습니다(37).

TT 5: 그들은 뭍으로 나와서 정말 별난 꼴꼴로 모여 있었다. 새들
의 깃털은 땅에 끌려 더럽혀져 있었고, 나머지 동물들의 털은 몸에
착 달라붙어 있었다. 모두들 물에 젖어서 시무룩하고 불쾌한 표정
을 하고 있었다(35).

ST 12의 ST는 앨리스가 흘린 눈물웅덩이에 빠져서 물가로 헤엄쳐
나온 새들과 동물들의 모습을 묘사한 부분이다. TT 1, TT 2, TT 4와
TT 5는 물에서 헤엄쳐 나온 새와 동물들의 모습을 ST에 충실하게 번
역하고 있으며, 문장 내에 특별한 첨가 없이 TT 독자들의 가독성까지
고려한 우수한 번역이다. 그러나 TT 3은 다른 TT와 다르게 '새와 동
물들'을 '새와 뭍짐승'으로 번역하였으며 '새의 깃털이 질질 끌리고,
동물들의 털이 몸에 달라붙은 모습을' 새와 동물로 ST에 충실하게 분
리해서 번역하지 않고 '모두 하나'로 처리하면서 '물에 젖어 털이며
가죽이 착 달라붙다'라고 번역하였고, 특히 물에 젖어서 시무룩하고
불편한 의미를 지니고 있는 'cross, and uncomfortable'을 생략하면서 번
역하는 전략을 취함으로써 부분적으로 ST에 대한 충실성과 가독성이
떨어지는 결과를 초래하였다.

ST 13: ⋯⋯ all she could see, when she looked down, was an immense
length of neck, which seemed to rise like a stalk out of a sea of green
leaves that lay far below her(42).

TT 1: 아래를 내려다보았을 때 앨리스의 눈에 띈 것은 오직 어마어
마하게 긴 목뿐이었다. 목은 먼 아래쪽에 우거져 있는 초록색 나뭇
잎들의 바다 사이에 마치 나무줄기처럼 솟아 있었다(94).
TT 2: 아래를 내려다보았지만 보이는 거라고는 아주 긴 목뿐이었
다. 목은 아래쪽 저 멀리 바다처럼 넓게 펼쳐진 초록빛 나뭇잎들
사이로 불쑥 솟아오른 줄기처럼 보였다(60).

TT 3: 내려다봤으나 자신의 어깨가 어디에 있는지 보이지 않았기 때문이다. 보이는 것이라고는 저 멀리 아득한 곳에 푸른 바다처럼 펼쳐진 숲과 그 위로 등대처럼 솟아오른 엄청나게 긴 자신의 목뿐이었다(67).
TT 4: 앨리스의 어깨가 보이지 않았기 때문입니다. 보이는 것은 저 멀리 푸른 바다처럼 펼쳐진 숲과 그 위로 등대처럼 솟아오른 엄청나게 긴 자신의 목뿐이었습니다(74).
TT 5: 밑을 내려다봐도 보이는 것이라곤 아주 길게 늘어난 목뿐이었다. 앨리스의 목은 저 아래에 바다처럼 널따랗게 펼쳐진 푸른 나뭇잎 사이로 줄기처럼 뻗어 올라와 있었다(70~71).

ST 13의 경우 TT 1, TT 2와 TT 5의 TT에서는 ST의 'all she could see, when she looked down, was an immense length of neck'을 '아래를 내려다보았을 때 앨리스의 눈에 띈 것은 오직 어마어마하게 긴 목뿐이었다'로 ST의 특별한 생략이나 삭제 없이 번역하는 충실성과 가독성을 충족시키는 우수한 번역이다. 그러나 TT 3과 TT 4는 '어깨가 어디에 있는지 보이지 않았기 때문이다'라고 ST에 없는 부분을 임의로 첨가해서 ST의 충실성을 벗어난 가독성만을 의식한 번역을 했으며, 또한 ST의 'like a stalk out of a sea of green leaves'를 다른 TT에서는 '바다처럼 넓게 펼쳐진 푸른 나뭇잎들 사이로 솟아오른 줄기'로 번역하여 ST의 의미에 대한 충실성과 TT의 독자를 위한 가독성도 충족시켰으나 TT3과 TT4에서는 ST에 없는 부분인 '그 위로 등대처럼 솟아오른 긴 자신의 목뿐'이라고 처리하여 ST의 의미를 충분히 살리지 못한 번역을 하였다.

ST 14: "That's the reason they're called lessons," the Gryphon remarked: "because they lessen from day to day."(77)

TT 1: "그렇게 하루하루 줄어드니까(lessen, 줄어든다는 뜻-옮긴이) 수업(lesson, 발음이 같은 것을 이용해 말장난을 한 것임-옮긴)이지."

그리폰이 단호하게 말했다(153).
TT 2: 「그러니까 수업이라고 부르는 거야. 날마다 줄어드니까 말이
야.」 그리핀이 말했다(113).
TT 3: 「조금도 이상한 게 아냐.」이번엔 그리핀이 대답했다. 「선생
들이 날이 갈수록 줄어들기 때문이지.」(135)
TT 4: 이번에는 그리핀이 대답했습니다. "조금도 이상한 게 아니야.
그러니까 선생님들이 날이 갈수록 줄어든 거지."(148)
TT 5: 그리핀이 의견을 말했다. "그러니까 그걸 수업이라고 하는
거야. 날마다 줄어드니까 말이야."('수업(lesson)'과 '줄어들다(lessen)'
는 영어로 하면 발음이 비슷하다: 옮긴이)(140)

ST 14의 TT 1과 TT 5는 ST의 'lessen'과 'lesson'의 의미를 설명하기
위해 언어유희가 발생하는 장소임을 표시하면서 관련 정보를 괄호를
통해서 부연 설명하면서 ST의 충실성을 충족시켜 주고 있으며, 또한
TT의 독자의 가독성을 높이기 위한 전략을 취하였다. TT 2는 관련 정
보를 주석을 사용하여 'lessen'과 'lesson'의 의미를 설명하면서 충실성
을 충족시켜주고 가독성을 높여주고 있다. TT 3과 TT 4는 관련 정보
를 괄호나 주석을 사용하여 언어유희가 발생한 지점임을 특별하게
설명하지 않고 번역함으로써 ST의 충실성이 충족되지 못하고 TT의
독자를 위한 가독성만을 충족시키는 전략을 취하였으나 오히려 가독
성 또한 저하되는 결과를 초래할 수 있다.

(4) 분석결과

지금까지 예시 (1)~(14)에서 제시한 번역사례를 토대로 하여 분석
해본 내용들을 종합적으로 설명하면 (1)의 충실성이 저하된 번역사례
에서는 번역문텍스트 독자의 가독성을 높이기 위하여 ST에 없는 내
용을 첨가하거나 오역으로 인하여 오히려 충실성과 가독성이 저하되

었고, ST에 전혀 없는 내용첨가를 통해서 충실성 저하를 가져왔고, 번역자의 임의적인 ST의 삭제 또는 생략으로 인한 충실성과 가독성의 저하를 발생시켰으며 그리고 의미를 왜곡함으로써 ST의 충실성 저하를 가져왔다. 이러한 충실성의 저하를 가져오는 특성은 기능주의 번역이론을 바탕으로 TT 독자의 입장을 우선시하는 번역의 가독성을 지나치게 강조하다 보니 저자의 의도가 반영되어 있는 ST와는 거리가 먼 TT가 나오게 된다.

(2)의 가독성이 저하된 번역에서는 거리나 화폐 등 도량형 단위가 나왔을 때 아동을 대상으로 하는 번역인지 청소년 및 성인들을 대상으로 한 번역인지 고려하여 자국화와 이국화의 개념을 도입해서 번역하는 전략을 취했어야 함에도 불구하고 TT 3은 이국화 개념으로, TT 4는 자국화 개념을 도입해서 활용했으나 ST와는 다르게 오역으로 거리를 제시함으로써 독자의 혼란을 가중시키는 결과를 초래하였다. 또한 독자에게 친숙하지 않은 어휘를 사용함으로써 가독성의 저하를 가져 왔고, 특이한 문체적 특성과 풍부한 언어유희가 『이상한 나라의 앨리스』 작품 전반에 흐르고 있는데도 불구하고 언어유희에 대한 설명을 하지 않거나 언어유희가 일어나고 있는 부분을 괄호나 주석을 통하여 적절하게 설명하지 않아서 생기는 가독성의 저하를 초래하였으며, 속담이나 격언 또한 TT 독자를 위하여 적절하게 번역하지 않아서 충실성과 가독성 모두를 저하시키는 결과를 가져왔다.

(3)의 충실성과 가독성이 우수한 번역에서는 자국화와 이국화 번역으로 인한 번역의 전략, 관련 정보를 문장 내에 자연스럽게 삽입하여 TT의 독자를 위한 외적 명시화를 통한 번역전략, 특별한 내용첨가 없이 설명하는 번역전략, 특별한 생략이나 삭제 없이 처리한 번역전략

그리고 관련 정보를 문장 내에 괄호 혹은 주석으로 처리하는 번역전
략을 취함으로써 충실성과 가독성이 우수한 번역의 결과를 가져왔다.
TT 1은 주석 완역본으로써 충실성과 가독성 모두를 충족시키는 결과
를 가져왔으며, 특히 언어유희 부분에서는 옮긴이가 괄호를 통하여
설명함으로써 TT 독자가 작품 전체를 충실하게 이해하는 데 도움을
주었다. TT 2는 원문텍스트의 충실성이 우수한 작품이며 언어유희와
본문내용을 추가적으로 설명할 경우엔 주석처리 하여 번역함으로써
작품 전반에 대한 이해도를 높이는 장점을 가지고 있다. TT 3은 많은
부분이 생략이 되어 있으며 작품에 흐르고 있는 언어유희와 본문내
용을 괄호나 주석으로 처리가 되어 있지 않아서 TT 독자가 이해하는
데 많은 어려움을 주었으며 특히 ST의 충실성과 가독성이 다른 TT에
비해서 현저하게 떨어지는 결과를 가져왔다. TT 4는 한국아동문학인
협회 우수 추천도서이고 초등학생 대상이어서 다른 TT와는 다르게
아동들을 위한 문체(해요체)로 읽기가 편하게 번역하였다. 그러나 TT
4는 TT 3의 TT 부분들 중 똑같은 부분에서 삭제되거나 동일하게 번
역이 되어 있어서 많은 아쉬움을 남기는 결과를 가져왔다. TT 5는 ST
에 충실하였으며 언어유희 설명과 추가적으로 내용을 설명할 부분에
서는 괄호를 통한 번역전략을 취해서 TT 독자의 가독성을 높여주었
다. 이와 같은 분석의 결과를 볼 때 번역자는 ST의 내용을 TT에서 똑
같이 번역해낼 수는 없다 하더라도 ST 저자의 의도를 살리는 충실성
과 TT 독자를 위한 가독성을 최대로 가져오는 끊임없는 노력을 기울
여야 할 필요가 있을 것이다.

3) 결론

본 논문에서는 번역의 질을 평가할 때 중요한 요건인 ST의 충실성과 TT의 가독성의 중요성을 살피고 충실성과 가독성의 개념을 설명하면서 독특한 문체적 특성과 풍부한 언어유희가 작품 전반에 흐르는 루이스 캐럴의 작품 『이상한 나라의 앨리스』의 번역본 다섯 종을 충실성이 저하된 번역, 가독성이 저하된 번역 및 충실성과 가독성이 우수한 번역으로 분류하여 분석하였다. 논문의 분석결과, 작품 대상 TT의 독자나 출판된 시기와는 상관없이 작품을 번역하는 번역자의 번역전략에 따라 작품의 충실성과 가독성의 결과가 달라짐을 알 수 있었다. 충실성의 개념은 ST의 형태와 의미에 충실한 번역이어야 하며, 가독성의 개념은 TT의 독자를 위한 의미전달과 이해가 쉽고 적절해야 하며 자연스러운 번역으로 느껴져야 한다. 물론 본 논문에서 선정한 다섯 종의 TT의 번역자들은 대체로 원저자의 의도를 충분히 살리기 위해 충실성과 가독성이 충족되는 우수한 작품이 되게 하려는 노력을 했음을 인정한다. 그러나 일부 TT에서는 임의로 ST의 많은 부분을 삭제하거나 임의적으로 내용을 첨가하여서 충실성과 가독성 모두를 신뢰할 수 없는 부분이 눈에 띄기도 하였지만, 특히 번역자들에게 가장 어렵고 힘든 요소 중의 하나인 언어유희에 대한 설명에 대하여 일부 번역자들은 TT 독자를 위하여 괄호나 주석을 통한 추가설명을 함으로써 언어유희가 발생하였던 지짐임을 일리주면서 충실성과 가독성을 높이는 번역전략을 추구한 노력 또한 뛰어났다. 전체적으로 성리하면 본 연구를 통해서 ST에 충실한 번역과 TT의 독자를 위한 가독성이 뛰어난 번역은 서로 상충하는 번역전략이 아니고 ST에 충실한 번역이 결국엔 가독성이 우수한 번역이라는 사실을 알게 되었다. 또한 충실성과 가독성이 뛰어난 번역이 되기 위해서는 ST를 TT로 번역하는 번역자의 한국어 실력 또한 아주 중요한 번역요소이므로 번역자 자신의 끊임없는 노력이 필요한 것은 말할 것도 없다.

3. 문학번역 비평: 가독성[21]

　인류가 문자를 사용한 이래로 번역은 늘 인류 문화와 함께 존재했다. 이집트 고대 제국에서부터 현대까지 번역의 역사는 끊임없이 발전해왔으며, 그러한 발전의 토대는 인류를 더욱더 문명화된 세계로 이끌어왔다. 세계 주요나라에서 번역은 근대사상의 형성과 깊은 관련이 있는데, 영국·독일·프랑스를 비롯하여 서양은 중세 이래 라틴어로만 통하던 학술용어를 모국어로 고쳐 사용함으로써 독특하고 새로운 근대사상이 싹트는 계기를 이루게 된다. 일본은 1868년에 시작된 메이지시대에 서양문물을 적극적으로 받아들여서 서양의 전문서적들을 번역함으로써 동양에서 가장 빠른 근대화의 기틀을 마련하였다. 특히 19세기 초 일본의 번역에 대한 열기는 서구 선진문명을 소개해 빨리 배우고자 하는 욕망에서 시작되었으며, 번역에 접근하는 기본자세는 주체적인 학문의식과 언어관에서 비롯되었다. 일본인들은 서양학문과 과학기술 서적을 번역하되 일본식으로 소화해서 옮겼다. 이에 반하여 근대 한국의 번역작업은 서양의 과학기술을 직접적으로 접촉하여 우리나라의 것으로 옮기는 작업[22] 없이 일본의 근대화를 매개로 하여 서구를 중역하는 과정이었다고 할 수 있다. 그 과정에서 손쉽게 서양문화를 이식할 수 있었던 편리한 면도 없지 않았지만, 독자적으로 서양문화를 받아들여 우리 나름의 번역어를 만들어낼 기회를 얻지 못한 아쉬움노 남는다. 노한 아식까시노 남아 있는 번역에 대한

경시풍조는 이러한 역사적 내력과 관련이 있는 것으로 보인다. 하지만 번역의 학문적 가치, 특히 비중 있는 고전 문학작품에 대한 좋은 번역이 학문공동체에 기여하는 정도를 감안한다면 원저자의 저서 못지않은 가치를 인정받아도 무방할 것이며, 번역을 통해 해당 작품을 성찰하고 인식의 깊이를 더할 수 있는 좋은 기회가 될 것이다.[23]

번역은 원저자가 자신의 메시지를 함축하여 쓴 원문텍스트의 모든 구성요소를 빠짐없이 독자의 문화에 맞는 번역문텍스트로 전환할 수가 없다. 특히 문학텍스트의 경우는 원저자의 메시지가 대개는 함축되어 있어서 비문학작품 텍스트와는 달리 번역하는 데 어려움이 많다. 비문학텍스트의 가장 커다란 특징은 번역자가 그 텍스트에 함축되어 있는 정보의 정확한 전달에 중점을 두면서 번역하는 것이다. 그러나 문학텍스트의 번역은 발터 벤야민(Walter Benjamin)의 유명한 주장[24]과도 같이 문학텍스트에서 전달해야 하는 이른바 의미는 미끄럽고 유동적이고 포착하기 어려운 어떤 것이다.[25] 문학텍스트의 번역은 다른 여타 텍스트들과는 달리, 원문텍스트와 번역문텍스트 간에 존재하는 언어체계의 차이뿐만 아니라 문화적인 차이 등 여러 상이한 점들로 인하여 원저자가 독자들에게 전하고자 하는 메시지를 쉽사리 확연하게 드러내 보이지 않고 오히려 언어의 촘촘한 그물망 속에 숨기 마련이다. 따라서 이러한 특성을 가지고 있는 문학텍스트를 번역하려는 번역자는 원문텍스트와 번역문텍스트에 대한 풍부한 지

---

23) 최의식, 2008, pp.2~3.

24) 발터 벤야민은 "의미는 결코 개별적 단어나 문장과 같은, 상대적인 독립성에서 찾아지지 않는다. 오히려 의미는 끊임없이 유동(遊動)하다가, 때가 되면 모든 다양한 의도의 모드들이 만들어내는 조화 속에서 순수한 언어로서 모습을 나타낸다"라고 하였다(김선영, 2008, pp.65~66 재인용).

25) 김선형, 2008, p.65.

식을 갖추고 있어야 하는 것은 물론이거니와, 내재하고 있는 것을 간파하고 표출시키는 능력도 갖추고 있어야 한다. 그동안 번역을 평가하는 주된 잣대로 사용해왔던 '충실성(faithfulness)'과 '가독성(readability)'이라는 두 가지 기준은 바로 이 점에 근거하고 있는 것이다.

번역자가 번역을 수행할 때, 혹은 연구자가 번역을 평가할 때, '충실성'과 '가독성'을 주안점으로 내세운다면 읽는 행위의 주체인 독자의 무엇을 기준으로 충실성과 가독성의 높고 낮음을 판단할 것인가? 결국, '충실성'과 '가독성'이라는 개념은 사용하는 이가 의미하고자 하는 바에 따라 얼마든지 다른 기준으로 사용될 수 있으며, 심지어 동일한 번역의 예 혹은 번역전략을 놓고서도 정반대의 평가로 작용할 수 있는 위험을 무릅쓰게 되는 것이다.[26] 이러한 정반대의 평가에 노출되어 있어도 이를 극복할 수 있는 적절한 해결방법을 통해 목표언어로 최대한 살려 번역하는 것 또한 번역자의 임무이다. 번역평가(evaluation of translation)의 과정에서 충실성에 대비되는, 원전/원작자/원문화를 중심으로 한 또 하나의 평가 잣대가 새로운 개념으로 마련되게 되는데, 그것이 바로 가독성이다. 번역에 있어서 가독성의 개념은 일반적으로 충실성과는 반대되는 영역의 개념으로 이해되어 왔다. 번역하는 언어(translating language)권 문화의 독자가 읽기 편하도록, 번역하는 언어의 어법과 용법, 그리고 그 문화적 쓰임새에 최대한 맞게 번역할 것을 요구하는 것이 가독성이기 때문이다. 이런 점에서 가독성은 분명 표면적으로는 내상문화(target culture)권의 독자의 편의와 요구를 우선시하는, 즉 수용자 혹은 독자 중심의 번역인식인 것처럼

---

26) 김희진, 2010, pp.83~84.

보인다. 또한 충실성을 지나치게 강조함으로써 어색하고 생경한 번역투의 문장으로 흐를지 모르는 위험을 견제하기 위한 수단으로 종종 가독성이 내세워지는 것도 바로 이러한 인식에서 기인한다.[27] 이러한 번역평가 기준의 주안점은 번역작품 속의 오류와 그 오류의 원인을 원문텍스트와 번역문텍스트를 비교해봄으로써 확인하고 번역자의 번역의 방법과 결정이 적절한지에 대해 밝히는 것이다. 번역평가를 통해 번역자의 언어능력 및 원작의 메시지 이해를 통한 작품의 번역능력, 그리고 번역자의 번역기준을 살펴보고 질적 평가를 내릴 수 있다. 그리고 이러한 번역평가를 바탕으로 번역비평(translation criticism)이 이루어진다.[28] 베르너 콜러(Werner Koller)는 번역의 비평에 대해서, "번역비평가는 목표언어 텍스트의 언어·문체 분석을 통해서 번역에 관여하는 언어·문체 자질에 대한 참조사항을 지니게 된다. 그런 자질들의 전체 목록은 물론 출발언어 텍스트 분석에서 출발하여 원본과의 비교를 통해 비로소 확인될 수 있다. 마찬가지로 번역본의 언어·문체 형성에 대한 평가라든가 등가요구의 분석에 대한 평가 그리고 번역목적에 대한 평가 역시 원본과 비교한 후에야 비로소 허용되는 것이다. 단지 번역자의 오류가 명백한 경우에만 출발언어 텍스트와 비교하지 않고서 질에 대한 판단을 할 수 있다"[29]라고 설명한다. 즉, 번역비평가는 번역비평에 있어서 원문텍스트와 번역문텍스트와의 철저한 비교를 통해서 번역의 가치를 평가할 수 있다는 것이다.

본 연구에서는 '빅토리아시대 문화 연구의 일환'으로 영국문학 속

---

27) 조성원, 2007, pp.104~105.

28) 송수진, 2002, p.2.

29) Werner Koller, 1990, p.284.

에 등장하는 여성의 육체에 대한 당시 사회의 '계급과 젠더' 및 이데 올로기 문제와 연관되면서 새로운 방법론의 연구로 활성화되고 있는 토마스 하디(Thomas Hardy, 1840~1928)의 원작소설 『더버빌가의 테스』(Tess of the D'Urbervilles, 1891)[30]와 그 번역본 6종을 분석한다. 이를 통해 번역문텍스트의 가독성을 중시한 번역의 중요성을 강조하고자 한다.

1) 문학번역에 있어서 가독성

번역자는 자신이 원문텍스트에서 이해한 바를 모국어로 자연스럽게 풀어나갈 수 있어야 한다. 번역을 하는 과정에서 즉각적으로 표현의 등가를 찾아내어 가독성의 문제를 해결해내는 경우가 많이 있다. 그러나 반대로 등가의 표현을 찾지 못하는 어려움에 직면하는 경우도 있다. 이런 경우에 번역자들은 적절한 등가를 찾아내기 위해 유사한 뜻을 가진 단어들을 찾아보는 등, 자신의 번역전략을 세워서 최선의 등가를 찾는 작업을 수행한다. 번역자는 번역 시에 발생하는 모든 문제를 생각하면서, 원문텍스트의 의미를 번역문텍스트 독자들의 가독성을 고려하되 원저자의 의미를 손상하지 않는 범위 내에서 번역해야 한다. 이런 관점에서 본다면 번역은 또 다른 창조과정이라는 것

---

30) 소설 『테스』의 초고는 부도덕하다는 이유로 '틸롯슨 엔 신즈(Tilotson and Sons)'로부터 출판을 거질딩하고 '맥밀런지'로 부터도 연재를 거절당한 후 초고를 여러 차례 수정하여 '그래픽지'에 연재되었다. 1891년에 삭제 및 수정된 부분이 다시 복원되어 단행본으로 나왔으며, 이 단행본은 비극적 힘과 도덕적 진지성을 지닌 위대한 소설이라는 평도 받았으나 비평가나 독자들에게 격렬한 공격을 받기도 하였다. 그러나 님성 작가로서 여성이 겪는 부낭한 현실을 분세 삼았나는 섬에서 『테스』는 죄근 페미니슴 신녕에서 매우 활발히 거론되는 작품이 되었다. 테스의 순수함, 삶의 고비마다 역경을 딛고 일어서는 강인한 생명력, 애절한 사랑은 세기를 초월하여 독자들에게 감동을 주었다(장정희, 『토마스 하디와 여성론 비평』, L. I. E, 2007, p.251).

에 의심의 여지가 없다. 번역자는 자의적으로 텍스트를 창작해서 의미를 전달해서는 안 된다. 어디까지나 번역자의 임무는 작가가 말하고자 하는 바를 가감 없이 전달하는 데 있다.[31] 그리고 원문텍스트를 접했을 때 번역자는 번역문텍스트 독자를 위한 가독성을 살리기 위해 어휘의 적합성과 적절성 및 자연스러움을 고려하여 직역을 할 것인가, 의역을 할 것인가를 결정하게 된다. 흔히 직역은 원작 언어의 자구대로 번역하는 것, 의역은 번역 대상언어의 자연스러움을 살려서 번역하는 것으로 정의된다.

무냉(G. Mounin)은 '출발어의 언어적 특성', '원작에 묻어 있는 시대의 향취', '원작과의 문화적 거리'라는 세 측면에서 '직역과 의역을 재조명'하면서, 직역은 이 세 측면에서 원문을 절대적으로 존중하는 번역이고, 의역은 가독성이 손상되지 않는 범위 내에서 원문을 존중하는 번역이라며 직역과 의역을 새롭게 정의한 바 있다. 직역/의역은 출발론/도착론과 동일시되기도 하는데, 시니피앙에 매달리는 사람들을 출발론자들로, 시니피에를 존중하려는 사람들을 도착론자로 규정하는 라드미랄(J. R Ladmiral)은 출발론에 입각한 번역은 랑그 차원의 번역으로, 도착론에 입각한 번역은 파롤 차원의 번역으로 간주한다.

인문학 번역에서는 의역을 선호하는 경향이 있다. 특히, 서양 고전어를 번역하는 경우에 정준영은 번역문텍스트를 읽는 독자들을 만족시킬 수 있는 번역이 좋은 번역이라고 말하고, 이를 위해서는 번역문텍스트의 가독성이 중시되어야 하며, 또한 주석의 작업이 반드시 동반되어 독자의 이해를 돕는 번역이 되어야 한다고 주장한다. 그는 번

---

31) 최정화, 2001, pp.176~177.

역문텍스트의 가독성을 높이기 위해서는 독자 위주로 번역되어야 하며, 번역 시에 각주나 후주 또는 괄호 안의 역주 등의 주석들이 매우 중요하다고 강조한다.[32] 이렇듯 직역을 해야 하느냐 아니면 번역문텍스트 독자들의 가독성을 제고하기 위해 의역을 해야 하느냐는 것에 대해 오래전부터 번역자들과 학자들 사이에서 치열한 논쟁이 벌어졌지만 아직도 결론에 도달하지는 못하고 있다. 아마 결론이 날 수 없는 문제일 것이다. 둘 다 일장일단이 있으므로 어느 것이 옳은 번역방법이라고 단정하기는 쉽지가 않다. 그러나 번역자들은 번역 시에 가장 먼저 문장을 어떤 식으로 번역해야 할지 번역방법을 선택해야만 한다.[33] 언어학자 사보리(Savory)는 좋은 번역이 갖추어야 할 요건을 12개의 이율배반적인 격률들로 정의하였다. 그런데 이 격률들을 자세히 들여다보면 번역의 어려움과 불가능성을 느끼면서 번역을 중단하고 싶다는 생각까지 들게 한다. 12개의 격률은 오래전부터 진행되어온 좋은 번역에 대한 양 극단의 논의들을 정리한 것뿐이지만 그만큼 원문텍스트의 충실성과 번역문텍스트의 가독성을 동시에 만족시키는 번역이 참으로 어렵다는 점을 잘 보여주고 있다. 사보리의 12개 격률은 원문텍스트의 형식에 충실할 것이냐 번역문텍스트의 가독성을 중시할 것이냐는 두 개의 입장으로 정리된다. 어쩌면 양 극단에 위치한 입장 사이를 시계추처럼 오가고 있는 듯하다. 시대에 따라서 양 극단 중 어떤 한쪽이 우세하기도 하고 또 다른 한쪽이 영향력을 얻기도 한다. 흥미로운 것은 이렇듯 대비쌍으로 제시되는 개념들은 종종 서로 배타적인 것으로 이해된다는 것이다. 즉, 번역자는 원문에

---

32) 전성기, 2007, pp.42~43.
33) 이희재, 2009, p.16.

충실하면서도 가독적인 번역을 할 수는 없으며 늘 '두 가지 중 하나'
를 선택함으로써 나머지 하나를 희생시킬 수밖에 없는 딜레마에 처
해 있는 것으로 여겨진다. 이러한 대비적 인식을 가장 함축적으로 드
러내주는 개념 중 하나가 바로 17세기 프랑스에서 등장한 '아름다우
나 부정한 여인'이다. 물론 여기서 겉모습이 아름답다 함은 가독성이
뛰어나고 매끄러워서 번역한 티(번역투)가 나지 않는 번역을 말하며,
부정하다 함은 원문텍스트에 대해 충실하지 못했음을 의미한다. 번역
자 입장에서 볼 때는 참으로 신랄하고 가혹한 비판이 아닐 수 없다.
이후 '아름다우나 부정한 여인'이라는 표현은 가독적이고 매끄러우
나 원문에 충실하지 못한 번역을 일컫는 말로 널리 사용되기 시작하
였다. 충실성과 가독성이라는 두 가치는 공존하기 어려운, 겉모습이
아름다우면 부정하고, 충실하면 겉모습이 아름답지 못하고, 둘 중 하
나인 것이다.[34] 이미 16세기 프랑스에 번역문의 가독성을 지나치게
중시하는 번역을 했다는 이유로 처형을 당한 에티엔 돌레(Etienne
Dolet)라는 번역자가 있었음을 상기할 때, 무엇이 좋은 번역인가에 대
한 심각한 논의는 최근 시작된 것이 아니다.[35] 그러나 번역자는 원문
텍스트의 정확성을 바탕으로 한 충실성과 번역문텍스트 독자의 이해
를 높이는 가독성의 문제를 제고하여 가장 충실한 번역—즉, 겉모습
이 아름다우면서도 충실한 여인의 모습—을 창조해내려는 노력을 해
야 한다. 번역자는 번역 시에 "의미변화를 수용하느냐 수용하지 않느
냐의 정도는 맥락 내의 의미변화의 중요성에 달려 있다. 정확성은 번
역에 있어서 의심의 여지없이 중요한 목적이 된다. 그러나 번역문텍

---

34) 이향, 2008, pp.30~33.
35) 이향, 2008, p.31.

스트 독자에게 친숙한 보편적인 목표언어 유형을 사용하는 것 역시 의사소통 채널을 열어놓는 데 중요한 역할을 수행한다는 것도 중시해야만 한다"는 베이커[36]의 주장을 기억할 필요가 있다. 즉, 번역자는 독자에게 친숙한 목표언어에 맞는 자연스러움을 가미한 번역을 통해서 번역문 독자를 위한 가독성을 극대화해야 하는 임무도 소홀히 해서는 안 된다.

번역자는 가독성의 구성요소인 적절성(appropriateness), 친숙하게 하기(naturalizing) 및 번역자가 숨겨지는 현상(translator's invisibility)을 통해 원문텍스트의 의미를 번역문텍스트 독자에게 정확하게 구현하기 위해서 오류와 번역투를 최소화해야 하며, 이를 위해 원문을 정확하게 이해해서 번역문텍스트의 독자에게 자연스럽게 전달해야 한다. 가령 가독성의 구성요소 중 적절성을 예로 들어보면 표현의 적절성과 문장길이의 적절성을 들 수 있다. 표현이 적절해야 한다는 것은 번역문텍스트 문화권에서 통용되는 문화적인 의미까지도 포함하고 있는 어휘를 사용해야 함을 뜻한다. 번역자가 번역문텍스트 문화권에 사는 독자들에 맞는 어휘를 적절하게 사용하지 못하면 자연스러움이 사라진 번역이 되어 오히려 가독성이 현저하게 떨어지는 결과를 초래할 수 있다. 이것은 충실성의 구성요소 중 하나인 정확성과도 관련이 있다. 번역자가 원문을 정확히 이해해야만 가장 적절한 표현을 번역문텍스트에서 찾아낼 수 있는 것이다.[37] 또한 번역문장의 길이가 너무 길다면 독자는 수식관계의 혼란 등으로 인해 의미를 용이하게 파악하지 못하는 수가 있다.

---

36) Mona Baker, *In Other Words*, London and New York: Routledge, 1992, p.57.

37) 이은숙, 2008, pp.92~93.

친숙하게 하기는 '원문텍스트 저자를 번역문텍스트 독자에게 데리고 간다'는 표현으로 설명할 수 있다. 이 표현은 원문에 대해 충실하지 않더라도 번역문텍스트 독자를 위해 최대한 가독적인 방식으로, 독자가 이해하기 쉽게 번역하는 것을 말한다. 이는 번역에 대한 최초의 근대적 성찰을 제안한 것으로 알려진 독일의 철학자 쉴라이어마허(Schleiermacher)가 제안한 이분법으로, '아름다우나 부정한 여인'만큼이나 오랫동안 번역자의 딜레마를 표현하는 명언으로 기억되어 오고 있다.[38] 베누티(Venuti)는 친숙하게 하기는 낯설게 하기의 반대개념으로서 '가능한 한 독자를 제자리에 두고 저자가 독자에 접근하도록 하는' 번역에 대해 비판한 바 있는 쉴라이어마허와 생각을 같이한다. 친숙하게 하기로 표현되는 자국화(domestication)는 또한, 이러한 번역전략을 비교적 쉽게 적용할 수 있는 텍스트를 신중히 선택함으로써 목표문화의 문학정전(literary canon)에 충실하려는 시도까지를 아우르는 개념이다. 이러한 "자국화 현상을 베누티는 한탄한다. 왜냐하면 자국화가 영미권의 목표언어 및 문화적 가치에 맞추어 외국텍스트를 자기민족중심주의로 축소(ethnocentric reduction)하는 것으로 보기 때문이다."[39] 번역자가 숨겨지는 현상은 독자가 번역물을 읽을 때 번역문텍스트가 다른 나라에서 쓰였고, 번역자가 개입되어 있다는 사실을 전혀 알지 못할 만큼 원문텍스트 문화권의 낯선 상황을 친숙한 도착어의 상황으로 번역하는 전략이다. 번역문텍스트가 잘 읽히고 언어적·문체적 낯설음이 사라지고, 저자의 개성과 의도, 원문텍스트의 본질을 잘 전달하고 있으며, 번역문텍스트 자체가 번역이 아니라 원문

---

38) 이향, 2008, pp.33~34.
39) Jeremy Munday, 2008, pp.144~145.

인 것처럼 보이는 것이다. 베누티는 현지화와 타지화(foreignization)라는 두 가지 유형의 번역전략을 가지고 번역자를 드러내지 않기(번역자 불가시성)[40]를 설명하고 있다. 번역문텍스트에서 낯설음을 최소화하기 위해서 번역자를 드러내지 않고 도착어에 최대한 가까운 문체로 번역하는 것이며, 도착어의 문화적 가치를 우선시하기 때문에 독자는 가만히 있고 저자가 독자에게 다가서는 것이 현지화 전략이다.[41] 지금까지 본 연구에서 다루고자 하는 가독성의 개념과 구성요소를 알아봤다. 다음에는 원문텍스트와 번역문텍스트를 가독성의 관점에서 분석하고자 한다.

2) 텍스트 분석

번역자는 원문텍스트를 번역함에 있어서 번역문텍스트의 문화권에 맞는 번역을 함으로써 미학적 판단의 가치를 더욱더 높이는 데 치중하는 가독성을 중시하는 경향이 있다. 이러한 가독성의 한 측면에서 "키케로(Cicero, 기원전 106~43)는 내가 만약 단어 대 단어로만 번역한다면 그 결과물은 아주 어설프게 보일 것이고 어순이나 어법을 바꾼다고 하면 번역자로서의 역할을 이탈한 것처럼 보일 것이라고 강조하였다. 호레이스(Horace, 기원전 65~68)와 키케로는 번역에 있어서 단어 대 단어로 번역하는 것과 의미 대 의미로 번역하는 것에

---

40) 번역의 불가시성은 베누티가 주장한 현대 영미문화권의 번역자가 처한 상황과 활동을 묘사하는 데 사용하는 용어인 번역자의 가시성(visibility of the translator)의 반대되는 개념이다. 번역자의 불가시성은 번역문텍스트 독자를 위한 가독성에 근거한 번역전략이며, 원문텍스트와 번역문텍스트 간의 투명성에 대한 환상(illusion of transparency)을 만든다(Lawrence Venuti, 2008, p.1).

41) 이은숙, 2008, p.93 재인용.

중요한 의미차이를 부여하였다. 번역을 통하여 그들 자신의 모국어와 문학을 풍부하게 만든다는 기본적인 원칙 때문에 원문텍스트의 '충실성'을 더욱 엄격하게 고려하여 원문텍스트에 가깝도록 하기보다는 번역문텍스트로 쓰인 번역의 미학적 가치판단의 기준을 더욱더 중요시하였다."[42] 이러한 번역문텍스트의 중요성에 따라 우선적으로 고려할 사항은 번역문텍스트의 '가독성'이라고 여겨진다. 그리고 오래 전부터 번역의 개념에 있어서 많은 논쟁의 중심에 있는 것이 바로 가독성의 개념이다.

본 연구에서는 원문텍스트와 번역문텍스트 6종을 비교하여 가독성의 관점에서 살펴보고자 한다. 영어 원문텍스트는 토마스 하디의 『더 버빌가의 테스』(Tess of the D'Urbervilles, Norton & Company, 1991)이며, 비교·분석은 김보원(서울대학교, 2000)[43]과 이동민(소담, 1994), 이진석(청목, 1989), 김회진(범우사, 1981), 신대현(홍신문화사, 1992), 유명숙(문학동네, 2011)의 번역본을 대상으로 한다. 텍스트 분석에서는 원문텍스트의 번역에서 번역문텍스트의 가독성이 어떻게 반영되어 있는지를 구체적인 번역사례의 비교를 통해서 밝혀보고자 한다.[44] 첫 번째 사례로서 다음을 보자.

ST 1: The enclosures numbered <u>fifty acres instead of ten</u>, the farmsteads

---

42) Susan Bassnett-McGuire, 1980, pp.43~44.

43) 영미문학연구회 평가사업단(2005)은 총 32편의 테스 번역본을 충실성과 가독성의 측면에서 검토대상으로 평가하였다. 그중 김보원(2000) 번역본은 번역본 가운데 현재로서는 유일하게 추천할 만하다. 김보원 역본은 가장 최근의 번역본답게 기존 출간본들을 꼼꼼히 참조하여 잘못 옮긴 부분을 수정했고, 특히 정확하고 세련된 우리말을 구사하여 정확성과 가독성 양면에서 과거 판본에 비해 번역상태가 현격하게 개선되었다(영미문학연구회 번역평가사업단, 『영미명작, 좋은 번역을 찾아서 1』, 창비, 2005, p.392).

44) 텍스트 분석에서 사용한 번역문텍스트는 김보원은 TT 1, 이동민은 TT 2, 이진석은 TT 3, 김회진은 TT 4, 신대현은 TT 5 그리고 유명숙은 TT 6으로 표기하며 이 이후 예문에선 인용 페이지만 인용한다.

were more extended, the groups of cattle formed tribes hereabout; there
only families. These myriads of cows stretching under her eyes from the
far east to the far west outnumbered any she had ever seen at one glance
before. The green lea was speckled as thickly with them as a canvas by
Van Alsloot or Sallaert with burghers(Tess 80).[45]

TT 1: 농장의 면적은 <u>10에이커가 아니라 50에이커</u>에 달했고 농장
건물도 훨씬 컸으며, 소 떼도 거기서는 겨우 가족 규모라면 여기서
는 부족이라고 할 만큼 되었다. 동쪽 끝에서 서쪽 끝까지 그녀의
시야 속에 펼쳐진 수많은 암소 떼는 그녀가 지금까지 한눈에 본 것
으로는 가장 많았다. 푸른 풀밭 위에는 마치 반 알스루트나 살라에
르트(일상을 소재로 한 풍경화를 그린 네덜란드의 화가들-역주)의
화폭에 그려진 사람들처럼, 소떼들이 점점이 흩어져 있었다(김보
원, 123).
TT 2: 울타리로 둘러싸인 땅은 넓이가 <u>10에이커 정도가 아니라 50</u>
<u>에이커</u>나 되었고, 건물이 덧붙은 농장도 훨씬 넓고, 소 떼도 한 가
족 정도의 수효밖에 안 되던 고향에 비해 여기서는 일족을 이루고
있었다. 저 멀리 동쪽에서부터 서쪽으로 여기저기 셀 수 없이 많은
암소 떼를 테스는 일찍이 본 적이 없었다. 푸른 초원에는 마치 밴
알스루트나 살러트의 그림 속에 옹기종기 그려져 있는 서민들처럼,
암소 떼가 마치 얼룩점처럼 사방으로 퍼져 있었다(이동민, 129~
130).
TT 3: 울로 둘러싼 땅도 <u>10에이커 정도가 아닌, 50에이커</u>의 넓이나
되고, 건물이 덧붙은 농장도 훨씬 넓고, 소의 무리도 저쪽에선 한
가족 정도의 수효지만 여기선 일족을 이루고 있었다. 저 멀리 끝에
서 끝으로 흩어져 있는 헤아릴 수 없이 많은 저 암소 떼를 테스는
일찍이 한눈에 본 적이 없었다(이진석, 120).
TT 4: 블랙무어는 <u>10에이커 정도의 낙농장에 소도 몇 마리밖엔 없</u>
<u>는 데 비해 이곳의 목장은 50에이커</u>나 되는 넓은 땅에 건물이 딸리
농장도 훨씬 넓고 소들도 큰 집단을 이루고 있었다. 멀리 동쪽 끝
에서 서쪽 끝까지 흩어져 있는 수많은 소들을 테스는 일찍이 본 적
이 없었다. 여기 푸른 초원에 가득 차 있는 소들은 마치 반 알스루
트나 살라에르트(네덜란드의 화가들)의 화폭 속의 사람들처럼 여기

---

45) Thomas Hardy, *Tess of the D'urbervilles,* ed., Scott Elledge New York: Norton & Company Inc., 1991
    에서 인용한 인용문헌은 *Tess*로 표기하며 이후 예문에선 페이지만 인용한다.

저기 떼를 지어 널려 있었다(김회진, 138).

TT 5: 블랙무어에는 고작 <u>10에이커의 낙농장에 얼마 안 되는 소들이 있었으나, 이곳에는 50에이커나</u> 되는 넓은 지대에 건물이 딸린 농장도 훨씬 많고, 또 소는 큰 무리를 이루고 있었다. 까마득한 동쪽에서 서쪽 끝까지 흩어져 있는 무수한 소 떼를 그녀는 일찍이 본 일이 없었다. 반 알슬루트나 샐래어트가 그린 그림의 초원에는 사람이 가득 차 있었으나, 이곳의 초원에는 소 떼가 가득 차 있었다(신대현, 116~117).

TT 6: 담장을 친 목초지의 면적은 <u>10에이커가 아니라 50에이커였고,</u> 농장 건물도 훨씬 컸으며, 그곳에서 소 떼가 몇 가족 정도라면 이곳에서는 부족이라고 해도 될 만큼 무리를 이루었다. 동쪽 끝에서 서쪽 끝까지 그녀의 시야에 들어오는 수많은 암소 떼는 그녀가 지금까지 한번에 본 것으로는 가장 많았다. 푸른 풀밭 위에는 반 알스로트나 살라에르트*의 화폭에 사람들이 빽빽이 그려진 것처럼 소떼들이 들어차 있었다(각주 *17세기 전반 플랑드르 지방의 풍광과 일상을 그린 화가들)(유명숙, 161).

상기 예문은 테스가 더버빌가가 위치하고 있는 트란트릿지에서 알렉에게 몸을 버리고 아기가 태어나고 또 죽던 날들, 즉 자신의 모든 비극과 동반된 사건들을 멀리하고 새로운 희망의 땅인 탈보테이즈의 낙농장에 도착해서 새로운 삶의 시작을 하는 부분이다. 테스 자신이 속한 땅보다 훨씬 큰 농장의 면적을 표현하는 부분에서 면적에 대한 개념으로 ST의 'fifty acres'와 'ten(acres)'을 이국화[46)의 개념으로 적용하여 '50에이커'와 '10에이커'로 번역하는 전략을 취하였으나, TT의 독자에게는 낙농장이 어느 정도의 규모인지 느낄 수 없으므로 가독

---

46) "이국화 번역(foreignizing translation)은 원천텍스트에 존재하는 이국풍(異國風)의 요소를 목표텍스트에 그대로 옮겨 의도적으로 목표언어권의 관습에 적합지 않은 목표텍스트를 생산한다. 이국화 번역은 외국텍스트의 언어나 문화가 다르다는 점을 드러내고, 목표문화권의 언어적이고 텍스트적인 제약을 반드시 따르지 않아도 될 뿐 아니라, 유려함을 추구하지도 않는다. 원천텍스트의 명확하지 않은 표현이나 원천언어권 내에서도 생소한 어떤 요소를 그대로 옮기고, 목표언어의 고어(古語) 등을 의도적으로 텍스트에 넣는다(이근희, 2005, pp.78~79)." 베누티는 "외국화 방법이란 외국텍스트의 언어적, 문화적 차이가 받아들여지게끔 목표언어의 문화적 가치에 자민족 일탈(ethnodeviant)의 압력을 가함으로써 독자를 외국으로 보내는 것이라고 말한다. 이것이 번역에 있어서 가장 바람직하다고 말하였다(Jeremy Munday, 2008, p.145)."

성을 저해하는 결과를 초래할 수 있다. 오히려 이국화보다는 자국
화47) 개념으로 번역하는 전략을 취하여 우리나라 도량형 단위인 평
방미터로 환산하여 '40,050㎡'와 202,500㎡'로 표기하는 전략을 취하였
으면 가독성 측면에서는 독자에게 더 도움이 되었을 것이다. 두 번째
예로서 다음을 보자.

> ST 2: Barren attribute as it was, disastrous as its discovery had been in
> many ways to her, perhaps Mr. Clare, as a gentleman and a student of
> history, would respect her sufficiently to forget her childish conduct with
> the lords and ladies, if he knew that those <u>Purbeck-marble and alabaster</u>
> people in Kingsbere Church really represented her own lineal forefathers;
> that she was no spurious D'Urberville compounded of money and
> ambition like those at Trantridge, but true D'Urberville to the bone(100).

> TT 1: 그녀에겐 아무런 도움도 되지 못했고, 오히려 그것을 알고
> 나서 여러모로 끔찍스런 일만 있었지만, 어쩌면 클레어씨는 양반
> 가문에다 역사를 공부하는 사람이니까 킹즈비어 교회당의 <u>퍼벡 대
> 리석이나 설화석고(雪花石膏)</u>에 새겨진 사람들이 그녀의 직계 조상
> 이란 사실을 안다면, 또 그녀가 트란트릿지 사람들처럼 돈 많고 야
> 심 많은 가짜 더버빌이 아니라 진짜 더버빌 가문이라는 사실을 안
> 다면, 그녀가 로드와 레이디 꽃을 가지고 어린애처럼 굴었던 일을
> 잊어버릴 만큼 충분히 자기를 대접해 줄 것 같았다(153).
> TT 2: 테스는 비록 그 사실 때문에 불행해지기는 했지만, 그녀의
> 조상의 이름이 킹즈비어 <u>교회 묘지의 대리석</u> 비석에 새겨져 있다
> 든지, 자신은 돈이나 야심으로 이름을 산 트랜트리지의 가짜 후손
> 과는 다른 정통 직계 후손이라는 사실을 클래어가 안다면, 꽃을 가

---

47) "자국화 번역(domesticating translation)은 목표텍스트의 독자들이 외국텍스트의 생소함을 가능하면 느끼
지 않도록 채택하는 명료하고 자연스러운 양식의 번역방법이다. 자국화 번역은 목표언어의 담화유형에 적
합하도록 하고, 유려하고 자연스럽게 들리는 목표언어의 문제를 의식적으로 적용한다. 설명에 도움이 될
수 있는 요소를 추가로 삽입하거나, 원천언어의 방언이나 역사적 특색이 나타나는 요소를 제기히기니 생
략하고, 전체적으로 목표텍스트가 목표언어에 존재하는 개념이나 자주 쓰는 용법에 적합하도록 한다. 자
국화 번역을 선호하는 이유는 독자로 하여금 읽기 쉽고 명쾌한 이해를 도모하는 텍스트의 가독성을 강조
하기 때문이다(이근희, 2005, p.77)."

지고 어린아이처럼 장난하던 자신을 이해하고 어쩌면 역사에 관심
을 가진 지식인의 입장에서 보다 존경해 줄 것 같은 생각도 들었다
(159).
TT 3: "삭제"(136)
TT 4: 그것은 실속 없고 테스에게 여러 가지로 불행을 갖다 줬지만
역사를 공부하는 어엿한 신사인 클레어가 킹스비어 교회당에 안치
된 퍼벡 대리석이나 설화석고(雪花石膏)에 새겨진 사람들이 진짜로
테스의 직계 조상들이라는 것을 알거나, 테스가 돈이나 야심으로
이름을 산 트랜트리지의 가짜 자손이 아니라 진짜 직계 자손이라
는 사실을 안다면, '로드 레이디'의 꽃봉오리를 가지고 어린애처럼
장난하던 테스를 충분히 이해해 줄 것이다(168).
TT 5: 그것은 테스에게 온갖 불행을 가져다주었지만, 킹스베리 묘
지의 대리석 비석에 새겨진 이름들이 테스의 정통 조상이라든가,
또 돈이나 야심으로 이름을 산 트랜트리지의 가짜 후손이 아니라
직계후손이라는 사실을 에인젤이 안다면 꽃이나 가지고 어린아이
같이 장난하던 그녀를 이해하고, 어쩌면 지식 있는 역사가의 입장
에서 보다 존경해 줄지도 모른다는 생각이 들었다(141).
TT 6: 무익한 징표요. 알고 난 다음 여러모로 불운했지만, 신사인
데다 역사를 공부하는 클레어 씨가 킹스비어 교회당의 퍼벡 대리
석과 설화석고의 조상들이 그녀의 직계 조상이고, 그녀가 트랜트리
지의 그들처럼 돈과 야망이 야합한 가짜 더버빌이 아니라 뼛속까
지 진짜 더버빌임을 알게 되면, 귀족이니 귀부인이니 하면서 어린
애처럼 군 것을 간과하고 자신을 존중해줄 것만 같았다(196).

위 예문은 엔젤 클레어가 테스가 예전에 명문가의 후손이었다는
것을 알았다면 그녀에게 좀 더 다른 대우를 하지 않았을까 하고 생각
하는 부분이다. TT 1, TT 4와 TT 6은 설백색이고 입자가 고운 치밀한
집합으로 덩어리를 이룬 대리석의 한 종류인 ST의 'alabaster'를 '설화
석고(雪花石膏)'로 번역하여 'Purbeck-marble'과 확연하게 차이를 두고
번역하였으나 전문적인 용어를 TT 독자들이 이해하기 힘든 한자어로
처리하여 번역함으로써 가독성을 저하시키는 결과를 초래하였다. 그
러나 TT 2와 TT 5는 ST 2의 'alabaster'를 생략하여 앞의 단어인 대리

석으로 단순화하여 번역하는 전략을 취함으로써 가독성은 높아졌으나 충실성은 저하되었다. TT 3은 위 예문 전체를 삭제하는 번역의 전략을 취함으로써 ST의 충실성과 TT의 가독성을 모두 저버리는 결과를 낳았다. 또 다른 예로 다음을 보자.

ST 3: The farmer himself, it appeared, was not at home, but his wife, who represented him this evening, made no objection to hiring Tess, on her agreeing to remain till Old Lady-Day(223).

TT 1: 농장주인은 집에 없는 것 같았고, 부인이 이날 저녁 남편을 대신하고 있었는데, 수태고지(受胎告知)축제일(원래는 3월 25일이지만 여기서는 옛 달력에 따라 4월 6일을 가리킴. 전통적으로 고용 계약이 시작되고 만료되던 연중 나흘 중의 하루-역주)까지 있겠다는 약속을 테스에게서 받은 다음 그녀를 고용하겠다고 했다(349).
TT 2: 테스는 다른 사람들이 품삯을 받고 있을 동안 문 밖에서 기다렸다. 일꾼들이 다 돌아간 뒤에 마리안이 테스를 소개하자, 농장주인을 대신해서 일꾼들에게 품삯을 주던 그의 아내가 성신 강림절까지 있겠다는 테스의 동의를 받고 고용하기로 결정했다(350).
TT 3: 테스는 일꾼들의 한패가 품삯을 다 받을 때까지 농가의 문 밖에서 기다렸다. 이윽고 마리안이 테스를 소개했다. 농장 주인은 부재중인 듯싶었고 이날 밤 남편의 대리를 보는 주인 마누라는 테스가 3월 25일까지 머물기를 승낙받았다(247).
TT 4: 농장 주인은 없는 것 같았고, 그래서 주인을 대신해서 품삯을 치른 주인의 아내는 테스에게 수태고지(受胎告知)의 축제일(3월 25일)까지 일하겠다는 다짐을 받고 그녀를 고용하기로 결정했다(370).
TT 5: 다른 사람들이 품삯을 받고 있는 동안 테스는 농가 문밖에서 기다렸다. 일꾼이 다 가고 난 뒤에 마리안이 그녀를 소개했다. 농장주인을 대신해서 일꾼들의 품삯을 지불한 주인의 아내는 성신강림절까지 있겠다는 테스의 동의를 받고 고용하기로 결정했다(307).
TT 6: 농장 주인은 자리를 비운 것 같았고, 남편의 대리인 역할을 하는 부인이 구력(舊曆) 수태고지 축제일*까지 일하겠다는 약속을 받고 그녀를 고용했다(각주 *율리우스력인 구력 수태고지일은 4월

6일임. 영국에서는 1752년에 그레고리안력으로 바뀌었는데 농촌지
역에서는 19세기에도 통용됨)(423).

상기 예문은 테스가 클레어와 헤어지고 난 뒤 생활이 궁핍해졌고
남편 엔젤 클레어가 준 돈 50파운드도 가족들에게 보내주고 난 뒤 너
무 힘들어져 일을 하지 않으면 안 되었고, 특히 예전에 일을 했던 탈
보테이즈 낙농장으로 다시 돌아가서 일을 하기엔 자존심이 상해서 마
리안이 일하고 있는 가장 척박한 땅 플린트컴 애쉬에서 그곳 주인과
수태고지일인 3월 25일까지 일하겠다는 고용계약을 체결하는 부분이
다. TT 1과 TT 4는 ST의 'Old Lady-Day'를 기독교의 신약성서에 쓰여
있는 일화 가운데 하나로, 성모 마리아에게 대천사 가브리엘이 찾아와
성령에 의해 처녀의 몸으로 예수 그리스도를 잉태할 것이라고 고하고,
또 마리아가 그것에 순응하고 받아들이는 사건인 성모영보(聖母領報)
라고도 불리는 '수태고지(受胎告知)'라고 번역하여 처리하였다. 특히
TT 1은 수태고지일에 대한 의미를 문장 내에 역주로서 설명하여 번역
하는 전략을 취하였고, TT 6은 다른 TT와는 다르게 '구력 수태고지 축
제일'로 외적인 명시화를 하였으며 TT 독자를 위한 충실성의 제고와
가독성을 높이기 위해 문장 내에 '율리우스력인 구력 수태고지일은 4
월 6일임. 영국에서는 1752년에 그레고리안력으로 바뀌었는데 농촌지
역에서는 19세기에도 통용됨'이라고 각주를 통해서 자세하게 설명하
는 번역의 전략을 취하였다. 그러나 TT 3은 수태고지일에 대한 역주
나 각주를 통해 설명하지 않고 수태고지일인 날짜만을 표기하는 번역
전략을 취하여 TT 독자로 하여금 가독성을 저하시키는 결과를 초래하
였다. 그리고 TT 2와 TT 5는 ST의 수태고지일과는 전혀 상관이 없는

그리스도교에서 예수 그리스도의 부활절 후 50일 되는 날, 즉 제7주일인 오순절(五旬節) 날에 성령이 강림한 날인 성신강림절(또는 성령강림절)로 오역하여 번역함으로써 ST의 충실성과 TT의 가독성을 모두 저하시키는 결과를 초래하였다. 다음의 예를 보자.

ST 4: "Tess is a fine figure o'fun, as I said to myself to-day when I zeed her vamping round parish with the rest," observed one of the elderly boozers in an undertone. 'But Joan Durbeyfield must mind that she don't get green malt in floor.' It was a local phrase which had a peculiar meaning, and there was no reply(18).

TT 1: "그 녀석이 다른 애들하고 오늘 동네를 돌아다니는 걸 보고 혼자 생각한 거지만, 테스는 인물도 이쁘고 재미있는 녀석이오." 나이 지긋한 술꾼 하나가 나직하게 말했다. "하지만 더비필드 부인은 그 아이가 마룻바닥에서 퍼런 엿기름을 얻지 않도록 조심하셔야 할 거요." 이 말은 특별한 뜻을 가진 이 지방 속담이었으나 대답하는 사람은 아무도 없었다(이 말은 이 지방 속담으로 '임신하다'라는 뜻—역주)(26).
TT 2: "테스는 순수하고 예쁜 아이지. 하지만 테스에 관해서 더베이필드 부인도 '마룻바닥에서 파란 엿기름 싹이 트지 못한다'는 걸 마음에 새겨 두어야 할 텐데……." 술꾼 가운데 한 사람이 중얼거렸다. 그가 한 말은 특별한 뜻이 담긴 이 지방 속담이었는데 아무도 새겨듣는 사람이 없었다(36).
TT 3: 「테스는 참말 예쁘고 재치 있는 애야. 오늘도 친구들 하고 마을 행진을 하는 걸 보고 나는 혼잣말로 그랬소」 하고 술 취한 노인이 낮은 목소리로 말했다. 「그렇지만 더비필드 아주머니도 이건 알아둬야 히오. <미루 비닥에선 파린 엿기름의 눈이 드지 못한다>는 걸 말이야.」 이것은 색다른 뜻이 있는 지방 말이었으므로 아무노 ㄱ 발의 뜻을 볼라 대답하는 사람이 없었다(33).
TT 4: "테스는 예쁘고 재미있는 애요. 오늘 그 애가 다른 애들하고 마을을 행진하는 걸 보고 나 혼자 그렇게 생각했지." 나이 지긋한 술꾼 한 사람이 나직이 말했다. "하지만 존 더비필드 부인, 당신 따님이 곤경에 빠지지 않도록 조심해야 할 거요." 이 말은 색다른 뜻이 담긴 <u>의 지방의</u> 속담이었으나 아무도 대꾸하는 사람이 없었다 (38~39).

TT 5: "테스는 참하고 명랑한 애야. 오늘 다른 애들하고 신이 나서 교구를 돌아다니는 것을 보고 나 혼자 그렇게 생각했지" 하고 나이 많은 술꾼 한 사람이 나직한 목소리로 평했다. "하지만 더비필드 부인도 테스가 '마룻바닥에서 파란 엿기름을 기르는 일'이 없도록 조심해야 할 텐데." 이것은 특별한 뜻이 담긴 <u>의 지방의</u> 속담이었 으나, 누구 하나 대답하는 사람이 없었다(33).

TT 6: "테스는 인물도 좋고 명랑한 처녀제. 걔가 오늘 다른 처녀들 하고 동네를 도는 걸 보고 혼자 든 생각인디." 나이 지긋한 술꾼 하 나가 나직한 목소리로 말했다. "더비필드 댁, 걔가 마룻바닥에서 퍼런 엿기름 안 묻히게 조심하도록 혀."* 고유한 뜻을 가진 <u>지방 속담</u>에 아무도 말을 보태지 않았다(각주 *'처녀가 임신하다'라는 뜻의 속담)(44~45).

상기 예문은 테스 부모가 자신의 집안이 더버빌 가문의 후손임을 알게 되어 트란트릿지 마을에 살고 있는 더버빌이란 부잣집 마님에 대한 이야기를 하고 있었다. 그런데 더비필드 부부가 자신의 가문에 대한 이야기를 하는 중에 그 주변에 있는 사람들이 더비필드 부부의 예쁜 딸 테스한테 좋은 일이 있을 것 같다는 눈치를 채면서 테스 부 모에게 말하는 대화의 부분이다. TT 1과 TT 6은 특별한 뜻-임신하다 (get green malt in floor)-을 가진 그 지방 특유의 표현인 ST의 'she don't get green malt in floor'를 '그 아이가 마룻바닥에서 퍼런 엿기름을 얻 지 않도록 조심하셔야 할 거요'라고 번역하면서 ST의 충실성과 TT의 가독성을 살리기 위해 문장 내에 주석과 각주를 달아 번역하는 전략 을 취하였다. 그러나 TT 1을 제외한 다른 TT들은 ST의 의미만 전달하 고 주석을 통한 부가적 설명이 없이 처리하여 TT 독자들의 가독성을 저하시키는 결과를 초래하였다. 다음과 같이 번역에서 발음의 처리와 관련된 것도 있다.

ST 5: That wer all a part of the larry! We've been found to be the greatest gentlefolk in the whole county---reaching all back long before Oliver Grumble's time---to the days of the Pagan Turks---with monuments and vaults and crests and scutcheons, and the Lord knows what all. In Saint Charles's days we was made Knights o' the Royal Oak, our real name being D'Urberville! ⋯⋯ Don't that make your bosom plim? 'Twas on this account that your father rode home in the vlee; not because he'd been drinking, as people supposed.'(13)

TT 1: "그게 다 이 소동하고 관계가 있다! 우리가 이 주(州)를 통틀어 최고 양반이라는구나-올리버 그럼블(크롬웰을 잘못 발음한 것임-역주) 때보다 엄청 옛날, 야만족 이교도 시절부터 시작된단다. 비석에, 가족 묘지에, 문장(紋章)에다 방패까지, 없는 게 없는 모양이다. 성 찰스 시대에는 '왕실 오크' 기사 작위를 받았는데('왕실 오크' 작위는 영국 왕 찰스 2세와 관련이 있는데, 그는 '성자'와는 관련이 없고 다만 내란 중에 처형된 그의 부친 찰스 1세가 가끔 순교자로 추앙됨. 어머니의 무지의 소치-역주), 우리 집안 진짜 성이 더버빌이라는구나! ⋯⋯ 이 얘길 들으니까 가슴이 울렁거리지 않아? 그거 때문에 니 아부지가 마찰 타고 집에 오신 거란다. 사람들 생각대로 술을 마셔서 그런 게 아니다."(18)
TT 2: "⋯⋯ 그 일하고 무슨 관계라도 있어요? 말도 안 되는 소릴 하시면서⋯⋯. 난 창피해서 쥐구멍에라도 들어가고 싶었다고요." "그것도 다 이유가 있어서 그런 거란다. 글쎄 우리가 이 지방에서 제일 훌륭한 가문이란 걸 알게 됐지 뭐냐. 아무튼 우리 조상은 저 올리버 그람블 때보다도 더 오랜, 오랑캐들이 살던 아득한 옛날부터 내려온 가문이란다. 비석이랑 납골당, 문장, 방패도 있고 말이다. 성 찰스 시대에는 기사 칭호도 받았다는구나. 얘, 멋진 일 아니니? 남들은 술 때문이라고 하지만 아버지가 마차를 타고 돌아온 것도 다 그것 때문이란다."(28)
TT 3: 「그것도 모두 그 일 때문이란다. 글쎄 우리가 이 고장에서는 손꼽는 명문이라는 것을 알게 됐지 뭐니-어쨌든 우리 조상들은 저 올리버 크롬웰 때보다 더 먼 이교도들이 살던 아득한 옛날부터 대를 이어온 집안이라는구나! 비석이니, 납골당이니, 문장(紋章)이니, 무지(紋地)니, 그 밖에노 별별 것이 다 있나봐. 성 찰스 시내에는 떡갈나무 기념 기사에도 뽑힌 적이 있었대. 우리들의 정말 성은 더어버빌이라나. 그래 이런 말을 들어도 가슴이 벅차오르지 않니. 너

의 아버지가 마차를 타고 돌아온 것도 이 사실 때문이란다」(25)

TT 4: "그것도 다 그 야단 때문이란다! 우리 집안이 글쎄, 이 고장에선 제일가는 양반이라는구나. 우리 조상은 <u>올리버 그덤불(크롬웰의 잘못된 발음)</u> 시대보다도 훨씬 더 거슬러 올라가 이교도 야만인들이 있었던 시절까지 올라갈 수 있다는구나. 비석, 납골당, 문장(紋章), 문지(紋地) 등 그 밖에도 별별 것들이 다 있다지 뭐냐. <u>성(聖)찰스 시대에는 우리 조상들이 '오크 기사'로도 뽑혔고, 우리의 진짜 성은 더버빌이라는구나</u>……. 그래, 이런 말 듣고도 가슴이 두근거리지 않니? 너희 아버지가 마차를 타고 오신 것도 다 이 때문이란다. 남들은 네 아버지가 술 마시고 허세 부린다고 하겠지만 그런 게 아니란다."(30)

TT 5: "그것도 다 이 소동의 한 토막이란다. 글쎄 우리가 이 마을에서 제일 훌륭한 집안이란 걸 알게 되었다는구나! 조상은 <u>올리버 그럼글(올리버 크롬웰의 잘못된 발음-역주)</u> 때에서도 훨씬 더 옛날…… 아무튼 이교도 야만인들이 있었던 때부터 내려오는 가문이래. 글쎄 비석이라든가 납골당이라든가 문장이라든가 방패 등 없는 것이 없다지 뭐냐! <u>성(聖)찰스 시대에는 로열 오크의 기사로도 뽑혔고, 우리 진짜 성은 더버빌리라는 거야</u>…… 아니, 이 말을 듣고도 가슴이 두근거리지 않니? 네 아버지가 마차를 타고 돌아온 것도 다 그 때문이란다. 남들은 술이 취한 탓이라고 생각하겠지만 그렇지 않아."(26)

TT 6: "그게 이 난리법석하고 상관이 있다마다! 우리가 이 고장에서 제일 가는 양반이라는구나 <u>올리버 그럼블*</u> 때보다 더 옛날 옛적, 야만적 이교도 때로 거슬러 올라간댜. 비석에, 가족 묘지에, 문장에, 방패에, 없는 게 없는 모양이여. <u>성 찰스 시대에는 왕실 오크 기사 작위를 받았는디, 우리 진짜 성은 더버빌이랴!</u> …… 이 얘길 들으니께 가슴이 벌렁거리제? 그려서 니 아부지가 마차를 타고 집에 오신겨. 술에 취혀서 그런 거라고들 하지만 아녀."(각주 *올리버 크롬웰을 기리킴)(35)

위 예문은 테스 아버지가 장날에 일을 보고 말롯 마을에 있는 집으로 가는 도중에 족보에 관해 연구하고 있는 스택풋 레인에 사는 트링엄 신부를 만난다. 신부는 테스 아버지 집안의 조상들이 명망 높은 더버빌 가문이며 찰스 2세의 치세 중에는 가문의 충성 덕택에 왕실 오크 기사에 봉해지기도 했다고 이야기를 전하자 테스 아버지는 우쭐해져서 마차를 타고 집에 돌아와 자신의 가족들에게 자신의 가문에 관하여 말하는 부분이다. TT 1과 TT 6은 테스의 엄마가 딸 테스에게 더버빌 가문의 존재에 대해서 말하는 ST의 'Oliver Grumble's time'과 'Knights o' the Royal Oak'를 '올리버 그럼블'과 '왕실 오크' 기사 작위로 번역하면서 TT의 독자의 가독성을 높이기 위하여 관련 정보를 문장 내에 괄호로 삽입하는 주석과 문장 내에 각주를 달아 설명하는 전략을 취하였다. 그러나 TT 4와 TT 5는 어머니가 무지의 소치로 '올리버 크롬웰'의 발음을 잘못하였다고 문장 내에 역주를 달았으나, 성 찰스 시대의 왕실 오크 기사 작위에 대해서는 문장 내에 전혀 설명이 없어서 TT 독자를 위한 가독성은 현저하게 떨어지는 결과를 발생하였다. TT 2와 TT 3은 다른 TT와 다르게 테스 어머니 조온이 '올리버 크롬웰'에 대해 발음을 잘못하였다는 부분에 대한 설명조차도 없어서 TT 독자를 위한 가독성이 현저하게 저하시키는 결과를 초래하였다. TT 2는 테스의 어머니가 잘못한 발음을 그대로 표기하여 드러내긴 하였으나, 원래의 정확한 발음을 제시하지 않음으로써 독자의 가독성이 떨어지게 되었다. 반면에 TT 3은 다른 TT와 다르게 테스의 어머니가 '올리버 크롬웰'에 대해 발음을 잘못하였다는 부분에 대한 설명을 제공하지 않음으로써 번역의 충실성보다는 가독성을 택하였다.

아래의 예문은 테스가족이 테스의 아버지가 죽자 고향이었던 말로트에서 더 이상 가족이 소작을 하며 살 수 없어서 이주를 해야만 하는 상황이 되어 결국 조상들이 묻혀 있는 킹즈비어 지역으로 이사 왔으며 그곳에 도착해서 짐을 내리고 마부에게 돈을 지불하는 부분이다.

ST 6: The waggon had drawn up under the churchyard wall, in a spot screened from view, and the driver, nothing loth, soon hauled down the poor heap of household goods. This done she paid him, reducing herself to almost her last shilling thereby, and he moved off and left them, only too glad to get out of further dealings with such a family. It was a dry night, and he guessed that they would come to no harm(285).

TT 1: 짐마차는 교회 담 밑 사람들 눈에 잘 띄지 않는 쪽에 세워졌고, 마부는 곧 싫은 기색 없이 초라한 가재도구를 내려놓았다. 일이 끝나 마부에게 삯을 지불하고 나자 그녀에게는 마지막 1실링밖에 남은 돈이 없었다. 마부는 이런 가족과 더 이상 거래를 하지 않게 되어 내심 반가워하며 그들을 떠났다. 비가 오지 않는 밤이기 때문에 그들이 큰 고생은 하지 않을 것이라고 그는 생각했다(448).
TT 2: 마부는 남의 눈에 띄지 않는 교회 묘지의 담장 밑에 마차를 몰고 가서 잘되었다는 듯 초라한 세간들을 그곳에 내려놓았다. 짐을 다 내리고 마차 삯을 주고 나니 테스의 수중에는 동전 한 푼만 남았다. 마부는 이런 가족과 거래를 끝낸 것이 시원하다는 듯, 그들을 남겨 두고 얼른 떠나 버렸다. 날씨가 좋으니 하룻밤 이슬을 맞아도 괜찮을 거라고 마부는 생각했다(443).
TT 3: 생략 +, 마차꾼은 급히 되돌아가야겠다며 짐을 풀어 놓았다. 짐 부린 후에 마차 삯을 치르고 나니 돈이라곤 겨우 한 실링밖엔 남지 않았다(301).
TT 4: 짐마차는 인적이 드문 교회 묘지의 담 벽 밑에 세워졌고, 마차꾼은 내심 좋아서 얼마 안 되는 초라한 이삿짐을 금방 내려놓았다. 짐이 다 내려지자 마차 삯을 치렀더니 손에 남은 돈이라고는 마지막 1실링밖에 없었다. 마차꾼은 이런 가족과 거래를 끝낸 걸 천만다행으로 생각하고는 그들을 뒤로하고 사라졌다. 날씨가 좋은 밤이어서 테스네 가족들이 하룻밤 노숙을 해도 별 고생은 없을 것이라고 마차꾼은 생각했다(473).
TT 5: 사람들의 눈에 띄지 않는 교회당 묘지의 담장 밑으로 마차를 몰고 갔다. 잘됐다는 듯이 마부는 얼마 안 되는 초라한 살림살이를 이내 내렸다. 짐을 다 내린 다음 마차 삯을 치렀다. 이제 그녀의 수중에 남은 돈은 1실링 남짓뿐이었다. 마부는 이런 가족과의 거래를 끝낸 것이 기쁘기만 한 듯, 그들을 남겨두고 돌아보지도 않고 사라졌다. 날씨가 좋은 밤이었으므로 하룻밤 이슬을 맞아도 괜찮겠지, 하고 마부는 생각했다(388~389).

TT 6: 짐마차를 교회 묘지 담장 밑, 사람들의 눈에 잘 띄지 않는 곳
에 세우고 마부는 얼른 초라한 가재도구를 내려놓았다. 삯을 지불
하고 나자 1실링 정도의 돈밖에 남지 않았다. 마부는 이런 가족과
더 이상 거래를 하지 않게 되어 다행이라는 듯 그들을 남겨두고 자
리를 떴다. 밤에 비가 오지 않을 테니 별문제가 없으리라고 생각했
던 것이다(539).

TT 2를 제외한 다른 TT는 테스 가족이 마부에게 이사비용을 지불
하고 난 뒤 돈이 한 푼도 없다는 ST의 'almost her last shilling'을 번역
하면서, 1971년까지 영국 화폐로 사용하였던 20분의 1파운드인 실링
을 이국화의 개념으로 화폐단위를 음차번역해서 ST의 충실성을 살려
서 번역하였다. 그러나 TT 2는 '동전 한 푼만 남았다'라고 TT 독자의
문화권에 맞는 화폐단위로 번역하지 않으면서 TT 문화권에 맞는 상
황의 의미로 대체하여 가독성을 높이는 전략을 취하였다. 속담과 관
련된 번역의 예로는 다음을 들 수 있다.

ST 7: "Heu-heu-heu!" laughed dark Car's mother, stroking her moustache
as she explained laconically, "Out of the frying-pan into the fire!"(53)

TT 1: "후 후 후!" 검은 카의 어머니도 웃었다. 그리고 코 밑 수염
을 쓰다듬는 시늉을 하며 짤막한 논평을 덧붙였다. "프라이팬에서
불로 뛰어드는 격이군!"(79)
TT 2: 카의 어머니는 입을 쓰다듬으며 그 웃음에 맞장구를 쳤다.
"호호호, 프라이팬에서 불 속으로 뛰어드는 꼴이군!"(86)
TT 3: 「호호호!」 검정 여왕 카아의 어머니가 웃으면서 짤막하게 말
했다. 「프라이팬에서 불 속으로 뛰어든 격이야!」(82)
TT 4: "호호호!" 얼굴이 검은 카의 어머니도 따라 웃었다. 그리고는
코밑을 훔치며 짧게 말했다. "혹을 떼려다가 더 붙인 격이군!"(94)
TT 5: "호호호!" 카의 어머니가 웃었다. 그녀는 코밑을 쓰다듬으면
서 짤막하게 설명했다. "여우 굴에서 도망쳐 호랑이 입으로 뛰어든

격이야!"(80)
TT 6: "흐흐흐!" 카의 어머니가 웃었다. 코밑수염을 쓰다듬으려 그
녀는 상황을 간명하게 요약했다. "프라이팬에서 불로 뛰어들었구
먼!"(106~107)

　김욱동(2007)은 "짧고 재치 있게 촌철살인(寸鐵殺人)의 묘를 살려 교
훈을 주는 속담이나 격언도 비유법과 마찬가지로 문화에 따라 편차
가 심하다. 특히 속담이나 격언은 최근에 만들어진 것이 아니라 옛날
부터 서민생활에서 얻은 지혜를 바탕으로 입에서 입으로 전해 내려
온 것이기 때문에 더더욱 문화의 영향을 많이 받는다. 그러므로 똑같
은 뜻을 지닌 속담이라고 할지라도 환경이나 관습에 따라 그 표현방
법이 크게 다를 수밖에 없다. 한마디로 속담이나 격언은 문화의 표현
이라고 할 수 있다. 예를 들어 한 번 크게 놀란 사람이 쉽게 겁을 먹
고 경계하는 모습을 두고 우리나라에서는 '더위 먹은 소 달만 보아도
헐떡인다'나 '자라보고 놀란 가슴 솥뚜껑 보고 놀란다'고 말한다. 중
국 사람들은 '상궁지조(傷弓之鳥)'라고 하여 화살을 맞아 한 번 혼이
난 새는 그 뒤로는 어떤 일도 경계한다고 말한다. 또한 노력한 만큼
성공을 거둔다는 뜻으로 우리나라에서는 '콩 심은 데 콩 나고, 팥 심
은 데 팥 난다'고 말하지만, 일본 사람들은 '오이덩굴에 가지 열릴
까'48)라고 한다." 김명균(2009)은 속담이나 격언 등 관용적인 표현을
할 때는 TL 문화권에 존재하는 유사한 의미의 속담으로 등가처리해
서 번역하여야 하며, TT 문화권의 독자가 쉽게 이해할 수 있도록 ST
의미의 충실성을 살리되 필요하다면 독자의 가독성을 높이기 위해
문장 내에 괄호 또는 주석이나 각주로 보충설명을 해주어야 한다고

---

48) 김욱동, 『번역인가 반역인가』, 문학수첩, 2007, pp.244~245.

주장한다.[49]

　상기 예문은 테스가 일행들과 알렉의 집으로 돌아가는 도중에 일
행들이 곤경에 처해 있을 때 알렉이 다가와 테스를 말에 태우고 떠나
가는 부분이다. 위 예문의 TT 1, TT 2, TT 3과 TT 6은 작은 것을 피하
다가 더 큰 것을 만난다는 ST의 'Out of the frying-pan into the fire'를
원문의 뜻을 충실히 살려서 번역을 하였다. 그러나 '프라이팬에서 불
로 뛰어들다'는 속담이 독자의 이해를 방해하지는 않으므로 가독성
을 떨어트렸다고 할 수는 없을 것이다. 반면에 TT 4와 TT 5에서는
'혹을 떼려다가 더 붙인 격이군' 또는 '여우 굴에서 도망쳐 호랑이 입
으로 뛰어든 격이야'로 자국화하여 번역하였는데, 전략적인 면에서는
가독성을 우선시함으로써 충실성은 다소 떨어진 측면이 있다고 할
수 있다.

3) 결론

　본 연구에서는 번역의 질적인 평가에 있어서 중요한 축인 번역문
텍스트의 가독성의 중요성을 고찰하고 토마스 하디의 작품 *Tess of the
D'urbervilles*의 번역본인 『더버빌가의 테스』 여섯 종의 비교분석을 통
해서 번역문텍스트 독자를 위한 가독성에 대해서 논의해보았다. 텍스
트 분석에서 사용한 다섯 종의 번역문텍스트를 분석한 결과는 대상
독자나 출판된 시기와는 상관없이 번역자의 번역전략에 따라 가독성
의 결과가 현저하게 달라짐을 파악할 수 있었다. 테스트 분석에 사용
된 김보원 번역본(TT 1)과 유명숙 번역본(TT 6)은 모든 연령층이 읽을

---

49) 김명균, 2009, p.16.

수 있도록 고유명사나 특별한 의미를 지니고 있는 구문이나 속담 등
은 문장 내에 역주나 각주를 달아 상세하게 설명하여 원저자의 의도
를 잘 전달하여서 번역문텍스트의 가독성을 높이는 결과를 주었다.
그러나 번역문텍스트의 독자가 이해하기 쉽지 않은 한자어를 많이
사용하여 다소 불편함을 주었고 원문텍스트의 용어들을 이국화 전략
을 동원하여 번역함으로써 번역문텍스트 독자의 이해를 방해하는 결
과도 발생하였다. 그러나 전체적으로 원문텍스트의 충실성을 살리면
서 번역문텍스트 독자를 위한 가독성을 높이는 결과 또한 보여준 우
수한 번역작품이었다. 이와 달리 이동민(TT 2), 이진석(TT 3), 김회진
(TT 4), 그리고 신대현(TT 5)의 번역본은 어려운 용어가 들어 있는 구
문을 생략하거나 앞의 구문의 의미에 포함해서 번역하는 전략을 취
하여 가독성을 저하시키는 결과를 초래하였다. 특히 수태고지, 올리
버 크롬웰 등 종교적인 용어나 고유명사 처리 등에 있어서 정확성이
떨어지거나, 보충정보 전달의 방법인 주석이나 문장 내 괄호처리 등
이 결여되어서 가독성이 떨어지는 결과를 낳았다.

모든 번역자들이 이상적으로 지향하는 것은 원문텍스트를 가장 자
연스러운 번역문텍스트로 옮겨서 원문텍스트가 지니고 있는 정보와
저자의 전달하고자 하는 메시지를 독자에게 온전하게 전달하는 것이
다. 그래서 번역자는 원문텍스트를 충실하게 지키면서 동시에 번역문
텍스트의 가독성이 높은 우수한 번역작품을 창조하고자 노력한다. 이
를 위해서는 번역자 자신 역시 반복적인 원문텍스트의 정독을 통해
번역하는 부단한 노력이 필요하다.

4. 문학번역 비평: 충실성[50]

문자를 사용해온 인류는 번역활동을 통해서 문화 간 교류를 확대시켰으며, 더 선진화된 문화로 이끌었다. 또한 "번역은 여러 세기 동안 인류의 문화적 상호작용에 중요한 부분을 수행하였다."[51] 일부 학자들은 언어의 차이와 언어에 반영된 문화의 차이를 지나치게 강조하면서 번역은 불가능하다고 주장하였지만, 어떤 문화권의 언어가 다른 문화권의 언어로 옮겨질 땐 언제나 어떤 형태로든 번역이라는 작업이 행해졌다. 이러한 실제 번역활동[52]은 번역의 이론이나 번역학의 존재 여부와는 상관없이 인류에 의해 끊임없이 이루어졌으며 동시에 발전해왔다. 인류의 발전은 곧 번역의 역사인 것이다.[53] 특히 본 연구에서 다루고자 하는 문학작품일 경우에는 원저자가 독자에게 전하고자 하는 의미가 텍스트 내에 함축되어 있어서 정보전달을 중심으로 하는 비문학작품 텍스트와는 달리 번역하기가 훨씬 복잡하다. 문학텍스트의 번역은 다른 학술분야 혹은 정확성을 요구하는 기술분야의 번역과는 갈라지는 요소도 있고, 그 차이는 어떤 일반론에서도 유효하다. 발터 벤야민(Walter Benjamin)의 유명한 주장과도 같이 문학

---

50) 2011년 12월 대구가톨릭대학교 인문과학연구소에 발표한 「영한문학번역 평가에 있어서 충실성 연구」를 중심으로 텍스트 분석의 인용문헌을 추가하여 분석해서 편성하였다.

51) Albrecht, Neubert & Gregory M. Shreve, *Translation as Text*, The Kent State University Press, Kent, Ohio, 1992, p.1.

52) 번역활동에 있어서 "백 년 전에는 대부분의 번역의 분야들은 종교, 문학, 과학 및 철학분야들이었으며, 교육을 받은 엘리트들이 주로 번역서를 읽었다(Peter Newmark, *About Translation*, Multilingual Matters Ltd, Clevedon, 1991, p.16)." 그 이후 번역활동은 모든 나라들에게서 광범위하게 전개되었으며, 모든 나라의 사람들이 전문 번역자들의 활동을 통해 타 문화를 이해하게 되었다. 특히, "인류는 다른 사람들의 발화메시지를 수용할 때 단어의 완벽한 이해를 위해 번역의 행위를 실행하였다(George Steiner, *After Babel-aspects of language & translation*, Oxford University Press, Oxford, 1998, p.48)."

53) 최의식, 2008, pp.1~3.

텍스트에서 전달해야 하는 이른바 원저자의 메시지 전달인 의미는 미끄럽고 유동적이고 쉽게 포착하기 어려운 어떤 것이다.[54] 이와 같이 문학텍스트의 번역은 다른 여타 텍스트들과는 달리, 원문텍스트와 번역문텍스트 간의 존재하는 상이한 언어적 체계를 가지고 있어서 원저자가 독자들에게 전하고자 하는 메시지를 확연하게 드러내기가 쉽지 않다. 이러한 특징은 번역을 평가하는 주된 잣대로 사용해왔던 '충실성(faithfulness)'이라는 기준이 과연 어디에 근거하고 있는 것인지 다시 한 번 생각해볼 여지가 있다. 결국, 한 작품의 번역이 어느 정도의 완성도를 갖추고 있느냐 하는 평가는 원문텍스트가 말하고자 하는 바를 번역자가 얼마만큼 이해하였고, 어디에 중점을 두어 번역하였는가라는 '비평'의 차원을 벗어나서는 결코 이루어질 수 없는 일이다. 이를 논하지 않고서는 '충실성'이라는 개념은 사용하는 이가 의미하고자 하는 바에 따라 얼마든지 다양한 기준으로 사용될 수 있으며, 심지어 동일한 번역의 예 혹은 번역전략을 놓고서도 정반대의 평가로 작용할 수 있을 위험을 무릅쓰게 되는 것이다.[55] 번역자는 이러한 번역평가에 있어서 정반대의 평가에 노출되어 있어도 이를 극복할 수 있는 적절한 해결방법을 통해 목표언어로 최대한 살려 번역하는 것 또한 번역자의 임무이다. 모든 번역의 과정을 통해 번역자는 충실성을 강조하여 동일한 원작품을 번역한다고 해도 번역자에 따라 각각 다른 번역작품이 나오게 되는 것이다.[56]

충실성을 강조하는 번역인식과 관련된 대표적인 예로 『70인역 성

---

54) 김선형, 2008, p.65.
55) 김희진, 2010, pp.83~84.
56) 송수진, 2002, p.1.

서, The Septuagint』에 얽힌 전설을 들을 수 있다. 그 전설은 70여 명의 번역자들은 공동 작업한 것이 아니라 격리된 방에서 구약 전체의 내용을 모두 각각 번역하도록 명령받았는데, 나중에 그 번역들을 대조해보니 놀랍게도 70개의 번역이 모두 한 자의 오차도 없이 동일했다는 내용이다. 물론 이 전설은 아무리 '신적인 절대 메시지'를 전달하는 성서라 할지라도 완전한 허구이다. 번역이란 것이 동일한 텍스트를 서로 다른 사람에 의하여 각각 이루어질 경우 절대로 완전히 동일한 번역이 나올 수 없으며, 심지어 동일 번역자에 의한 번역이라 해도 번역할 때마다 그 모습이 달라지는 작업이기 때문이다. 그런데도 이 전설 안에 내포된 신적인 절대 메시지에 대한 믿음은 하나의 진실이 되어 서구 번역의 역사에서 종종 번역자의 발목을 잡는 기준이 되었다. 특히 19세기는 서구의 번역자에게서 원전/원문화에 대한 절대 우위를 내세워 충실성을 강조하는 번역태도가 가장 중시되었다.[57] 번역의 비평에 대해서 베르너 콜러(Werner Koller)는 "번역본의 언어·문체 형성에 대한 평가라든가 등가요구의 분석에 대한 평가 그리고 번역목적에 대한 평가 역시 원문과 비교한 후에야 비로소 허용되는 것이다. 단지 번역자의 오류가 명백한 경우에만 출발언어 텍스트와 비교하지 않고서 질에 대한 판단을 할 수 있다"라고 설명한다.[58] 즉, 번역비평가는 번역평가에 있어서 텍스트 간의 철저한 비교와 분석을 통해 번역의 실질적 가치를 고려할 수 있다는 것이다.

본 연구에서는 빅토리아시대 영국문학 속에 등장하는 여성의 육체에 대한 새로운 방법론의 연구[59]로 활성화되고 있는 토마스 하디

---

57) 조성원, 2007, pp.101~103.
58) Werner Koller, 1990, p.284.

(Thomas Hardy, 1840~1928)의 원작소설 『더버빌가의 테스』(*Tess of the D'Urbervilles*, 1891)[60]와 그 번역본 다섯 종을 분석대상으로 하여 충실성을 우선적으로 고려한 번역을 해야 한다는 점을 상기하며 그 충실성의 개념과 이론적 배경을 고찰하고 원문텍스트와 번역문텍스트의 비교를 통한 텍스트의 분석을 논의해보고자 한다.

1) 문학번역의 충실성

번역이라는 단어 자체는 여러 가지 의미를 갖는다. 즉, 한 분야로서의 번역, 결과물로서의 번역된 텍스트 또는 과정으로서의 번역(번역 생산행위로서 '번역하기(translating)')을 뜻할 수 있다. 두 개의 다른 언어 사이에서 이루어지는 과정으로서의 번역에서, 번역자는 하나의 언어로 작성된 원문텍스트를 다른 언어(목표언어)로 작성된 번역문텍스트로 바꾼다. 이런 형태의 번역은 러시아 출신의 미국 언어학자로 프라하학파의 창시자이며 현대 구조주의 사상에 지대한 영향을 끼친 로만 야콥슨(Roman Jakobson)이 자신의 기념비적 논문 "On Linguistic Aspects of Translation"에서 설명한 번역의 세 가지 종류[61] 중, "異 언어

---

59) 특히 "여성론 비평에서 여성의 육체와 여성의 성(female sexuality)에 대한 당대의 담론들을 다양하게 검토하고 있다. 배숙(Allen Bassuk)은 빅토리아조 여성들이 겪었던 각종 신경증들을 분석하면서 여성의 육체에 대한 편견들을 극복하고자 하는 여러 움직임들 속에서 지배 이데올로기의 균열을 볼 수 있다고 주장한다(장정희, 2007, p.248)."

60) 19세기 후반기 영국의 대표적인 작가의 한 사람인 토마스 하디의 문학세계는 그동안 영국의 어느 작가 못지않게 다양하고 폭넓게 논의되어 왔다. 오랫동안 하디 작품은 작가의 결정론적인 세계관에 근거해서 인간의 운명·우연·내재적 의지(Immanent Will) 등에 의해 지배받는 인간의 보편적 갈등을 드러내는 것으로 보았고, 그래서 작품에 나타나는 비관적이고 염세적인 경향에 대한 논의가 대세를 이루어왔다. 반면에 하디 작품의 주요한 주제가 사랑이나 교육이라는 주장에서부터 전통적인 민요나 구전적인 양식으로 구성된 이야기라거나 상징적인 모더니즘 소설이라는 주장에 이르기까지 그동안의 연구성과는 거의 난맥상을 드러낼 정도로 다양하고 복잡한 양상을 보여 왔다(허상문, 『영국소설의 이해』, 우용, 2001, pp.171~172).

61) 제이콥슨이 분류한 번역의 세 가지 종류는 다음과 같다. (1) 동일언어 간 번역(intralingual translation) 또는

간 번역"에 해당한다. 야콥슨의 세 가지 종류 중에서도 번역학은 거의 대부분 異 언어 간 번역에 초점을 맞춘다. 이러한 번역의 구분을 통해 우리가 생각하는 일반적인 번역의 개념인 異 언어 간 번역이 외국어 교육 및 학습에 활용됐으며, 어쩌면 번역이 왜 그동안 학계에서 종속적 위치에 머물러 있었는지를 설명해줄 수 있을 것이다. 번역연습은 새로운 언어를 학습하는 수단 또는 외국어로 된 원문텍스트를 직접 읽을 수 있는 언어능력을 습득하기 전까지 외국어텍스트를 읽을 수 있도록 하는 방법으로 인식되어 왔다.[62] 일반적으로 외국어를 모국어로 옮기는 기본적인 작업인 "번역은 인류가 문자를 발명하고부터 시작해온 일이다. 인류의 다언어성과 그에 따른 의사소통의 문제를 신화적으로 압축한 구약성서 창세기(11장 1~9절)의 바벨탑 건축 이야기는 인류가 고대부터 통역사와 번역자를 필요로 했었던 사실을 알려주는 것이기도 하다."[63] 특히 바벨탑에 관한 성서 이야기[64]는 오랜 세월 번역자와 번역학도들을 매혹시켰다. 성서에 나오는 이야기 속에는 단일언어에서 여러 갈래의 언어로 타락하는 과정이 묘사되어 있는데, 이는 종종 번역 기원의 신화로 읽혀지고 있다.[65] 이러

‘바꿔 쓰기(rewording)’: ‘언어기호를 동일언어의 다른 기호로 해석하는 행위’ (2) 異 언어 간 번역(intralingual translation) 또는 ‘본원적 의미의 번역(translation proper)’: ‘특정언어의 언어기호를 다른 언어로 해석하는 행위’ (3) 기호 간 번역(intersemiotic translation) 또는 ‘변환(transmutation)’: ‘언어기호를 비언어적 체계의 기호로 해석하는 행위’

62) Jeremy Munday, *Introducing Translation Studies*, Routledge, London and New York, 2008, pp.4~8.

63) 전헌호, 2003, p.475.

64) "인류의 번역의 역사와 연관이 된 성서의 바벨탑의 사건(구약성서 창세기 11장 1~9절)은 번역자들에게 있어서 영원이 끝날 것 같지 않는 번역행위를 확인하고 표면화하는 것이다(George Steiner, 1998, p.49)." 또한 "‘바벨탑’은 언어들의 환원 불가능한 다양성만을 형상화하는 것이 아니다. 그것은 계발과 건축적 구성과 체계와 지식 체계론적 질서 위에 무엇인가를 완성하고, 충만케 하고, 이행하는 것의 불완전함과 불가능성을 보여준다(Rainer Schulte & John Biguenet, 『번역이론: 드라이든에서 데리다까지의 논선』, 이재성 역, 동인, 2009, p.340)."

65) Mona Baker 편집, 2009, p.50.

한 신화적인 부분으로부터 발생한 번역학이 제도권 내에서 독자적인 학문으로 인정받고 자신의 학문적 고유한 영역을 구축하게 되기까지의 과정을 들여다보면, 기존의 번역연구를 바라보는 번역자 집단의 부정적인 시각이 번역학 성립에 적지 않게 공헌했음을 알 수 있다.[66]

번역자가 지향하는 최고의 번역은 원문텍스트를 번역문텍스트의 독자들의 문화에 맞는 등가작업을 통해서 번역문텍스트 독자가 마치 원문텍스트를 읽는 것과 같은 효과를 누릴 때라고 한다. 물론 번역의 타당성은 다양하게 묘사되고 정의되어 왔다. 번역이 원문에 '가장 자연스럽게 가까운 등가어'이어야 한다는 시각도 물론 도움이 되기는 하지만 분명 그것만으로 충분한 것은 아니다. 이러한 일반적 시각에 부합하는 것으로 여겨질 수 있는 번역은 여러 방식으로 가능하며, 또 원문과 완전한 등가어임을 자처할 수 있는 번역은 결코 있을 수 없다.[67] 특히 문학텍스트를 훌륭하게 번역하기 위해서는 언어의 미학적 요소들에 관한 감수성을 지녀야 할 뿐만 아니라 가장 근접한 등가어를 자연스럽게 만들어내는 번역기술도 지녀야 한다. 하나의 원문텍스트가 번역의 대상으로 선정되어 목표텍스트를 읽는 독자에게 적합한 목표텍스트로 생산되기까지는 매우 다양한 요소의 상호작용이 이루어져야 하기 때문이다.[68] "문학번역은 인간사회에서 의사소통의 중요한 부분 중의 한 부분이며,"[69] 문학작품이 해당 사회를 이해하고 민족과 언어 공동체의 문화를 받아들이는 데에 있어서 매우 중요한

---

66) 류현주, 2009, p.55.

67) Eugene A. Nida, 2002, p.106.

68) 이근희, 2005, p.87.

69) Brian Nelson, 2009, p.3.

역할을 한다는 사실은 굳이 강조할 필요가 없을 것이다. 문학작품 속에는 작가가 창조해낸 미학적 세계 속에 해당 사회구성원들이 가지고 있는 가치관, 삶의 방식, 사고체계, 역사적 경험 등이 가지를 치고 서로 얽혀 있다. 즉, 서로 다른 문화와의 소통의 창구를 마련하는 데에 있어서 문학번역이 중요한 역할을 할 수밖에 없는 이유도 여기에 있다. 한 나라의 문학이 그 나라의 문화와 문화적 특징들을 가지고 다른 세계에 알려지는 데 가장 중요한 역할을 수행하는 것이 바로 번역이다.[70]

번역이란 원문의 모든 요소를 그대로 번역문에 나타내주어야 하는데, 이것은 불가능하므로 최적의 등가를 찾는 것이 중요하다. 특히, 문학텍스트는 미학적 작용을 가장 중요시하는데 여기에 번역의 어려움이 따른다. 그래서 표현형식의 원칙이 고려되어야 하고 그 원칙에 따라 그와 비슷한 미적 작용을 일으키는 번역문의 등가를 찾아야 한다. 이러한 미학적 특성을 고려한 번역인 문학번역의 중요성은 더욱더 중요시된다. 그리고 문학이론이 전개되는 과정에서 인용되는 작품의 단 몇 줄이라도 신중히 고려하여 번역해야 한다. 따라서 문학작품 번역에 관한 이론도 아울러 깊이 섭렵할 필요가 있다.[71] 이렇듯 원저자의 사상이 표출되어 있는 문학텍스트를 번역하는 번역자는 문학작품을 번역하기에 앞서 작품의 특징과 원저자의 메시지 파악에 주력해서 번역에 임하여야 한다. 이것은 원문텍스트의 충실성과도 연결되는 개념이자 문학작품 번역이라는 번역유형에 따른 특징이기도 하다. 즉, 문학번역의 경우는 내용에 대한 충실성과 더불어 원문텍스트에

---

70) 이혜승, 2010, pp.199~200.

71) 김효중, 1998, pp.273~276.

구현된 문학적 글쓰기의 규범이 지켜져야 한다.72) 그러면 번역된 문학작품을 비평함에 있어서 중요한 잣대는 무엇인가? 아마도 그것은 충실성과 가독성일 것이다. 번역에는 하나의 옳은 번역만이 존재하는 것이 아니기 때문에 이상적인 좋은 번역이란, 이 두 가지 기준을 모두 충족하는 번역, 다시 말해서 여러 번역들 가운데 원작에 보다 더 충실하면서 동시에 번역문텍스트를 읽는 도착어 독자들이 자연스럽게 읽을 수 있는 번역이라 할 수 있다. 그러므로 번역자들은 번역을 하면서 이 두 가지 개념, 원문텍스트의 충실성과 번역문텍스트를 읽는 도착어 독자들을 위한 가독성을 모두 고려한 번역을 하려고 노력해야 한다. 이 두 개념은 상하의 관계가 아니라 선후의 관계에 있다고 할 수 있다. 다시 말해서 충실성이 우선적으로 보장이 되고 그 다음에 가독성의 문제가 해결되어야 한다는 것으로, 만약 충실성이 전제되지 않은 가독성의 실현은 원작이 존재하는 번역작품이 아니라 새로운 창작작품이 되는 것이기 때문이다.73)

이러한 원문텍스트의 '충실성'과 번역문텍스트 독자를 위한 '가독성'에 대해 수잔 바스넷(Susan Bassnett)은 "충실성에 대해 번역자가 원작을 읽고 이해하는 능력에 연관된 것이지 원작에 얼마나 충실한가 하는 종속적 개념에 의존하지는 않는다"74)라고 설명하였고, 루이스 켈리(Louis Kelly)는 번역이론의 역사를 세부적으로 조사하며 17세기 말에 이르러서야 '충실성'의 개념을 원저자의 단어를 따르기보다는 오히려 의미의 충실함을 중심적 가치로 인식하였다. 그리고 '충실한

---

72) 박수현, 2009, p.23.

73) 김경희, 2010, pp.23~24.

74) Susan Bassnett-McGuire, 1980, p.53.

번역(faithful translation)’에 대해서 피터 뉴마크(Peter Newmark)는 목표언어의 문법구조에 적절하도록 번역하면서 원천텍스트의 정확한 의미를 재현하려는 번역방법이라고 표현하였다. 문화와 밀접한 관련이 있는 어휘는 소리 나는 대로 그대로 옮겨 ‘음차번역’하고, 원천텍스트에 쓰인 원천언어가 원천언어 내의 문법이나 어휘의 쓰임에서 잘 쓰지 않는 표현이라 하더라도 그대로 옮겨주며, 원저자의 의도와 원저자가 쓴 텍스트의 실현에 전적으로 충실해야 한다고 설명한다.[75] 이러한 원문텍스트의 충실성과 목표텍스트의 가독성의 논쟁에 대해 슈톨제(Stolze)는 “초기의 번역자들은 더욱이 그들의 방법론을 세웠지만, 번역활동에 대한 수많은 의견들은 근본적으로 항상 설득력 있게 이론적으로 입장을 설명하지 못하고, ‘충실한’ 번역과 ‘자유로운’ 번역[76] 사이의 근본적인 논쟁의 주위를 맴돌고 있다. 대체적인 규칙으로서 사람들은 오랫동안 그리고 학교의 외국어 수업에서 부분적으로 오늘날까지 다음과 같이 가르치고 있다: ‘가능한 한 축역을 하고 필요한 만큼 자유롭게 번역하라’”[77]라고 주장하였다. 텍스트상에서 이렇듯 학자들에 따라 번역의 충실성과 가독성에 대한 이론적 개념은 약간의 차이는 있으나 실제로 현장에서 번역 업무에 종사하는 번역자는 충실성과 가독성 중 어떠한 방법에 중점을 두고 번역을 행할 것인지에 대해서는 번역의 기능에 따라 판단이 달라질 수 있기 때문에

---

75) 이윤소, 2008, p.86 재인용.

76) “고대 번역이론의 대표자인 키케로와 히에로니무스는 가장 오래된 번역의 이분법인 ‘자유스러운 번역/충실한 번역’의 방법을 도입했다(김효중, 2004, p.179).” 그러나 “키케로나 호레이스는 자신들이 선호하는 번역방식을 설명하는 데 있어서 ‘자유’나 ‘번역’과 같은 말을 쓰지 않았고 다만 호레이스가 ‘성실한’ 번역이라는 말을 사용했다. 두 작가 모두에게 번역이라는 것은 원문의 순서대로 각 단어를 독창성 없이 그대로 옮기는 충실한 직역이었다. 키케로는 번역을 ‘번역자와 같이’라 했고 호레이스는 번역을 성실한 번역자와 같이하는 것으로 불렀다(Mona Baker 편집, 2009, p.142).”

77) 박용삼, 2003, pp.105~106 재인용.

심사숙고해서 적용해야 한다.[78] 베누티(Venuti)가 지적한 '유창하게 읽히며'는 '가독성'을, 'ST 작가의 개성이나 의도 혹은 ST의 의미를 그대로 반영'은 정확성을 뜻한다. 이러한 충실성과 가독성의 평가기준은 명확한 경계가 없이 주관적인 판단과 양식에 따라 이루어지는 경향이 있다. 따라서 비평가는 이 두 가지 기준의 객관성 여부 및 양극화의 폐해 등을 항상 염두에 두어야 한다.[79] 이와 같이 번역의 적용방법은 어느 한쪽에 더욱더 많은 중심을 두고 번역할 수가 없기 때문이다. 번역은 가독성만을 중시한 나머지 원문을 얼버무려서 새로운 창작번역물을 읽게 해서도 안 되며, 반대로 원문의 충실성만을 고려한 나머지 독자가 제대로 이해하지 못한다면 번역을 하는 원래의 목적도 상실하게 될 것이다. 번역은 외국어로 된 원문텍스트를 읽고 이해할 수 없는 사람들을 위한 행위[80]이기 때문이다. 좋은 번역이란 원문텍스트의 '충실성'과 번역문텍스트 독자를 위한 '가독성'을 모두 고려해서 하는 번역이다. 특히, 본 연구에서 다루고자 하는 충실성은 원문텍스트의 저자가 독자에게 전달하고자 하는 "의미의 충실성"에 대해서 말하는 것이다. 앙투안 베르만(Antoine Berman)의 지적처럼, 비문학번역이 단순히 의미의 전달이라는 역할을 수행하는 데 그치는 반면, 문학번역이 다루는 '작품'이라는 대상은 그것이 쓰인 언어와 아주 단단히 묶여 있으며, 따라서 문학텍스트의 번역은 서로 다른 두 언어를 다양한 형태로 충돌하게 하거나 어떤 의미에서는 결합하도록 하는 데에 이르기까지 한다. 번역이 '다른 언어로 같은 것을 말하는

---

78) 김명균, 2009, pp.34~35.

79) 전현주, 2008, pp.152~155.

80) 이은숙, 2008, p.88.

것'이라고 할 때, 문학텍스트의 번역을 앞에 둔 번역자가 가장 먼저 마주하게 되는 과제는 바로 텍스트가 말하고자 하는 바(즉, 원문텍스트의 원저자가 독자들을 위하여 전달하고자 하는 메시지)가 무엇인지를 파악하는 것이다.[81] 이러한 원문텍스트의 충실성에 대해서 쥬엘(Juhel)은 번역의 충실성에 대한 견해가 크게 두 갈래로 나뉜다고 본다. 그 하나는 원문텍스트에 최대한 충실하게 대어역을 하여 독자가 마치 외국어텍스트를 읽는 느낌을 가지도록 하는 것이 충실한 번역이라는 것이고, 다른 하나는 역어와 그 문화적 맥락에 맞도록 번역을 하는 것이 충실한 번역이라는 것이다. 간단히 말해 충실성의 문제는 직역과 의역의 문제라고 한다.[82] 충실한 번역을 논의할 때 직역과 의역, 원문텍스트의 존중과 번역문텍스트 독자들을 위한 가독성이 가장 자주 논의의 대상이 되는 것은 번역문텍스트의 독자의 이해를 돕는 데 우선적인 고려대상이기 때문이다. 예전에는 원문텍스트를 완벽하게 직역하는 번역을 충실한 번역이라 평가했지만 현대에 들어와서는 번역의 범위에 따라 출발어와 도착어, 작가의 의도, 원문의 사회·문화적 배경이나 시간적 배경을 얼마나 충실하게 반영해 번역했느냐가 완성도 높은 번역이라 할 수 있다. 번역은 언어만을 번역하는 것이 아니라 그 언어가 속한 사회의 문화까지 함께 번역해야 충실한 번역이 될 수 있는 것이다.[83] 이와 같이 번역의 논의에 있어서 끊임없이 거론되는 번역의 충실성은 단순히 단어 대 단어 번역(직역)의 문제와 의미 대 의미 번역(의역)의 문제로 양분되어 있지만, 번역을 하는 과

---

81) 김희진, 2010, pp.82~83.
82) 전성기, 1996, pp.120~121 재인용.
83) 권미선, 2007, pp.120~121.

정에서 단어 대 단어의 번역의 형태인 직역의 방법으로는 번역 시 일어나는 모든 사항들을 해결하기엔 역부족이다. 또한 대부분의 번역학자들은 직역을 할 경우 발생하는 문제점의 해결책으로 의역을 해야한다고 주장은 하지만 번역에 있어서 충실성의 문제에 대한 명확한입장을 표명하지 않는다.[84]

번역자는 충실성의 구성요소인 정확성, 낯설게 하기 및 번역자 드러내기를 통해 원문텍스트의 의미를 번역문텍스트 독자에게 정확하게 구현하기 위해서 번역자는 오류를 최소화해야 하며, 이를 위해 원문을 정확하게 이해해야 한다. 그런데 번역자가 원문을 제대로 이해하지 못해 오역을 했을 경우 독자는 틀린 정보를 입수하게 될 뿐만아니라, 문학작품의 경우 저자의 의도와는 다른 관점으로 글을 이해하게 되기 때문에 정확성을 기해 번역해야한다. 충실성의 구성요소중 낯설게 하기는 친숙하게 하기와 반대되는 개념으로 알려져 있다. 낯설게 하기는 번역에서 문화적인 차이로 인해 발생하는 낯선 내용이나 의미를 번역자가 그대로 번역하는 것으로 독자들이 직접 체험하지 못한 내용이나 의미를 번역자가 그대로 번역하는 것으로 독자들이 직접 체험하지 못한 타 문화의 상황을 경험하게 하는 장점이 있다. 그리고 충실성의 마지막 요소인 번역자의 가시성(Translator's visibility)은번역에서 이국적인 요소를 의도적으로 포함시키는 것으로 번역자가개입되어 있다는 사실을 드러내고, 독자가 해외 문화권에서 들여온사실을 인지하기 위함이다.[85] 이러한 구성요소를 동원하여 번역자가번역하는 것은 목표문화권의 독자가 자신들을 위해서 번역된 작품이

---

84) 허미란, 2006, p.8.
85) 이은숙, 2008, pp.89~92.

라는 것을 인식하게 하기 위한 충실성에 근거한 번역전략이다.

2) 텍스트 분석

지금까지 충실성의 개념과 이론적 배경에 대해서 알아보았다. 이
제는 ST와 TT 5종을 비교하여 충실성의 관점에서 살펴보고자 한다.
영어 ST는 토마스 하디(Thomas Hardy)의 『더버빌가의 테스』(Norton &
Company, 1991)이며, 번역본은 영미문학연구회 번역평가사업단에서
우수한 번역본으로 평가받은 김보원(서울대학교, 2000)과 이동민(소
담, 1994), 이진석(청목, 1989), 김회진(범우사, 1981), 유명숙(문학동네,
2011) 번역본을 분석하고자 한다. 텍스트 분석에서는 ST를 번역함에 있
어서 ST의 충실성이 어떻게 TT에 반영되어 있는지 살펴보고자 한다.

ST 1: Having at last taken her course Tess was less restless and
abstracted, going about her business with some self-assurance in the
thought of acquiring another horse for her father by an occupation which
would not be onerous. <u>She had hoped to be a teacher at the school, but
the fates seemed to decide otherwise.</u> Being mentally older than her
mother she did not regard Mrs. Durbeyfield's matrimonial hopes for her in
a serious aspect for a moment. The light-minded woman had been
discovering good matches for her daughter almost from the year of her
birth(Hardy, 1991: 35).[86]

TT 1: 마침내 방향을 결정하고 나자 테스는 불안감이 덜하고 안정
이 되었다. 그리고 별로 힘들지 않은 일을 해서 아버지께 말 한 마
리를 새로 구해 드릴 수 있다는 생각이 들자 집안일을 하면서도 다
소 안심이 되었다. <u>그녀는 학교 선생님이 되는 게 소원이었으나 운</u>

---

86) 본 논문의 텍스트 분석에서 사용한 ST는 Thomas Hardy, *Tess of the D'urbervilles*, Ed., Scott Elledge.
New York: Norton & Company Inc., 1991에서 발췌하였으며 이 이후 예문은 쪽수만을 기입한다.

명은 다른 쪽으로 인도하는 것 같았다. 정신적으로는 어머니보다 더 성숙해 있었기 때문에, 그녀는 자신의 결혼에 대해 더비필드 부인이 품고 있는 희망을 진지하게 생각해 본 적은 한 번도 없었다. 그 경박스런 여인은 거의 딸이 태어나던 해부터 좋은 신랑감을 물색해왔던 것이다(김보원, 2000: 52).

TT 2: 일단 결정을 내리고 나니 테스는 마음이 편안해졌다. 일을 해서 자기 힘으로 아버지에게 말을 사 드릴 수 있다는 사실이 기뻐 그녀는 기분 좋게 집안일을 거들었다. 앞으로 자신에게 어떤 일이 닥칠지 짐작조차 하지 못한 그녀는, 학교 선생이 되고 싶어 했던 자신의 소망과는 상관없는 엉뚱한 곳으로 자신이 끌려가고 있다고 막연히 생각했을 뿐이었다. 엄마보다도 오히려 사려 깊은 테스는 자기의 결혼 따위는 생각해 본 적이 없었다. 한없이 경솔한 테스의 엄마는 자기 딸이 태어났을 때부터 적당한 짝을 찾고 있었는지도 모른다(이동민, 1994: 61).

TT 3: 마침내 자기가 취할 길을 작정한 테스는 마음도 다소 진정되고 정신도 가라앉혀 과히 힘들지 않는 일을 해서 아버지에게 새 말을 마련해 드릴 수도 있으리라는 자신도 생겨 일이 손에 잘 잡혔다. 그녀는 일찍이 학교의 선생이 되기를 원했으나 이제 운명은 달리 마련돼 있는 것 같았다. 어머니보다도 정신적으로 성숙했기 때문에 자기의 혼인에 관한 어머니의 소원 따위는 일순간이나마 진심으로 생각해 본 적이 없었다. 이 경솔한 어머니는 자기 딸이 태어난 그해부터 벌써 마땅한 짝이 없는가 하고 서둘러 찾아왔던 것이다(이진석, 1989: 60).

TT 4: 마침내 떠나기로 결심한 테스는 마음도 가라앉고 정신도 새로워졌다. 별로 힘들지 않은 일을 해서 아버지에게 새 말을 사드릴 수 있다는 생각에 자신을 얻어 부지런히 집안일을 돌보기도 했다. 테스는 전에는 학교 선생님이 되는 게 꿈이었지만, 운명은 그녀를 다른 길로 인도하는 것 같았다. 정신면에서 테스는 어머니보다는 성숙했기에 자기의 결혼에 대한 이미니의 소망 따위는 잠시라도 진심으로 생각해보려고 하지 않았다. 그러나 생각이 얕은 테스의 어머니는 테스가 태어나던 해부터 마땅한 신랑감을 물색하느라 바빴다고 할 정도였다(김회진, 1981: 65~66).

TT 5: 드디어 방향을 정하자 테스는 불안감이 가셨고 마음도 안정되었다. 그다지 힘들지 않은 일자리를 구해서 아버지에게 말 한 마리를 사줄 수 있다는 생각에 일을 하는 데도 자신감이 생겼다. 그녀는 학교 선생님이 되고 싶었지만, 운명은 그녀를 다른 쪽으로 인

<u>도하는 것 같았다.</u> 정신적으로 어머니보다 성숙한 그녀는 더비필드 댁이 딸의 결혼에 대해 품고 있는 환상을 한순간도 진지하게 받아들인 적이 없었다. 그 부박한 여인네는 딸이 태어나던 해부터 좋은 신랑감을 물색해온 터였다(유명숙, 2011: 74).[87]

상기 예문은 테스가 트란트릿지에 있는 알렉의 집에 가서 친척임을 알리고 온 뒤 알렉 더버빌의 어머니의 이름으로 테스에게 양계장 일을 맡긴다는 편지가 도착하여 일하기 위해 알렉의 집으로 가려는 부분이다. TT 2를 제외한 다른 TT는 ST의 'She had hoped to be a teacher at the school, but the fates seemed to decide otherwise'를 '그녀는 학교 선생님이 되는 게 소원이었으나 운명은 다른 쪽으로 인도하는 것 같았다'라고 번역 처리하며 테스에게 닥칠 삶이 결코 순탄하지는 않다고 번역 처리하여 앞으로 일어날 일에 대한 추측의 의미를 부여하며 표현하고 있다. 그러나 TT 2에서는 '앞으로 자신에게 어떤 일이 닥칠지 짐작조차 하지 못한 그녀는, 학교 선생이 되고 싶어 했던 자신의 소망과는 상관없는 엉뚱한 곳으로 자신이 끌려가고 있다고 막연히 생각했을 뿐이었다'라고 번역하며 ST에도 없는 '앞으로 자신에게 어떤 일이 닥칠지 짐작조차 하지 못한'을 문장 내에 임의로 첨가하는 번역전략을 취해서 운명이라는 의미를 더욱더 강조함으로써 TT를 접하는 독자들에게 가독성의 의미를 부여할 수는 있으나 ST가 가지는 충실성은 저하시키는 결과를 발생했다.

ST 2: A young member of the band turned her head at the exclamation. She was a fine and handsome girl---<u>not handsomer than some others,</u>

---

87) 본 논문의 텍스트 분석에서 사용한 TT 1은 김보원 번역본, TT 2는 이동민 번역본, TT 3은 이진석 번역본, TT 4는 김회진 번역본, TT 5는 유명숙 번역본을 사용하였으며 이 이후 예문에서는 쪽수만을 기입한다.

possibly---but her mobile peony mouth and large innocent eyes added eloquence to colour and shape. She wore a red ribbon in her hair, and was the only one of the white company who could boast of such a pronounced adornment(7).

TT 1: 일행 중의 한 처녀가 이 소리를 듣고 고개를 돌렸다. 참하고 예쁜 처녀였다. 혹시 다른 처녀들보다 더 예쁘다고 할 수는 없으나, 표정이 풍부한 그녀의 작약빛 입술과 천진스런 커다란 두 눈은 얼굴빛과 몸매에 표정을 더해 주었다. 그녀는 머리에 빨간 리본을 꽂고 있었고, 흰옷을 입은 무리 중에서 그렇게 눈에 띄는 치장을 자랑할 수 있는 유일한 인물이었다(10).
TT 2: 행렬 속의 한 젊은 처녀가 고개를 돌렸다. 첫눈에도 아름다운 처녀라는 걸 알 수 있었다. 그처럼 아름다운 처녀는 그녀밖에 없을 것 같았다. 금방이라도 터져 버릴 것 같은 함박꽃 같은 입술과 커다란 눈동자는, 그녀의 얼굴에 나타난 빛깔과 윤곽 위에 훨씬 더 강렬한 표정을 만들어 주기에 충분했다. 머리에 매단 빨간 리본은 흰옷만의 행렬 속에서 더욱 두드러져, 누가 보아도 금방 테스란 걸 알아낼 수 있었다(19).
TT 3: 행렬 속의 젊은 처녀는 이 말을 듣고 고개를 돌렸다. 몹시 미목이 아름다운 처녀였다---아마 그만큼 아름다운 처녀는 그 밖에도 몇몇 있을지도 모른다---하나 감정이 나타나기 쉬운 함박꽃 같은 입과 천진한 큰 눈매는 얼굴의 빛깔과 윤곽에다 더욱더 풍부한 표정을 지어 주었다. 머리에도 빨간 리본을 매고 있었는데 모두들 흰옷을 차려 입은 행렬 속에서 이처럼 두드러지게 눈에 띄는 단장을 자랑할 만한 처녀는 오직 테스뿐이었다(16~17).
TT 4: 행렬 속의 한 젊은 처녀가 이 말을 듣고 고개를 돌렸다. 그녀는 착하고 예쁘게 생긴 아가씨였다. 다른 몇몇 처녀들보다 훨씬 예쁘게 생겼다고 할 수는 없었지만, 감정을 잘 나타낼 듯한 함박꽃 같은 붉은 입술과 순진하고 시글서글한 눈매는 얼굴빛과 윤곽에 한층 더 풍부한 표정을 나타내게 했다. 그녀는 머리에 빨간 리본을 달고 있었다. 흰옷을 입고 있는 여자들의 행렬 속에서 이처럼 돋보이게 꾸민 처녀는 그녀밖에 없었다(21).
TT 5: 이런 외침에 일행 가운데 젊은 처녀가 고개를 돌렸다. 예쁘고 잘생긴 처녀였다. 다른 처녀들보다 더 잘생겼다고 할 수 없을지 모르지만, 감정을 풍부하게 드러내는 작약꽃 입술과 천진한 큰 눈은 눈빛과 이목구비에 표정을 더해주었다. 머리에 빨간 리본을 단

그녀는 흰옷을 입은 무리 중 유일하게 눈에 띄는 치장을 과시했다
(26).

상기 예문은 테스가 마을 오월제 행사에 앞서서 오후의 부녀회 잔
치에 참석하여 오른손에는 껍질 벗긴 버드나무 가지를, 왼손에는 흰
꽃을 한 다발씩 들고 마을의 부인들, 처녀들과 함께 행진하는 부분이
다. TT 2를 제외한 다른 TT에서는 ST의 'She was a fine and handsome
girl---not handsomer than some others'를 '참하고 예쁜 처녀였다. 혹시
다른 처녀들보다 더 예쁘다고 할 수는 없으나'로 번역 처리하여 테스
가 참하고 예쁜 처녀이지만 가장 예쁜 처녀는 아니다. 하지만 그녀만
이 가지고 있는 작약빛 입술과 매혹적인 부분을 묘사하여 설명하는
번역의 전략을 취하였다. 그러나 TT 2는 '첫눈에도 아름다운 처녀라
는 걸 알 수 있었다. 그처럼 아름다운 처녀는 그녀밖에 없을 것 같았
다'로 번역하여 테스만이 일행 중에서 가장 아름다운 처녀라고 오역
으로 보이는 번역을 함으로써 ST의 충실성에 부정적인 영향을 주는
결과를 초래하였다.

ST 3: For the last hour or two Marian had felt uneasy about Tess, whom
she could not get near enough to speak to; the other women having kept
up their strength by drinking ale, and <u>Tess having done without it
through traditionary dread, owing to its results at her home in childhood.</u>
But Tess still kept going: if she could not fill her part she would have to
leave, and this contingency, which she would have regarded with
equanimity, and even with relief, <u>a month or two earlier</u>, had become a
terror since D'Urberville had begun to hover round her(263).

TT 1: 마지막 한두 시간 동안 마리안은 내내 테스가 걱정스러웠다.
이야기를 할 수 있을 만큼 거리가 가깝지도 않을 뿐만 아니라, 다

른 여자들은 맥주를 마시고 기력이라도 유지할 수 있었지만, <u>테스</u>
<u>는 술을 즐기면 어떤 꼴이 되는지 어려서부터 집에서 지겹도록 보</u>
<u>아왔기 때문에 술이라곤 한 모금도 입에 대지 않았던 것이다.</u> 하지
만 테스는 여전히 일을 하고 있었다. 맡은 일을 못 해내면 그녀는
떠날 수밖에 없었다. <u>한두 달 전이라면 그런 일이 있어도 담담하게</u>
혹은 심지어는 잘됐다고 생각할 수도 있었겠으나, 더버빌이 주위를
떠돌기 시작한 뒤로 그것은 공포에 가까웠다(412).

TT 2: 가까이 가서 말을 건넬 수는 없었지만, 이 마지막 한두 시간
동안 마리안은 테스의 일이 염려되었다. <u>다른 여자들은 술을 마시</u>
<u>고 버텼지만, 어렸을 때부터 술의 뒤끝이 무섭다는 것을 눈으로 똑</u>
<u>똑히 보면서 자라 온 테스는 술을 입에도 대지 않는다는 것을 알고</u>
<u>있었기 때문이다.</u> 어쨌든 테스는 그런대로 잘 견디고 있었다. 맡은
일을 다 하지 않으면 일자리를 잃게 될지도 모른다는 두려움 때문
에 그녀는 오기로 버틸 수밖에 없었다. <u>두 달 전이라면 테스는 실</u>
<u>직 따위는 조금도 두려워하지 않았을 테지만, 더버빌이 자신의 곁</u>
<u>에서 맴도는 이상 일자리를 잃는다는 것이 왠지 두렵게 여겨졌던</u>
<u>것이다</u>(408).

TT 3: "삭제"(283)

TT 4: 마리안은 일이 끝나기 전 마지막 한두 시간 동안 테스한테
가서 말을 걸 수도 없어서 테스의 일이 걱정되었다. 다른 여자 일
꾼들은 술기운 덕분으로 힘을 돋우었지만, <u>테스는 어릴 때부터 술</u>
<u>에 진저리가 났으므로 술이라곤 한 모금도 입에 대지 않고 계속해</u>
<u>서 일했기 때문이다.</u> 그러나 테스는 견뎌냈다. 맡은 일을 끝내지
못한다면 테스는 이곳을 떠날 수밖에 없었다. <u>한두 달 전이라면 일</u>
자리를 잃는다는 것은 그녀에겐 아무렇지도 않았을 뿐 아니라 오
히려 편하게 생각했을 것이다. 그러나 더버빌이 따라다니고 있는
요즈음, 일자리를 잃는다는 것은 큰 두려움이었다(435).

TT 5: 한두 시간 전부터 메리언은 이야기도 나눌 수 없게 멀리 떨
어진 테스가 걱정스러웠다. 다른 여자들은 맥주라도 마시면서 기운
을 북돋웠지만, <u>술을 즐기면 어떻게 된다는 것을 어린 시절부터 집</u>
<u>에서 보아온 테스는 평소에도 술이라면 질색을 하고 입에 대지 않</u>
<u>았다.</u> 하지만 테스는 계속 버텼다. 맡은 일을 하지 못하면 그만둬
야 했다. <u>한두 달 전만 해도 그녀는 이런 예기치 못한 사건을 담담</u>
하게 받아들였을 테고, 차라리 잘됐다고 생각했을 수도 있다. 하지
만 더버빌이 주변을 맴돌면서 일자리를 잃는다는 생각은 공포를
불러 일으켰다(497~498).

상기 예문은 탈곡기가 다음 날에 다른 농장에 약속이 되어 있어서 그날 밤에 일을 다 끝내야 하는 상황이어서 테스가 쉬지 않고 탈곡기 위에서 땀을 뻘뻘 흘리고 일하자 그 모습을 지켜보고 있는 마리안이 걱정하는 부분이다. TT 1, TT 3, TT 4와 TT 5은 ST의 'Tess having done without it through traditionary dread, owing to its results at her home in childhood'를 '테스는 술을 즐기면 어떤 꼴이 되는지 어려서부터 집에서 지겹도록 보아왔기 때문에 술이라곤 한 모금도 입에 대지 않았던 것이다'로 처리하여 문장의 주어가 테스임을 명백하게 처리하였음에도 불구하고 TT 2에서는 TT를 '어렸을 때부터 술의 뒤끝이 무섭다는 것을 눈으로 똑똑히 보면서 자라 온 테스는 술을 입에도 대지 않는다는 것을 알고 있었기 때문이다'로 처리하여 문장의 실질적인 주어는 마리안으로 처리하는 오역의 결과를 초래하였다. 또한 TT 2에서는 ST의 'a month or two earlier'를 TT에서 '두 달 전이라면'으로 처리하여 다른 TT의 '한두 달 전 또는 두어 달 전'과는 다르게 번역 처리하여 오역의 느낌을 받게 하는 결과를 초래했다.

ST 4: There was an interval of four years between Tess and the next of the family, the two who had filled the gap having died in their infancy, and this lent her a deputy-maternal attitude when she was alone with her juniors. <u>Next in juvenility to Abraham came two more girls, Hope and Modesty</u>; then a boy of three, and then the baby, who had just completed his first year. All these young souls were passengers in the Durbeyfield ship---entirely dependent on the judgment of the two Durbeyfield adults for their pleasures, their necessities, their health, even their existence. If the heads of the Durbeyfield household chose to sail into difficulty, disaster, starvation, disease, degradation, death, thither were these half-dozen little captives under hatches compelled to sail with them---<u>six</u>

helpless creatures, who had never been asked if they wished for life on any terms, much less if they wished for it on such hard conditions as were involved in being of the shiftless house of Durbeyfield. Some people would like to know whence the poet whose philosophy is in these days deemed as profound and trustworthy as his song is pure and breezy, gets his authority for speaking of 'Nature's holy plan.'(15)

TT 1: 테스와 바로 밑의 동생은 네 살 넘게 터울이 졌는데, 그 사이에 난 두 아이가 갓난아기 때 죽었기 때문이었다. 이 때문에 테스는 동생들과 있을 때는 어머니 역할을 대신하게 되었다. 에이브러햄 바로 밑에는 호프와 모디스티라는 여동생 둘이 더 있었고, 그다음에는 세 살짜리 남동생, 그리고 겨우 돌 지난 남자아이가 있었다. 이 어린 생명들은 모두 더비필드란 배에 올라탄 승객들로서, 이들의 기쁨과 생활필수품, 건강, 심지어는 목숨까지도 더비필드라는 이름을 달고 있는 두 어른의 판단에 전적으로 의존하고 있었다. 더비필드 가의 우두머리들이 고생과 재앙, 궁핍, 질병, 몰락, 죽음 쪽으로 배를 몰고 간다면, 갑판 아래 갇힌 이 여섯 꼬마 포로들도 그들과 함께 그쪽으로 항해할 수밖에 없었다. 이들 여섯은 어떤 조건 아래서 태어나고 싶은지 나아가 한심하기 짝이 없는 더비필드네 집과 같은 험한 조건에서 살고 싶은지 질문을 받은 적도 없는 불쌍한 피조물이었다. 이즈음 상쾌하고 맑은 그의 노래처럼 그의 철학도 심오하고 믿음직스럽다고 인정받는 저 시인(낭만주의 시인 윌리엄 워즈워스를 가리킴-역주)은 무슨 근거에서 '자연의 성스런 계획' 운운하는지 알고 싶은 사람도 있을 것이다(21~22).
TT 2: 테스의 바로 아래 동생 둘은 갓난아이 때 죽었으므로 테스는 동생들과 나이차가 많이 벌어졌고, 그 때문에 동생들에겐 언니나 누나라기보다는 엄마와 같은 존재였다. 동생 에이브러햄 아래로 두 여동생과 세 살 난 사내아이, 그리고 갓난아이가 있었다. 이 어린 생명들은 모두 더베이필드라는 배의 선객들이었다. 그들은 의식주와 건강, 그리고 삶, 그 모든 것을 더베이필드의 두 어른에게 완전히 의존하고 있었다. 만약에 더베이필드 부부가 고통과 불행과 굶주림과 질병과 죽음을 향해 뱃길을 돌린다면 갑판 밑에 있는 여섯 명의 어린 부속품들도 하는 수 없이 같은 운명을 맞이할 수밖에 없었다(31~32).
TT 3: 테스와 바로 밑의 동생은 네 살 차이가 있었는데 그것은 이 사이에 있던 두 동생이 어릴 때 죽었기 때문이다. 그래서 어린 동생들과 같이 남아 있으면 으레껏 어머니 노릇을 하는 것이었다. 에이브라함 밑에는 <u>호프와 모테스티</u>라는 두 계집애가 있었고 그 밑으로는 세 살짜리 사내애와 겨우 첫돌이 지난 젖먹이 동생이 있었다. 이 어린 동생들은 이를테면 더비필드라는 배의 선객격이었다. 그들의 즐거움이나 생활필수품이나 건강이나 심지어는 생명까지도, 모두 더비필드라는 두 부부의 재량에 달려 있었다. 만약에 더비필드 부부가 곤경과 불행과 주림과 병환과 타락과 죽음을 향하여 항로를 잡는다면 갑판 밑에 갇힌 여섯 명의 어린 포로들도 어쩔 수 없이 운명을 같이할 도리밖엔 없었다--<u>이 무력한 여섯 어린애더러 어떤 생활조건 아래서라도 살고 싶으냐고 물어본 사람도 없거니와 형편없는 더비필드네 집안이라는 역경 속에서라도 살고 싶으냐고 물어본 사람은 더욱 없었다. 그 노래가 상쾌하고 순박하듯이 인생관도 심오하고 믿음직하다고 이즈음, 세상사람들이 말하는 시인은 <자연의 성스런 계획> 운운하지만 그는 도대체 무슨 근거가 있어 그런 소리를 하는지 묻고 싶은 사람도 있을 것이다</u>(28).

TT 4: 테스 바로 다음에 태어난 두 동생은 갓난아기 때 죽었기 때문에 그 아랫동생과는 네 살 남짓한 나이 차가 있었다. 그래서 테스는 어린 동생과 같이 있을 어머니 구실을 하곤 했다. 아브라함 아래로 <u>호프와 모데스티</u>라는 여동생이 있고, 그 아래로 세 살짜리 남동생과 겨우 돌이 지난 젖먹이가 있었다. 이 어린아이들은 말하자면 더비필드 호(號)의 선객(船客)으로 그들의 즐거움, 생활필수품, 건강, 심지어는 생명까지도 모두 더비필드 부부의 재량에 전적으로 내맡겨진 존재였다. 만일 더비필드 호의 선장 부부가 고생, 불행, 굶주림, 질병, 타락, 그리고 죽음을 향해 배를 몰고 간다면 갑판 아래 갇혀 있는 여섯 명의 이 작은 포로들은 어쩔 수 없이 그들과 운명을 같이할 수밖에 없을 것이다. <u>이 무력한 어린아이들은 어떤 생활 조건 속에서 살고 싶으냐는 질문을 받은 적도 없었고, 더욱이 의지가지없는 못사는 더비필드 집안에 태어나 역경 속에서라도 살고 싶으냐는 질문을 받아본 적도 없었다. 요즈음 그 노래가 정답고 맑듯이 그 사상도 심오하고 믿음직스럽다고 생각되고 있는 저 시인(윌리엄 워즈워스를 가리킴)은 대체 무슨 근거로 '자연의 성스러운 계획'을 운운하는지 그걸 알고 싶어 하는 사람도 있을 것이다</u> (33~34).

TT 5: 테스는 바로 밑의 동생과 네 살 터울이었다. 둘 사이에 두 아이가 갓난쟁이 때 죽었기 때문이다. 그래서 테스는 동생들과 혼자 있을 때 대리 어머니 노릇을 톡톡히 했다. 에이브러햄 바로 밑에는

호프와 모데스티라는 이름의 여동생이 둘 있었고, 그 밑으로 세 살
짜리 남동생, 그리고 겨우 돌 지난 사내아이가 있었다. 이 어린 생
명들은 모두 더비필드라는 배에 올라탄 승객들로서, 이들의 기쁨,
의식주, 건강, 심지어 생명까지도 전적으로 더비필드 집안 두 어른
의 판단에 달려 있었다. 더비필드가의 우두머리들이 고난과 재앙,
기아, 질병, 몰락, 죽음 쪽으로 배를 몰고 간다면, 갑판 아래의 여섯
꼬마 포로들도 그들과 함께 항해할 수밖에 없었다. 이 여섯 명의
의지가지없는 피조물들은 어떤 조건에서 태어나고 싶은지, 더 나아
가 변변찮은 더비필드 집안 같은 어려운 조건에서 태어나고 싶은
지 질문을 받은 적도 없었다. 그의 시가 쾌활하고 진솔하듯 그의
철학도 심오하고 믿음직스럽다고 인정받는 저 시인이 무슨 근거에
서 "자연의 성스러운 계획"* 운운했는지 알고 싶은 사람도 있을 것
이다(각주 *윌리엄 워즈워스의 「초봄에 쓴 시행」 22행)(39).

상기 예문은 테스의 가족 구성원들에 대한 설명과 테스 부모의 무
능함에 노출되어 있는 아이들에 대하여 언급하는 부분이다. 위 예문
은 번역 시에 빈번하게 발생하는 생략 또는 삭제의 처리방법이며, 이
번역의 방법은 보통 ST에서 표현되는 문화적인 특성이나 사항들을
TT로 전환할 경우 TT의 독자들을 고려해서 ST를 생략하거나 삭제[88]
하는 전략이다. 이것은 "원천텍스트상에 목표문화권에서 금기시하는
내용이나 표현, 또는 왜곡되거나 음란하고 외설스리운 부분이 있어
목표문화권의 독자에게 바람직하지 않은 반응을 유발할 때 사용할
수 있는 방법이다. 18세기 영국의 토마스 바우들러(Thomas Bowdler)라
는 편집자는 셰익스피어의 작품을 출판하면서 독자에게 불쾌감을 술
수 있는 외설스러운 표현을 삭제하고 출판하였다. 이에서 유래했다는

---

88) "삭제는 원문텍스트의 필수요소나 문장 전체를 목표텍스트에 나타내지 않은 현상을 말하는데, 생략이 임
    의적이고 문장 일부를 제거한다고 가정한다면 삭제는 이와 다른 양상을 지니고 있다. 즉, 생략이 반복적
    잉여표현이나 언어구조, 통사적, 문체론적 차이로 인해 발생한다면, 삭제는 청자와 화자 간 공통 공유정보
    를 근거로 불필요한 요소를 제거함으로써 인지 부담을 줄인다(박윤철, 「자막번역의 생략과 삭제」, 『번역
    학연구』, 제9권 4호, 한국번역학회, 2008, p.178)."

이유로 삭제 또는 대체 번역의 방법을 'Bowdlerizing'이라고 한다."89)
위 예문의 TT 2는 다른 번역문텍스트와 달리 테스 밑 남동생인 에이
브러햄 바로 밑에 두 여동생 '호프와 모디스티'의 존재에 대해 언급
한 ST 'Next in juvenility to Abraham came two more girls, Hope and
Modesty'를 TT에서 생략하여 단순히 두 여동생으로 처리하였고, 또한
TT 2는 더비필드 집안의 구성원인 6명의 자녀들이 어떤 조건 아래서
태어나고 싶은지에 대해 선택권도 없이 무능한 부모 밑에서 태어나
처참하게 살아가는 불쌍한 피조물의 상황을 표현한 부분인 ST의
'······ thither were these half-dozen little captives under hatches compelled to
sail with them---six helpless creatures, who had never been asked if they
wished for life on any terms, much less if they wished for it on such hard
conditions as were involved in being of the shiftless house of Durbeyfield.
Some people would like to know whence the poet whose philosophy is in
these days deemed as profound and trustworthy as his song is pure and
breezy, gets his authority for speaking of 'Nature's holy plan'를 TT에서는
삭제하였다. 결국 TT 2는 다른 TT와는 다르게 원저자가 TT 독자에게
표현하고자 한 더비필드 가족의 처참한 상황을 삭제로 처리하여 앞
뒤 상황의 연결성이 현저하게 떨어지는 결과를 가져왔다.

> ST 5: Of the three classes of village, the village cared for by its lord, the
> village cared for by itself, and the village uncared for either by itself or by
> its lord---(in other words the village of a resident squire's tenantry, the
> village of free or copyholders, and the absentee-owner's village, farmed
> with the land) this place Flintcomb-Ash was the third(223).

---

89) 이근희, 2005, p.52.

TT 1: 마을에는 세 종류가 있어서, 지주가 돌보는 마을과 마을사람
들이 돌보는 마을, 그리고 지주나 마을사람 아무도 돌보지 않는 마
을이 있는데(달리 말하면, 지주가 거주하며 소작을 관리하는 마을
과 자유보유권자나 등본보유권자들이 경작하는 마을, 또 부재지주
가 토지를 임대하는 마을), 이곳 플린트컴-애쉬는 세 번째였다(350).
TT 2: "삭제"(351)
TT 3: 시골 마을에는 지주가 돌보는 마을과 마을 자체에서 자작해
나가는 마을과 마을 자체나 지주도 돌보지 않는 마을 세 가지 종류
가 있다(248).
TT 4: 마을은 세 종류로 나눌 수 있는데, 지주가 돌보는 마을과, 마
을 사람들이 스스로 돌보는 마을, 그리고 지주도 마을 사람 스스로
도 돌보지 않는 마을이 그것이다(달리 말하면 상주(常住)하는 지주
가 소작인들을 부리는 마을과 자유 보유 부동산 소유자나 등본 보
유권자에 의해서 경작되는 마을, 그리고 부재지주가 경작자에게 토
지를 세놓는 마을이 있었다). 그런데 이곳 플린트콤 애쉬는 그중
세 번째에 속하는 마을이었다(371).
TT 5: 마을에는 세 종류가 있다. 지주가 돌보는 마을, 마을 사람들
이 돌보는 마을, 지주도 마을 사람들도 돌보지 않는 마을이 그것이
다. 바꿔 말해 지주가 거주하며 소작을 주는 마을, 자영농과 등본
소유권자 들이 경작하는 마을, 그리고 부재지주가 토지를 임대하는
마을의 세 종류가 있는데, 플린트콤애시는 세 번째 종류의 마을이
었다(424).

상기 예문은 척박한 땅 플린트컴 애쉬 마을의 형태에 대해서 설명
하는 부분이다. 작품에 나오는 영국 마을은 세 가지 형태-하나는 영
주가 관리하는 마을, 또 하나는 영주 없이 저절로 꾸려 가는 마을, 세
번째는 서절로 굴러 가시도 못하고 영주가 관리하지도 않는 마을-로
존재하는데 플린트컴 애쉬는 세 번째 범주인 지주나 마을사람 아무
도 돌보지 않는 마을이다. TT 2는 다른 TT와 달리 플린트컴 애쉬 마
을의 형태를 설명하고 있는 ST를 생략하여 번역함으로써 마을의 형
태를 알 수 없는 상태로 만들었으며 결국 작품 전체에 흐르는 농촌의

변화하는 모습을 독자가 느낄 수 있는 근거를 상실하게 만들었다. TT 3은 세 가지 형태의 마을은 번역되었으나 다른 TT와 달리 원저자가 구체적으로 마을의 형태를 설명하고 있는 ST의 (in other words the village of a resident squire's tenantry, the village of free or copyholders, and the absentee-owner's village, farmed with the land) 부분을 생략하여 번역함으로써 원문의 충실성을 저하시켰다.

ST 6: He had an almost swarthy complexion, with full lips, <u>badly moulded, though red and smooth, above which was a well-groomed black moustache with curled points, though his age could not be more than three-or four-and-twenty.</u> Despite the touches of barbarism in his contours there was a singular force in the gentleman's face, and in his bold rolling eye(28).

TT 1: 그는 거의 거무스름한 안색에다 두툼한 입술을 하고 있었는데, 불그스레하고 부드럽긴 했으나 못생긴 입술이었고, 그 위로는 끝을 뾰족하게 말아 올린 단정한 검은 콧수염을 기르고 있었지만 나이는 스물 서넛 이상으로 보이지는 않았다. 외모에서 보이는 사나운 느낌에도 불구하고, 그 신사의 얼굴과 자신 있게 두리번거리는 눈동자에는 어떤 독특한 힘이 있었다(41).
TT 2: 그의 얼굴빛은 검었고 사나워 보이는 두툼한 입술 위에 끝이 <u>뾰족하게 말려 올라간 수염을 기르고 있었다. 나이는 스물넷 정도로 보였는데,</u> 대담하게 눈동자를 굴리는 모습이 왠지 야만스러운 느낌을 주었다(50).
TT 3: 얼굴은 가무잡잡한 편이고, 입술은 <u>불그레하고 부드러웠으나 볼꼴없이 투박하게 생겼고, 그 위로 손질한 끝이 뾰족하고 구부러진 콧수염이 있었으나, 나이는 스물 서넛쯤 된 듯 싶었다.</u> 그의 풍채는 어딘지 천한 티가 풍겼으나, 신사다운 얼굴과 대담하고 두리번거리는 두 눈에는 야릇한 힘이 엿보였다(48).
TT 4: 그의 얼굴빛는 가무잡잡했고 입술은 <u>붉고 부드러운 편이었지만 두꺼웠고 잘생기진 않았다.</u> 입술 위에는 끝을 뾰족하게 말아 올린, 잘 손질한 콧수염을 기르고 있었다. 그러나 나이는 스물 서

너 살 정도로 보였다. 겉모습은 어딘지 천한 티가 흘렀지만 얼굴과
두리번거리는 눈에는 이상야릇한 힘이 엿보였다(54).
TT 5: 피부색은 거무튀튀했고, <u>두툼한 입술은 붉고 부드럽긴 했지</u>
<u>만 모양이 보기 흉했다.</u> 끝을 뾰족하게 말아 올린 검은 콧수염을
입술 위로 단정하게 길렀는데, 나이는 스물 서넛 이상으로 보이지
않았다. 전체적인 인상은 조야했지만, 신사의 얼굴과 대담하게 두
리번거리는 눈동자에는 독특한 힘이 있었다(61).

상기 예문은 작품의 주인공인 알렉 더버빌의 외모 중 얼굴과 나이
를 묘사한 부분이다. 이 묘사는 테스를 비극으로 향하게 하는 동기를
부여한 알렉의 얼굴묘사를 통해 독자가 느끼는 알렉이 어떠한 사람인
가를 작품 전반에 대해 생각할 수 있는 중요한 부분 중 하나이다. TT
2는 다른 TT와 달리 알렉의 얼굴과 입술 및 나이에 대한 묘사의 부분
인 ST의 'with full lips, badly moulded, though red and smooth, above which
was a well-groomed black moustache with curled points, though his age could
not be more than three-or four-and-twenty'를 ST에 없는 입술부분을 '사나
워 보이는'으로 첨가 번역하여 독자에게 마치 알렉 더버빌의 모습이
사납고, 거칠고 야만스러운 느낌을 주어서 아주 나쁜 사람이라는 편견
을 심어주는 의미의 왜곡[90]을 가져오는 결과를 초래하였다. 또한 TT
2는 '붉그스레하고 부드럽긴 했으나 못생긴(또는 투박한) 입술'이라는
의미를 지닌 ST의 'with full lips, badly moulded, though red and smooth'를
생략하여 번역함으로써 독자에게 정확한 알렉 더버빌의 정확한 이미

---

90) "왜곡은 두 언어 간에서 어휘나 문법적인 측면이 달라서 발생할 수도 있고, 의도적인 조작이나 변환을 통
해서 왜곡이 일어나기도 한다. 또한 목표문화권의 독자로 하여금 말하는 이나 저자가 중요하게 여기는 부
분으로 주의를 기울이게 하고 나머지는 배경지식으로 머물게 하는 방법으로 이용할 수 있다. 왜곡은 원천
텍스트에는 없는 맥락효과를 새로 추가해서 생기와 활기를 불어넣은 긍정적인 기능도 있으나, 원천텍스트
의 의미가 심하게 왜곡될 때는 원저자의 의도와 정확한 정보가 독자에게 전달되지 않는 부정적인 기능도
있다(이근희, 2005, p.54)."

지를 연상시킬 수 없는 결과로 연결하였다. 뿐만 아니라 TT 2는 알렉 더버빌의 나이도 스물넷으로 단정 지었으며 말로 표현할 수 없는 외모에서 풍기는 '이상야릇한(또는 독특한) 힘'을 의미하고 있는 ST의 'there was a singular force'를 생략하면서 번역자가 의도적으로 알렉의 모습을 왜곡하여 ST의 충실성을 저하시키는 결과를 발생하였다. 그리고 TT 3과 TT 4는 ST의 'the touches of barbarism in his contours'를 야만적인 느낌으로 번역한 다른 TT와는 다르게 알렉의 풍채를 '천한 티'로 번역하여서 ST가 주는 느낌을 저해하는 결과를 가져왔다.

ST 7: Then she fell to reflecting again, and in looking downwards a thorn of the rose remaining in her breast accidentally pricked her chin. Like all the cottagers in Blackmoor Vale Tess was steeped in fancies and prefigurative superstitions: she thought this an ill-omen---the first she had noticed that day(31~32).

TT 1: 그리고 나서 다시 생각에 잠겨 고개를 숙이는데, 가슴에 남아 있던 장미 가시 하나가 우연히 턱을 찔렀다. 블랙무어 골짜기의 사람들이 모두 그렇듯이 테스도 근거 없는 억측이나 무슨 징조가 되는 미신을 믿고 있었고, 그래서 그것을 불길한 징조-그날 처음으로 느낀-로 생각했다(47).
TT 2: 그녀가 다시 생각에 잠겨 고개를 아래로 했을 때 가슴에 꽂았던 장미꽃 가시가 그녀의 턱을 찔렀다. 블랙무어 사람들이 다 그렇듯이 미신을 강하게 믿는 그녀는 가시에 찔린 것이 불길하게 생각되었다. 그것은 그녀가 그날 처음으로 느낀 불길한 예감이었다(56).
TT 3. 그리고 다시 생각에 잠기느라 아래를 내려다보는 순간 가슴에 남은 장미의 가시가 공교롭게도 테스의 턱을 찔렀다. 테스는 환상과 전조(前兆)를 굉장히 여기는 미신에 젖어 있으므로 이것을 흉조라고 생각하였나-이날 처음으로 느끼는 흉조였다(54).
TT 4: 그리고 나서 다시 생각에 잠겨 무심코 아래를 내려다보다가 가슴에 달고 있던 장미꽃 가시에 턱을 찔렀다. 블랙무어 골짜기에

사는 마을 사람들처럼 그녀도 <u>환상과 예언적인 미신</u>에 사로잡혀
있었다. 그래서 그녀는 가시에 찔린 것을 <u>불길한 징조</u>라고 생각했
다. 그것은, 그녀가 이날 처음으로 느낀 불길한 징조였다(60).
TT 5: 그러고 나서 다시 생각에 잠겨 고개를 숙였는데 가슴에 꽂혀
있던 장미꽃 가시에 우연히 턱을 찔렸다. 블랙무어 골짜기의 사람
들이 모두 그렇듯 테스도 <u>근거 없는</u> 추정이나 조짐을 나타내는 미
신에 푹 젖어 있었고, 그것을-그날 처음으로 느낀-<u>불길한 징조</u>로
받아들였다(68).

　　상기 예문은 테스가 트란트릿지의 알렉을 만나고 알렉이 준 장미를
가지고 집으로 돌아오는 도중에 마차 안에서 바구니에 있는 장미에
찔리는 부분이다. 모든 TT가 ST의 'fancies and prefigurative superstitions'
를 '환상과 예언적인 미신, 전조 또는 환상과 예시적인 미신'으로 번
역 처리하여 문장 내에 특별한 어휘를 첨가하여 설명하지 않고 ST의
어휘가 내포하고 있는 의미를 그대로 반영하여 충실성을 높이는 전
략을 취하였다.

ST 8: And <u>the distance being fifteen miles each way</u> she would have to
allow herself a long day for the undertaking, by rising early(232).

TT 1: <u>오가는 거리가 각각 15마일이나</u> 되기 때문에, 그러자면 아침
일찍 일어나서 하루 종일 걸어야 할 것 같았다(363).
TT 2: <u>가는 길만도 거리가 15마일이나</u> 되었으므로 하루 만에 갔다
오려면 새벽 일찍 일어나 출발해야 했다(363).
TT 3: 그런데다 <u>가는 길만도 거리가 15마일이나</u> 되므로 정작 가려
면 아침 일찌감치 일어나서 매우 긴 하루를 진종일 걸어야만 했다
(252).
TT 4: 게다가 거리가 <u>왕복 30마일이나</u> 되므로 하루에 갔다 오려면
새벽 일찍 일어나서 떠나야만 했다(384~385).
TT 5: <u>왕복 30마일</u>의 도보여행이었다. 이 계획을 실행하려면 새벽
에 일어나서 하루 종일 걸을 생각을 해야 했다(439).

위 예문은 테스가 자신의 궁핍한 생활 속에서 꿋꿋하게 살아가고 있지만 자신의 남편 엔젤 클레어가 브라질에 도착했음에도 클레어 자신이 어디에 있는지 연락조차 없자 초조해하는 부분이다. 특히 클레어가 테스에게 주소를 알리는 편지를 보내주기로 암시를 했음에도 연락이 없자 테스는 너무 초조해하면서 시부모가 살고 있는 멀리 떨어진 에민스터 사제관에 가서 자신의 슬픈 사정을 하소연하겠다고 결심하는 부분이다. 모든 TT는 플린트컴 애쉬에서 에민스터 사제관까지 거리를 표시하는 ST의 'fifteen miles each way'를 이국화 번역의 전략을 취해 '15마일(왕복 30마일)'로 번역하였다. 즉, 모든 TT는 목표 문화권의 독자들이 이해할 수 있는 도량형 단위인 마일을 'km'로 환산하여 번역하지 않고 ST의 이국화 개념으로 번역하여 충실성의 한 구성요소인 낯설게 하기를 통해 ST의 문화를 드러내어 충실성을 높이는 결과를 가져올 수 있다.

3) 결론

본 연구에서는 번역의 질적인 평가에 있어서 중요한 축인 ST의 충실성의 중요성을 고찰하고 충실성의 개념을 설명하였다. 텍스트 분석에서는 빅토리아 당시 여성 이데올로기와 상반되는 개념으로 많은 사회적 논란을 야기한 토마스 하디의 작품『더버빌가의 테스』의 번역본 네 종을 의미의 충실성에 중점을 두고 분석하였다. 번역본들의 작품을 분석한 결과 TT의 대상독자나 출판되어진 시기와는 상관없이 번역본을 번역하는 번역자의 번역전략에 따라 작품의 충실성의 결과가 현저하게 달라짐을 알 수 있었다. 본 연구의 대상으로 선정한 네 종의 TT들은 대체로 원저자의 의도를 살리기 위해서 TT의 독자가 원저자의 메시지를 충분히 이해할 수 있도록 최선을 다 하여 충실성이 충족되는 작품이 되게 하려고 노력했음을 인정한다.

특히, 김보원 번역본과 유명숙 번역본은 모든 연령층이 읽을 수 있도록 의미의 첨가, ST의 생략 또는 삭제 및 오역 등이 없이 원저자의 의도를 가장 잘 전달하였고, TT 내에 역주와 각주를 통한 역사적 인물과 성서의 구절 등을 외적으로 명시화하여 독자들이 이해하기 쉽게 설명하였다. 그러나 TT의 독자가 이해하기 쉽지 않은 한자어를 많이 사용하여 다소 불편함이 있었던 것도 사실이나, 의미의 정확성을 더욱도 높이기 위해 번역자 나름의 번역전략을 통해 한자어를 사용함으로써 ST의 충실성을 높이는 결과를 가져왔다. 김보원 번역본과 유명숙 번역본은 다른 번역본들에 비해 ST의 의미와 형태적 부분에서 충실성이 돋보이는 우수한 작품이다. 이동민 역본과 이진석 역본은 ST가 생략 또는 삭제가 빈번하게 일어나서 원저자가 전하고자 하는 메시지 전달이 끊어지는 아쉬움도 있었다. 그리고 일부 TT에서는 번역자의 번역전략의 일환으로 임의로 ST의 부분들을 생략 또는 삭제하거나 내용을 첨가하여서 충실성을 신뢰할 수 없는 부분도 눈에 띄었지만 전체적으로 원저자의 메시지를 전달하는 데 최선을 다한 번역문들이었다. 모든 번역자들이 끊임없이 지향하는 것은 원저자의 메시지를 담고 있는 ST의 충실성과 TT의 가독성이 높은 우수한 번역 작품을 생산하는 것이다. 특히, 문학텍스트의 번역에 있어서는 단 하나의 완벽한 번역본이 존재할 수 없기에 번역자는 번역전략을 수립해서 원저자의 메시지를 가감 없이 TT를 읽는 대상독자의 문화에 맞게 전달하여서 TT를 읽는 독자로 하여금 ST를 읽는 것과 같은 동일한 효과를 전달하는 것이 번역자의 임무인 것이다. 이를 위해서는 번역자 자신 역시 최고의 TT를 생산하기 위해 끊임없는 노력이 필요한 것은 말할 것도 없다.

5. 기호 간 번역: 원작소설을 각색한 영화와 드라마의 비교[91)

　문학과 영상물의 불가분의 관계는 문학작품의 영상화에 대한 연구의 필요성이 제기된다. 바로 이러한 불가분의 관계로 인해 영화에 대한 소설 원작과의 연구는 바로 각색의 연구이며, 영화연구에 있어서 각색연구가 차지하는 중요성과 필요성을 말해주고 있다. 앤드류는 "각색의 연구는 영상과 언어의 전적으로 다른 의미 체계 속에서 대등한 내러티브를 성취해내는가에 주목해야 한다"고 말한다. 이것은 언어로 되어 있는 문학을 시각적인 영상의 등가물로 어떻게 구현해내는가에 대한 분석이다. 엘런 벨턴(Ellen Belton)은 각색의 의미는 원작을 영상으로 재현하는 것에서 더 나아가 새로운 방법으로 재해석함으로써 텍스트를 재발견하고 원작과 영화 모두를 감상하는 것이라고 주장한다. 즉, 각색된 한편의 영화는 원작을 독창적으로 재구성함으로써 두 장르의 예술을 동시에 감상하도록 해준다.

> 각색은 영상제작자가 자신의 시대의 렌즈를 통해 다른 시대의 내러티브를 다시 읽고 그 내러티브 위에 자신의 세계에 대한 감각을 투영하는 기회를 제공한다. 성공적인 각색은 원작과 대화를 시작하는 것이고, 관람자는 영화와 내러티브 양자를 즐기게 된다. 각색의 목적은 이전의 텍스트의 재발견하는 것일 뿐 아니라 그것을 이해하는 새로운 방법을 찾는 것이다. 각색을 통해 자신의 목적에 맞게 내러티브의 의미를 전유하고자 한다.

---

91) 2009년 8월 대한영어영문학회 영어영문학연구에 발표한 「소설 『더버빌가의 테스』와 영화 〈테스〉 및 드라마 〈더버빌가의 테스〉 비교연구」를 중심으로 기호 간 번역의 부분인 각색이론을 추가하였으며, 비교연구에 쓰인 인용부분을 더 상세하게 삽입해서 분석하였다.

The adaption offers an opportunity for filmmakers to reread a narrative from another age through the lens of their own time and to project onto that narrative their own sense of the world. A successful adaption enters into a conversation with the original that animates the viewer's pleasure in both works. The goal of the adaption is not only to rediscover the prior text but also to find new ways of understanding it and to appropriate those meanings for the adaptor's own ends.

문학작품을 근거로 한 각색방법을 연구하기 위해 많은 사람들은 각색의 종류를 주로 세 가지 종류의 범주로 구별하고 있음을 볼 수 있다. 카힐은 문자 그대로(literal), 전통적인(traditional), 급진적인(radical) 방법으로 앤드류(Andrew)는 차용(borrowing), 교차(intersecting), 변형(transforming)으로 구분한다. 와그너(Geoffrey Wagner)는 전환(transposition), 논평(commentary), 유추(analogy)로 구분하고 있다.[92] 이런 각색의 종류는 용어적인 차이와 약간의 의미적인 차이는 있지만 공통점이 많다. 첫째는 문학 원작에 충실한 영화적 각색으로, 문자적 텍스트를 시각적 이미지로 재현한 각색(visual story telling)이다. 이런 관점은 각색된 영상물을 문학의 한 변형으로 본다. 앤드류가 "각색의 성공 여부는 원작에 대한 충실도(fidelity)가 아니라 원작의 풍요성(fertility)이라고 주장하는 것"은 아무리 충실한 각색이라도 자체로서

---

92) 앤드류는 '차용'은 예술 역사에서 가장 흔한 문학의 각색의 형태로서 이전의 성공적인 텍스트의 소재, 아이디어, 형태를 광범위하게 채택하는 것이라고 말한다. 회화, 음악, 오페라 등에서 사용하는 예술적 차용이라고 본다. 성서적인 일화나 기적, 장면을 중세 회화에서 사용하는 것을 들고 있으며, 문학에서는 셰익스피어의 작품은 물론 오페라이 문학적 각색이 모두 이 범주에 속한다. 이것들은 원작의 제목을 그대로 사용하고 있으며 원작에 대한 존경심을 가지고 관객에 호소하려는 경향을 지닌다. 그 예를 스트라우스(Straus)의 〈돈키오테〉(*Don Auixote*)를 들고 있다. 빌려오기의 반대개념으로 '차용'은 원작의 특성을 각색에서 동화되지 않도록 어느 정도까지 의도적으로 남겨놓은 것이라고 한다. 그 예를 브레슨(Robert Bresson)의 〈시골신부의 일기〉(*Diary of a Country Priest*)를 들고 있다. 변형은 각색에 관한 논의 중 가장 흔하고 지루한 것이며, 각색이 해야 할 일은 원작에 관한 본질적인 것을 영화 속에 재생산하는 것이라고 정의를 말하고 있다. 이 종류는 원작의 내용을 충실하게 영화로 만들어내려고 하는 것으로서 초창기의 영화작업 방식을 말하고 있다(전봉주, 「제인 오스틴의 영화적 재생산-〈오만과 편견〉」, 광운대학교 박사학위 논문, 2007, p.35 재인용).

독창성을 갖지 않는 각색은 성공적일 수 없음을 말해준다. 그는 "영화의 분석은 영화의 특수성 내에서 원작의 특수성에 주의를 기울여야 한다"고 말한다. 원작 충실도에 근거한 비평에 반대하는 카힐(Linda Costanzo Cahir)은 영화비평가 고다르(Jean Luc Godard)의 이론에 동조하면서 원작에 충실한 번역이나 각색은 잘못된 가정에 근거를 두고 있으며, 문학을 영화로 바꾸는 과정에는 독서의 과정처럼 어쩔 수 없이 각자의 독창성이 가미되는 것은 필연적이라고 한다.

> 영화제작자이며 이론가인 장 뤼 고다르는 모든 문학의 영상으로의 번역에는 독창성이 개입될 수밖에 없다고 주장함으로써 문제를 더욱 복잡하게 만든다. 고다르가 보기에는 영화제작자가 문학 원작에 충실해야 한다는 주장은 그의 믿음처럼 어느 한 작품을 읽는 무수한 방식이 있다고 보는 것이 아니라 영화가 꾸준히 번역할 수 있는 핵심적인 고정된 텍스트가 있다는 잘못된 가정에 근거하고 있다. 고다르에게는 누군가가 문학을 읽기 시작하는 순간 어쩔 수 없이 독창성이 개입하게 된다. 그리고 텍스트를 읽는 피할 수 없는 독창적인 방식이 작품을 영화로 번역하는 방식에 영향을 끼친다.

> The matter is further complicated by filmmaker and theorist Jean Luc Godard's position that originality is inevitable in all cinematic translations of literature. For Godard, an insistence on a filmmaker's fidelity to literary source is based on a false assumption, i. e., that there is a core, stable text which the film can steadfastly translate, instead of, as he believes, an infinite number ways of readings of any one work. For Godard, originality invariably enters the moment someone begins reading the literature; and unavoidably original way in which one reads a text affects how one translates the work into film.[93]

실제로 문학을 근간으로 하는 많은 영화들이 매체의 차이와 시간

---

93) 전봉주, 2007, pp.34~37.

적인 문제 때문에 약간의 생략과 수정을 하기는 하지만, 원작의 등장
인물, 사건과 줄거리, 플롯을 충실하게 영화에 담고 있는 것은 소설을
충실하게 재현하는 것이 영화의 주요 목적이기 때문일 것이다. 물론
이런 영화의 각색이라고 해도 영화가 단순히 문학의 변형이라고 보
기는 어렵다. 둘째는 원작의 핵심적인 스토리나 등장인물 등은 충실
한 반면 제작자의 독창적인 의도에 의해 변형과 재해석, 해체나 전복
이 가해진 각색이다. 이런 각색은 원작과는 독립적인, 그리하여 대등
한 관계를 갖는 것이다. 각색자나 시나리오 작가의 의도에 따라 자신
만의 창의적인 방법으로 영상화함으로써 원작에 새로운 영역을 추가
하거나 비판을 가하는 각색이다. 마지막으로는 원작에서 영감을 받거
나 힌트를 얻어 원작을 소재로 전혀 다른 작품을 만들어내는 각색이
있다. 이것은 원작의 은유적인 이미지만을 지니고 있을 뿐 전혀 다른
작품을 다시 쓰는 것이다. 소설을 단지 하나의 출발 지점으로 여길
뿐 새로운 관점에서 작품을 다시 쓰는 것이다. 그러나 모든 각색이
이 세 가지 범주에 정확한 구별이 이루어지는 것은 아니다. 완전히
충실한 각색도 있을 수 없으며, 실제 그런 작품은 언어적 기호를 시
각적 기호로 전화하는 데에 따르는 변화에 적응하지 못하는 접근방
식이라고 볼 수 있다. '각색의 작업은 원작의 핵심적 요소를 영화로
재생산'하는 것이다. 영화는 종이 위에 인쇄된 글자로 나타나는 스토
리의 평면적 공간이 아니라 구체적인 장소와 인물, 배경, 소리와 음
악, 그리고 이런 요소들을 선택하기 위한 지리적, 역사적, 문화적 지
식 등의 다원적인 공간과 메커니즘의 결과물이기 때문에 불가피하게
원작에 대한 해석이 가해질 수밖에 없다. 영화 제작자가 하나의 문학
텍스트를 이에 상응하는 시각적 이미지의 등가물로 재생산하는 것을

영화의 주된 목적으로 한다 하더라도 제작자의 해석과 변형이 불가
피하다. 각색의 가장 기본적인 특성은 소설이라는 원작을 통한 출발
점을 기초로 하여 관객을 위한 감독의 연출에 주안점을 두고 있다.
물론 감독은 원작자의 의도를 깊이 고려하지만 원작에 스며든 모든
내용을 영상으로 표현하는 의무를 지니고 있는 것은 아니다. 단순히
작품에서 주는 메시지를 토대로 영상으로 전달하는 경우도 있으며,
원작이 주는 전체적인 이미지를 토대로 재생산하는 경우도 있으며,
영감을 받고 완전히 원작이 주는 메시지와는 별개로 감독의 재해석
을 통하여 표현하는 경우도 있는 것이다. 즉, 각색은 영화를 제작하는
제작자나 감독의 의도에 따라 달라지는 경우가 허다하다. 예를 들어
토마스 하디의 『더버빌가의 테스』를 영상으로 표출한 폴란스키 감독
은 영화 <테스>에서 원작이 주는 테스의 이미지보다는 관음적인 이
미지로의 테스에 더 많은 비중을 두어서 표현하였다. 이렇듯 각색은
제작자나 감독에 의해서 다양한 부분으로 영상화되어 관객에게 전달
하는 것이다.[94]

실질적으로 많은 문학작품의 한 변형으로 영화 및 드라마로 영상
화했을 경우에는 작품주제와 등장인물들의 재현으로 많은 부분에서
상호 유사성을 지니면서도 차이점을 보여주게 된다. 영화 및 드라마
에서는 감독과 연출자가 원작이 담고 있는 메시지를 그 시대의 사상
적 맥락으로 재해석하여 새로운 창조를 하기 때문이다. 원작과 영상
의 차이는 그 시대의 사회적인 분위기나 이데올로기에 많은 영향을
받으며, 그러한 특징들을 미학적으로 표현하는 방식에 있다고 할 것

---

94) 전봉주, 2007, pp.34~38.

이다. "문학과 영상매체와의 결합 가운데 가장 일반적인 형태는 소설의 영상화일 것이다. 특히 여타의 장르보다 늦게 생겨난 TV 드라마는 20세기 중반 이후 가장 지배적인 이야기 장르로서의 위치를 지켜오고 있지만 이야깃거리가 늘 부족했다. 이에 따라 TV 드라마의 소재로 소설이 관심을 모으기 시작하였다."95) 우리는 흔히 "TV 영상과 영화는 아주 다르다고 생각하고"96) 있어서 문학작품과 영화 및 드라마로 영상화된 작품을 비교해보는 연구는 "소설과 영화 및 드라마라는 각기 다른 장르별 재현의 차이를 살피는 데 유용할 뿐만 아니라, 그 차이를 초래한 여러 가지 기법을 점검해보는 데도 긴요하다. 이는 궁극적으로 원작소설의 이야기 구성이나 서술 기법상의 독창성을 반증하는 작업이 될 수도 있다."97) 이러한 원작소설의 이야기 구성이나 서술 기법상의 독창성을 가지고 있는 "문학텍스트와 영화텍스트 사이의 가장 일반적이며 빈번한 상호교류를 우리는 '각색(adaptation)'98)이라 할 수 있을 것이다."99)

특히 문학텍스트를 영상화했을 경우에 비평가들은 원작소설을 그

---

95) 손정희, 『소설, TV 드라마를 만나다』, 푸른사상, 2008, p.15.

96) Anonymous, "The Literature/Film Reader: Issues of Adaptation," *Literature/Film Quarterly*, 36.3, 2008, p.233.

97) 고영란, 「워더링 하이츠의 영화화와 멜로드라마」, 『문학과 영상』, 2, 문학과 영상학회, 2002, pp.191~192.

98) 각색이란 시, 희곡, 소설 등 활자로 이루어진 문학작품이 시각적 이미지로 전환되어 영상화되는 것을 시싱힌디. 현대의 영화비평가늘 사이에서 논의되는 가장 두드러진 이슈들 중의 하나는 바로 이 각색에 관한 것이라 말할 수 있는데 사실 문학작품을 이용해서 영화를 만드는 것은 거의 엉회리는 매체가 지니는 역사만큼이나 오래된 것이며 소설을 영화로 옮기는 각색뿐 아니라 일반적인 각색의 의미는 원전을 바탕으로 새로운 작품을 창조하는 것을 말한다(이형식·정연제·김명희, 『문학텍스트에서 영화텍스트로』, 동인, 2004, pp.15~103). 토마스 라이치(Thomas Leitch)는 수동적인 독자들에게 적극적으로 독서에 대한 의욕을 불러일으키는 것이 각색이라고 평하면서 "각색은 원작을 모방하거나 재장소하는 것만이 이니고 자신의 연역을 가지고 있다(Raw Laurence, Adaptation Studies: Its Past, Present, and Future, *Literature/Film Quarterly*, 36.1, 2008, p.78)"라고 주장한다.

99) 이형식·정연제·김명희, 2004, p.11.

대로 옮겨놓았는지, 원작소설의 핵심적인 내러티브 구조를 나름대로
유지하면서 재해석이나 이탈을 하였는지, 혹은 원작소설의 충실성과
는 전혀 상관없이 완전하게 새로운 작품으로 변형했는지를 판단하여
각색영화의 평가기준으로 삼았다. 각색영화에 대한 평가기준으로 지
프리 와그너(Geoffrey Wagner)는 『소설과 시네마』(The Novel and the
Cinema, 1975)에서 각색의 세 가지 범주를 첫 번째로 '원작소설을 그
대로 옮겨놓은 각색인 전환', 두 번째로 '원작을 따르지만 의도적으로
또는 무심코 어떤 부분을 변화시키는 논평' 그리고 세 번째로 '전혀
다른 예술작품을 만들어내기 위해 원작으로부터 상당히 많이 이탈하
는 유사' 등으로 나누고 있다. 마이클 클라인(Michael Klein)과 길리안
파커(Gillian Parker) 두 비평가가 주장하고 있는 각색과정에 대한 주요
접근법으로는 '원작 그대로의 각색', '비판적 각색', 그리고 '자유각
색' 등이 있다. 그리고 루이스 자네티(Louis Giannetti)는 '원작에서 어
떤 아이디어나 상황을 선택하여 원작과 상관없이 독자적으로 자유롭
게 영화를 진행시켜 나가는 느슨한 각색', '최대한 원작의 정신에 가
깝게 문학작품을 영상적 시각에서 재창조하는 것을 말하는 충실한
각색' 그리고 '오리지널 연극작품을 각색하는 경우에만 한정된다고
할 수 있는 원작 그대로의 각색'으로 세 가지 각색을 제시하고 있다
."[100] 각색의 종류에 따라 비평가들은 많은 논의를 하고 있지만 반드
시 원작과 충실하게 각색했다고 하여 그 영화가 최고의 작품이라고
평가할 수는 없다. 원작의 저자가 전하고자 하는 의도와 감독이 관객
에게 전하고자 하는 메시지가 반드시 일치하는 것은 아니기 때문이

---

100) 이형식·정연재·김명희, 2004, pp.17~21 재인용.

다. 즉, 원작의 영상화에 대한 각색의 논의는 이와 같이 다양하지만 "원작소설이나 각색영화 양쪽에 모두 유용하게 적용할 준거를 찾는 일은 쉽지 않았다. 한편의 영화를 놓고도 평자에 따라 원작의 충실도, 영화예술의 독립성, 시장의 영리적인 측면 중에서 어느 한쪽에 치우쳐 상이한 평가가 이루어지고 있기 때문이다. 그 결과 원작의 줄거리에 충실하지 못한 영화는 열등한 문화의 쓰레기로 취급하거나, 아니면 원작소설은 단순히 영화 소재의 일부라고 성급한 결론에 이르는 경우를 보게 된다."101)

본 논문은 비평가들에 따라 다양하게 이루어지고 있는 각색에 대한 평가를 바탕으로 토마스 하디(Thomas Hardy, 1840~1928)의 원작소설 『더버빌가의 테스』(Tess of the D'urbervilles, 1891)와 1979년 로만 폴란스키(Roman Polanski)에 의하여 영화화된 <테스>와 2008년에 9월에서 12월까지 방영된 BBC-TV 4부작 드라마 <더버빌가의 테스>를 비교 분석코자 한다. 특히 원작과 영상에서 재현된 주인공 테스가 처한 비극적 상징과 요인들을 중심으로 얼마나 '충실하게 각색'되었는지에 초점을 맞추어 원작과 영상을 분석하고자 한다.

1) 기호 간 번역: 원작소설을 각색한 영상화에 대한 특성

하디는 남성 작가이면서도 작가가 살던 당대 사회의 여성의 지위, 가정에서의 위치와 역할에 대한 문제에도 지대한 관심을 보였다. "1980년대에 하디 소설에 재현된 여성 육체의 의미에 대해 다양한 연

---

101) 이향만, 「소설 각색영화와 비평의 패러다임: 미국소설 영상읽기」, 『문학과 영상』, 2, 문학과 영상학회, 2003, pp.181~182.

구 방법론이 제기되고 있는데 하디 소설의 서술 특징을 논한 경우가 많다."[102] 하디의 작품들이 발표된 지 수십 년이 지났지만 그중 『더버빌가의 테스』는 아직도 전 세계 많은 독자들의 애호를 받고 있으며 테스에 대한 많은 논의들이 거론되고 있는 작품이다. 아마도 그 이유는 작품이 지니고 있는 인간의 도덕적, 사회적, 종교적, 심리적 문제들을 통찰케 하는 총체적인 영역의 문제점들을 다루고 있기 때문일 것이다. 그중에서도 하디가 일관되게 작품에서 추구하는 주제인 사랑의 문제가 당대 사회변화에 예민하면서도 밀접하게 결부되어 있기 때문이기도 하다. 하디의 작품은 대부분 웨섹스(Wessex)를 배경으로 전개하고 있기 때문에 웨섹스 소설이라고도 한다. 웨섹스는 단순히 하디 작품들의 지리적인 배경만이 아니라 하디 자신의 철학관과 세계관을 문학적 배경으로 삼은 것이기도 하지만 19세기 산업문명의 발달로 영국 남부 농촌생활의 산업화와 도시화의 물결 속에서 해체되는 사회변화 과정을 다루고 있는 역사적 공간으로 기능하고 있기 때문이다. "『더버빌가의 테스』를 쓰기 시작했을 때 하디는 입센처럼 '사회의 기둥'을 흔들어보려는 마음을 품고 있었다"[103]라고 포부를 밝혔다. 19세기 후반기 영국의 대표적인 작가의 한 사람인 하디의 문학세계는 찰스 디킨스(Charles Dickens)나 브론테(Bronte) 자매들 등 영국의 어느 작가 못지않게 다양하고 폭넓게 논의되어 있다. "오랫동안 하디 작품은 작가의 결정론적인 세계관에 근거해서 인간의 운명, 우연, 내재적 의지(Immanent Will) 등에 의해 지배받는 인간의 보편적 갈등을 드러내는 것으로 보았고, 그래서 작품에 나타나는 비관적이고

---

102) 장정희, 2007, p.248.
103) 문학과 영상학회, 『영미문학 영화로읽기』, 동인, 2001, p.183.

염세적인 경향에 대한 논의가 대세를 이루어왔다."104) 특히『테스』는
성에 관한 문제에 있어 비평가들에게 온갖 찬반 논란의 시비에도 불
구하고 혐오스럽고 저속하며 사악한 소설로 평가되기도 하였지만 독
자들에게서 가장 호평을 많이 받은 작품이기도 하였다. 하디 작품 중
에서『테스』가 성에 관한 논란이 끊임없이 제기되고 있으면서도 빅
토리아조 당대 여성의 위치에 관한 연구대상이 된 이유는 "당시 여성
의 삶의 위치를 이해하는 데 큰 역할을 하고 있기 때문이다. 이와 더
불어 하디의 '순결한 여인(Pure Woman)'이라는 부제는 당시 여성 이
데올로기와 상반되는 개념으로 많은 논란을 낳았고 '순결한 여인'이
함축하는 복합적인 의미에 대해서는 문화적 재생산을 통해서도 다양
한 각도에서 재해석의 작업이 이루어져왔기 때문이다."105) 이렇듯 '순
결한 여인'에 대한 부제가 여전히 하디 소설의 주요 논란의 배경이 된
이유는 "절반은 여인으로서 절반은 유혹하는 뱀(serpent)으로서의 테스
의 캐릭터를 묘사하여 '순결한 여인'의 부분과 유혹하는 요부의 부분
을 이분법적 성격"106)으로 연관시켜 강조함으로써 비롯된 것이다. 하
디는 농촌공동체의 중심이 되고 있는 자연과 문명의 관점을 대조시키
면서 '집안의 천사'라는 빅토리아조의 이상적 여성상을 뛰어 넘어서는
새로운 여성상의 모습을『더버빌가의 테스』에서 재현하고자 하였다.
이러한 특성을 바탕으로 폴란스키 감독은 작가가 전하고자 하는 메시
지를 충실히 각색하여 <테스>라는 영화로 영상화시켰다.

---

104) 허상문, 2001, p.172.

105) 전혜선, 「토마스 하디의『더버빌가의 테스』와 로만 폴란스키의 〈테스〉: 빅토리아시대 여성성을 중심으
로」, 광운대학교 석사학위논문, 2005, p.10.

106) Christopher Harbinson, "Echoes of Keats's 'Lamia' in Hardy's Tess of the D'Urbervilles," Notes and
Queries, 49.1, 2002, p.74.

영화 <테스>를 감독한 폴란스키는 1979년 발표한 영화 <테스>
이외에 2005년 찰스 디킨스의 원작을 영화화 한 <올리버 트위스트>
도 원작 자체가 주는 무섭고 음산하면서 폭력을 배경으로 하는 원작
의 틀을 크게 벗어나 변형적인 형태로 영화를 완성하고자 원했던 것
같지는 않다.[107] 이렇듯 폴란스키 감독은 흔히 원작을 변형하여 각색
처리하지 않고 원작의 의도를 관객에게 충실히 옮겨 놓으면서 저자
가 의도하는 바를 전달하고자 하였다. 또한 영화 <테스>에서 주연을
맡아서 세계적인 스타로 떠오른 나스타샤 킨스키(Nastassia Kinski)는
투명한 신비스러움과 관능적인 아름다움을 간직한 배우이며, 도발적
인 입술과 혼란스러운 듯하면서도 깊이를 가늠하기 힘든 눈빛 등이
원작의 여주인공 테스를 가장 잘 반영하고 있다고 평가받았다. 폴란
스키는 영화 <테스>의 주요 배우들의 이미지와 원작 속의 주요 캐
릭터의 성격을 철저히 연구하며, 연구와 고증을 통하여 원작이 주는
이미지와 성격에 맞는 배우 선정과 원작의 주요 플롯의 흐름에 따라
각색을 하여 감독 자신의 메시지를 관객에게 전달하는 특이한 역량
을 가지고 있다. 소설과 영상의 각색의 특성을 보면 "원작소설과 영
화의 상호교류가 가능한 것은 동일한 내러티브를 공유한다는 데 있
다.[108] 소설이 영화화할 때 장르의 성격에 따라 어느 정도의 각색은
당연한 것이며 영화에서 각색이 차지하는 비중은 크다고 할 수 있다.
대부분의 영화가 원작의 기본적인 형태를 유지하면서 상업적 예술적
인 의미를 고려하여 재창조된다."[109] 폴란스키 역시 원작소설 『테스』

---

107) 허상문, 『주제별로 보는 우리 생애 최고의 영화』, 영남대학교출판부, 2009, pp.171~172.

108) "영화에는 이야기에 대한 잠재성이 매우 분명하므로 영화는 회화나 연극보다는 소설과 가장 강한 연관
성을 맺으며 발전해왔다. 영화와 소설은 모두 긴 스토리를 전한다. 소설로 인쇄될 수 있는 것은 무엇이
든 보이고 이해될 수 있다(전혜선, 2005, p.49 재인용)."

의 여주인공 테스에 대해 깊은 애정을 드러내면서 "<테스>를 만들 때까지 나의 가장 깊은 감정과 정확히 부합되는 영화를 만든 기분은 일찍이 없었으며 <테스>는 이러한 감정을 충족시키는 영화로서 분명히 나의 성숙된 영화이다"[110]라고 말한다. 사도프(Sadoff)에 따르면 폴란스키는 테스를 너무도 사랑해서 "낭만적이며 감상적이기조차 한 분위기의 아름답고 비극적인 러브 스토리로 영화를 제작하려 하였다는 것이다."[111] 그래서 폴란스키의 <테스>[112]는 비극적 요소들과 연관되어 있지만, 작품 전체의 흐름은 테스와 알렉과 에인젤의 애정관계의 중심에 서 있는 테스의 사랑에 초점이 맞추어져 있다. 폴란스키는 테스에 대한 각별한 애정만큼 영화라는 장르에 따른 중요하다고 여긴 부분에 대한 각색을 제외하고는 원작의 서사에 충실하게 각색하여 재현했다고 볼 수 있다. 영화가 원작소설을 각색할 때 원작의 요소들을 얼마나 근접하게 접근하였는지에 따라 영화의 가치가 결정되기 때문에 원작의 구도를 살리는 것은 중요한 관건이 된다.[113] 이러한 각색의 평가기준에 따라 영화 <테스>는 플롯, 농촌생활의 배경, 주요인물 등을 원작소설과 유사하게 다루어 사실성을 최대한 살리고 원작의 구조를 충실하게 각색하여 이끌어간다. 원작을 이끌어갔

---

109) 전혜선, 2005, p.49.

110) 전혜선, 2005, p.50 재인용.

111) 장정희, 2007, p.262 재인용.

112) "폴란스키 감독의 《테스》는 원작보다 테스의 성에 더 초점을 두고 있다. 원작의 건강한 아름다움보다는 연약하고 고통 받는 여성 이미지에 더 중점을 두고 있는데, 이는 테스의 삶의 궤도가 남성적 욕망의 논리에 의해 지배됨을 보여주려 하는 의도에서이다. 이러한 의도는 배우 나스타샤 킨스키에 의해 완성되었다(문학과 영상학회, 2001, p.187)."

113) 영화비평가 존 오어(John Orr)는 "각색문제를 다루는 가장 일반적인 방법은 어느 정도까지 영화가 원작 텍스트를 '확실하고(credible)', '충실하게(faithful)' 표현했는지 평가하는 것이다. 영화는 원작을 정확하게 그려내고 있는지 아니면 원작을 배신하고 있는지가 가장 중요한 관심사이다(전혜선, 2005, p.50 재인용) 라고 지적한다."

던 대부분의 사건이 영화 속에 그대로 드러나면서 주요 등장인물들
사이의 대화 역시 원작소설 속의 언어를 최대한 원작에 맞게 살리고
있다. 찰스 피어츠(Charles Fierz)는 하디의 『더버빌가의 테스』의 비극
적인 주인공 테스를 영상화하는데 폴란스키가 의도한 것은 무엇인가
라는 물음에 대해, 코스탄조(Costanzo)에 따르면 폴란스키는 보다 잔인
하면서도 엄격한 사회 속에서 평범하게 전개되는 시련과 인간 감정
의 저변에 흐르는 어떤 것들에 대해서 말하고자 하였다[114]라고 말한
다. 폴란스키는 자신의 개념을 영상으로 재현하면서 영화 <테스>를
관람하는 영화 팬들에게 고전작품에 대한 향수와 함께 하디의 원작
소설 『테스』를 '다시 읽게(rereading)' 하는 의미를 부여하였다.

폴란스키 감독 자신의 개념을 영상으로 재현한 영화 <테스>와 비
교되는 2008년 9월부터 12월까지 방영한 BBC-TV 드라마 4부작 <더
버빌가의 테스>는 데이비드 블래어(David Blair)에 의해 연출되었고,
데이비드 니콜스(David Nicholls)의 각색으로 영상화되었다. 드라마는
테스 역에 007 본드걸인 젬마 아터튼(Gemma Arterton), 알렉 역에 한
스 메디슨(Hans Matheson), 에인젤 역에 에디 레드메인(Eddie Redmayne)
을 캐스팅해서 2008년 봄에 영국 남서부지방 서머셋(Somerset), 윌트셔
(Wiltshire), 글로스터셔(Gloucestershire)와 도오셋(Dorset)에서 하디 원작
의 느낌을 살리기 위해 촬영되어 상영되었다. 드라마 각색을 담당한
니콜스는 드라마에서 하디는 "열정적이면서 감성적이고 멜로드라마
적이다. 그렇지만 엘리엇(Eliot)이나 디킨스에서 볼 수 있는 빈틈없이
짜인 작가는 아니다"라고 평가하면서 "일반 대중은 하디를 감상적인

---

114) Charles L, Fierz, "Polanski misses: A Critical Essay Concerning Polanski's Reading of Hardy's
Tess," *Literature/Film Quarterly*, 27.2, 1999, p.103 재인용.

작가라고 생각할 수 있으나 그의 작품에는 강간, 살인 및 자살이 존재하고 있으며 한 사람에 의해서 폭행을 당하고 , 또 다른 한 사람에 의해 버려지지만 테스는 토마스 하디의 불멸의 작품에 존재하는 웅대하면서도 활기찬 여성 주인공임에 틀림이 없다"[115]라고 덧붙인다. 특히 "당대의 뛰어난 문학작품(로드 바이런(Lord Byron)과 괴테(Goethe)의 시에서부터 샬롯트 브론테(Charlotte Bronte)와 토마스 하디의 소설까지)들의 대부분은 멜로드라마적인 플롯과 상황들의 지배적인 정서를 가지고 있어서"[116] 그들 작품을 영화화하여 대중에 보여줌으로써 영상을 통해 고전문학의 흥미를 불러일으킬 수 있는 것이다. 이들 문학작품 중 하디의 원작소설 『더버빌가의 테스』와 이를 영상으로 각색한 국내외 학자들의 연구논문을 살펴보면, 장정희는 2004년에 발표한 논문을 수록한 『토마스 하디와 여성론 비평』에서 활성화되고 있는 여성의 육체 연구 가운데 중심논의의 대상이 된 원작소설 『테스』와 폴란스키 감독의 영화 <테스>에 재현된 여성 육체의 의미를 비교 검토해보며 원작에서 재현된 여성 육체의 특성이 영화로 만들어지면서 어떻게 변형되었는지, 소설과 영화 두 매체를 통해 제시된 여성상은 어떠한 차이를 지닌 것인지, 이를 여성론적 관점에서 어떻게 평가할 수 있는지 보여줬다.[117] 전혜선은 2005년에 발표한 논문에서 하디가 소설 『테스』에서 재현한 여성성을 빅토리아시대 여성성이라는 맥락을 중심으로 페미니즘적인 관점에서 분석함으로써 하디의 여성론적 인식을 검토하고 있다. 특히, 폴란스키의 <테스>에서

---

115) 출치: http://www.bbc.co.uk/tocc/.

116) Timothy Corrigan, *Film and Literature: An Introduction and Reader*, New Jersey: Prentice-Hall, 1999, p.13.

117) 장정희, 2007, p.251.

이는 어떤 방향으로 재생산되었는지 비교·검토를 하며 테스를 중심으로 여성성이 어떻게 재현되고 이러한 특징이 영화로 제작되면서 어떻게 변형되었는지 분석하여 여성성의 재현문제를 보여줬다.[118] 고영란은 2005년 발표한 논문에서 세 개의 가설을 논증하기 위해 먼저 소설에서 당대 사람의 마음속에 깊이 내면화된 순결관의 이중성과 여성에게 가해진 경제적 억압을 비판하는데 전지적 작가시점을 통한 논평이 가해진 양상을 살펴보며, 그다음 영화에서 성적 유혹으로 인해 테스의 비극이 초래되었음을 드러내기 위해 사용된 촬영방법을 고찰하고 있다.[119] 윤천기는 2009년 발표한 논문에서 바르뜨(Barthes)의 이론을 차용한 맥파레인(Brian Mcfarlane)의 분석틀을 통해서 어떻게 하디의 『더버빌가의 테스』의 '플롯 기능자'들이 폴란스키의 <테스>로 옮겨졌느냐 그리고 어떻게 하디 소설 속의 '색인자'들과 '촉매자'들이 폴란스키의 영화로 옮겨졌느냐, 즉 어떻게 각색되었는가를 살펴보는 것이며 크고 작은 변환성/치환성의 궁극적인 의미를 밝히는데 초점을 맞추었다.[120]

국외학자 중 찰스 피어츠는 1999년 발표한 논문에서 폴란스키는 원작의 테스의 캐릭터를 훼손하면서 테스가 속한 가족-테스의 부모-의 알코올 중독의 플롯의 촉매적인 역할과 연관된 하디의 중요한 논제를 영상으로 다루지 않음으로써 하디소설을 잘못 이해하고 있다고 밝혔다.[121] 제레미 스트롱(Jeremy Strong)은 2006년 발표한 논문에서

---

118) 전혜선, 2005, pp.14~15.

119) 고영란, 「소설 『테스』의 전지적 작가시점과 영화 〈테스〉의 클로즈업」, 『수원대학교 논문집』, 23, 2005, p.79.

120) 윤천기, 「텍스트의 충실성의 문제: 폴란스키의 〈테스〉와 하디의 『더버빌가의 테스』」, 『신영어영문학』, 42, 신영어영문학회, 2009, pp.111~112.

121) Charles L Fierz, 1999, p.103.

토마스 하디의 두 작품 『더버빌가의 테스』와 『무명의 주드』는 다른 형태의 읽기의 다양성을 가지고 있다. 특히 두 작품은 문학적인 장르와 모드의 범위에서 연관을 가지고 있지만 두 작품의 많은 부분들이 1979년 폴란스키에 의해 만들어진 영화 <테스>와 1997년에 발표한 영화 <주드>에서 각색부분을 의도적으로 피했다고 밝히고 있다.[122] 지금까지 살펴본 대로 최근까지 발표된 국내외 학자 논문들의 분석 대상은 원작소설과 1979년에 상영된 폴란스키 영화 <테스>를 각색 차원에서 비교 분석하였으나, 본 논문은 두 작품과 함께 2008년 9월에 방영된 BBC-TV 드라마 4부작을 분석대상에 추가함으로써 세 작품이 얼마나 '충실한 각색'을 하였는지 심도 있게 다루고자 한다.

2) 원작소설의 각색에 따른 영화와 드라마 분석

영화 <테스>의 촬영 장소는 원작에 나타난 도셋(Dorset)과 유사한 분위기를 주는 노르만디왕 브르타뉘 지방에서 행해져 리얼리티를 더했으며 등장인물 역시 원작의 틀을 크게 벗어나지 않는다. BBC 드라마 4부작 <테스>도 영국 남서부지방 서머셋(Somerset)과 도오셋(Dorset) 등에서 하디 원작의 느낌을 살리기 위해 촬영되었다. 영화와 드라마는 하디 원작의 플롯을 따라가면서 자연의 변화와 함께 달라지는 주인공 테스의 삶과 그녀가 처한 비극적 상황의 변화를 섬세하게 재현하였다. "하디가 그린 테스는 빅토리아조의 관습적인 윤리의식에서 탈피하고자 하는 인물로 부각되어 있으며, 비극은 개인이 의

---

122) Jeremy Strong, "Tess, Jude, and the Problem of Adapting Hardy," *Literature/Film Quarterly*, 34.3, 2006, p.195.

도적으로 추구하는 소망이 실현되지 못하고 좌절 또는 파멸될 때 일어난다. 즉, 하디 소설에 흐르고 있는 특유한 이념을 데이비드 세실(David Cecil)이나 리차드 카펜터(Richard Carpenter) 같은 비평가는 '내재적 의지'에 따른 '비극적 비전'이라고 강조했다."123) 본 논문에서는 이러한 비극적 요소를 포함하며 테스와 그녀 가족의 삶 속의 비극적 상황들을 제공하는 비극적 요인인 우연, 자연, 경제적 상황 및 유전적 요인 등을 중심으로 폴란스키 영화 <테스>, BBC 드라마 <더버빌가의 테스>와 원작을 비교 분석하려고 한다.

원작에서의 비극은 블랙모어 인근의 골짜기에서 비틀거리면서 걸어가고 있는 더비필드가 족보를 연구하는 트링엄 신부와 만나 이야기하면서 시작된다.

> "이렇게 몇 번씩이나 저를 '존경'이라고 하시는 건 무슨 뜻인가요?
> 전 그저 평범한 장사꾼 잭 더비필드입니다."

> "Then what might your meaning be in calling me "Sir John" these different times, when I be plain Jack Durbeyfield, the haggler?"(*Tess* 1)124)

이 대화에서 테스의 아버지 더비필드는 자신에게 존경이라는 경칭으로 트링엄 신부가 인사하면서 전해주는 자신의 오래된 가문의 내력을 알게 됨으로 인해서 작품 전체에 미치는 비극적 상황의 발단이 되게 된다. 이 단순한 두 사람의 대화가 결국 작품 전체에 미치는 영향은 지대하였으며, 소녀 가장인 테스가 결국 교수형에 처하는 비극

---

123) 김숙희, 「Tess of the D'Urbervilles에 나타난 순결과 비극의 문제」, 조선대학교 석사학위논문. 1997. p.1 재인용.

124) Thomas Hardy, *Tess of the D'urbervilles*, Ed., Scott Elledge, New York: Norton & Company Inc., 1991에서 인용한 인용문헌은 Tess로 표기한다.

을 잉태하게 하였다. 폴란스키 영화에서는 원작과는 달리 말롯 마을의 오월제 무도회 행렬을 첫 화면에 보여주면서 시작되고, 그 후 트링엄 신부가 더비필드에게 더버빌 가문의 이야기를 설명해주면서 전개된다. 반면에 BBC 드라마는 원작에 충실하게 더비필드와 트링엄 신부와의 만남 뒤 바다를 옆에 끼고 있는 초원으로 행렬하여 젊은 여성들이 춤을 추는 광경으로 연결되면서 밝은 색채를 통한 자연의 아름다움을 보여준다. 마치 이러한 밝은 모습으로 인해 작품 전체가 주는 어두운 면보다는 밝은 면을 보여줄 것과 같은 감정을 불러일으킨다. 춤을 추는 장면에서 폴란스키 영화와 BBC 드라마는 테스와 에인젤이 서로 인사나 춤을 추진 않지만, 에인젤은 춤을 마치고 헤어지면서 뒤돌아서서 테스를 바라보는 애절함과 아쉬움을 남기는 모습으로 영상화하였다. 마치 폴란스키 영화와 BBC 드라마는 테스를 중심으로 작품 전체에 흐르는 비극적인 내용과는 동떨어진 남녀 간의 애절한 사랑이야기의 암시로 여길 수 있는 영상 전략을 취함으로써 멜로드라마적인 분위기를 보여준다.

테스의 실질적인 비극의 시작은 아버지 더비필드의 알코올 중독에 가까운 음주에 문제가 있다. 더비필드는 우연히 가문의 내력을 알게 된 것에 대해 자랑하기 위해 롤리버 술집에서 술을 마시고 취해서 가정을 이끄는 경제수단인 벌통배달을 못하게 된다. 이런 연유로 테스는 동생 에이브러햄과 프린스를 몰고 배달을 간다. 배달 도중에 집안의 경제적 상황과 불행에 대해 에이브러햄은 누나 테스에게 다음과 같이 묻는다. 이 대화를 통해서 얼마나 테스의 집안이 경제적으로 힘든 상황인지 인지할 수 있다.

"우린 어디에 살고 있어-싱싱한 별이야, 벌레 먹은 별이야?" "벌레 먹은 별이야." "싱싱한 별도 많은데. 우린 그런 별을 못 골랐으니까 운이 아주 나쁜 거네!"

"Which do we live on---a splendid one or a blighted one?" "A blighted one." "Tis very unlucky that we didn't pitch on a sound one, when there were so many more of 'em!" "Yes."(*Tess* 21)

그들은 자신의 삶을 "아주 불행한 상황에 처해 있고 그들이 처한 경제적 현실을 벌레 먹은 별로 비유하면서"125) 말하며 졸다가 오솔길에서 맞은편 우편마차를 들이박는다. 충돌로 인한 프린스의 죽음으로 테스는 "이게 모두 다 나 때문이야-나 때문이야! 변명의 여지가 없어-하나도 없어. 이제 어머니와 아버지는 어떻게 살아가지?"("Tis all my doing---all mine!" the girl cried, gazing at the spectacle. "No excuse for me---none. What will father and mother live on now?" Tess 23)라고 말하며 이 모든 불행은 자기 때문에 일어났다고 이야기한다. 이와 같이 원작에서는 비극의 중요한 플롯의 기능을 수행하고 있는 프린스의 죽음에 대해 테스 스스로가 책임감과 죄책감을 느껴 알렉 더버빌 집을 가게 되지만, 폴란스키 영화에서는 테스 가정의 경제적인 수단인 말 프린스의 죽음과 연관된 상황이 아닌 단순히 경제적인 압박감으로 인해 알렉의 집으로 가는 것으로 처리한다. 결국 폴란스키는 자신 때문에 집안이 궁핍하게 되었다고 생각하며 일자리를 구하러 가는 하디가 추구하였던 강한 여인의 이미지인 테스를 수동적이면서 나약한 이미지로 전락시켜버렸다. 이와 반대로 BBC 드라마는 원작을 충실하게 살려서 집안을 책임지는 강한 이미지의 테스로 각색하여 처

---

125) Jeremy Strong, 2006, p.198.

리하였다. 말 프린스가 우편마차의 끌채에 찔러 죽고 그 구멍으로부터 쏟아지는 강열한 피의 분사에 온몸이 피투성이가 되는 테스는 후에 닥치는 자신의 처녀성 상실을 예시한다. 즉, 프린스의 죽음은 체이스 숲에서 알렉에게 강간을 당하고 순결의 피를 흘리는 것과 연관하여 앞으로 테스에게 닥칠 비극적인 상황을 암시하는 것으로 본다.[126) 폴란스키 영화는 첫 장면인 오월제 무도회에서 아버지 더비필드가 마차를 타고 가며 "웨섹스에서 나보다 더 위대한 남자는 없어!"라고 말하자 테스가 친구에게 "피곤하셔서 저러시는 것뿐이야. 우리 말이 죽어서 마차를 타신 거구"라고 언급되고 있으며, 원작의 비극의 플롯 기능자인 프린스의 죽음에 대해서는 전혀 영상화되지 않았다. 또한 원작의 이 장면에서는 "테스 더비필드, 저기 마차를 타고 집에 가시는 분이 너의 아버지시잖아!"("The Lord-a-Lord! Why, Tess Durbeyfield, if there isn't thy father riding home in a carriage!" Tess 7)라고 친구가 말하자 "이것 봐, 만약 우리 아버지를 놀리면 너희들하고는 한 걸음도 같이 안 갈 거야!"("Look here; I won't walk another inch with ye, if you say any jokes about him!" Tess 7)라고 말하며 테스는 아버지의 술 취한 행위는 좋아하지 않지만 남들이 놀리는 것에 대해서는 싫어하는 '이중적인 모습의 성격묘사'를 보여준다.[127) 이 장면에서 하디는 "테스가 친구와 함께 있을 때에는 부끄러워하면서도 수비적인 자세를 취하고 자존심에 큰 상처를 입는 태도"[128)를 취하는 모습을 독자들에게 전달하였다. 또한 "알코올 중독자를 부모로 둔 자녀들이 전형적으로

---

126) 곽세, 「Tess of the D'urbervilles에 나타난 비극의 상징과 요인」, 충남대학교 교육학석사학위논문, 1992. p.6.

127) Charles L Fierz, 1999, p.104.

128) Charles L Fierz, 1999, p.103.

고통스러워하면서 동시에 모순된 감정으로 고통을 당하는"129) 이중적인 성격묘사를 확연하게 보여준다. 이러한 이중적인 성격과 테스의 수동적인 자세 또한 단순하게 지나칠 수는 없다. 페니 보멜라(Penny Boumelha)는 소설 플롯의 중요한 순간-말 프린스의 죽음의 순간, 체이스 숲에서의 알렉이 테스를 유혹하는 순간, 몽유병자인 에인젤이 테스를 관에 매장하는 순간 등- 등에서 테스의 잠들어 있는 모습이나 공상적인 상태에 놓여 있는 모습 등의 수동적인 자세에 의해 비극의 발단은 시작되고 계속되는 것이라고 주장한다.130) 이 장면들에서 폴란스키는 테스의 수동적인 모습인 잠자는 부분이나 공상적인 태도 등을 화면에서 처리하지 않았다. 그러나 BBC 드라마는 테스의 수동적인 모습 등을 부각시켰다.

폴란스키 영화에서는 테스를 둘러싼 모든 비극적인 요인의 발단인 테스의 수동적인 자세와 그녀 아버지 더비필드의 알코올 중독으로 인해 발생하는 성격묘사 부분이 생략되었고, BBC 드라마에서는 "만약 아빠를 계속 조롱한다면 너랑 춤 안 추겠다"라고 말하는 테스의 아버지에 대한 '이중적인 모습의 성격묘사'가 영상으로 처리되어 관객들에게 하디가 추구하는 원작의 전체적인 느낌을 전달한다. 말 프린스의 죽음 부분에 대해 BBC 드라마에서는 에이브러햄과 집안의 경제적인 압박에 대해서 '벌레 먹은 별(a blighted one)'로 비유하는 대화 부분은 생략하고, 테스 홀로 오솔길에서 프린스를 몰고 가다 조는 사이에 맞은편의 우편마차와 충돌하며 프린스가 고꾸라지자 상대편 마

---

129) Charles L Fierz, 1999, p.104.

130) Adam Gussow, "Dreaming Holmberry-Lipped Tess: Aboriginal reverie and spectatorial desire in Tess of the D'urbervilles," *Studies in the Novel*, 32.4, 2000, p.443 재인용.

부가 총으로 프린스를 안락사시키는 장면으로 테스의 비극적 상황을 재현했다. 결국 프린스의 죽음으로 집안의 경제적 상황이 급속도로 어려워지자 테스는 가짜 더버빌이 살고 있는 스토크 더버빌 집안으로 찾아가게 된다. 그곳에서 테스는 자신을 비극으로 몰고 가며 형장의 이슬로 사라지게 하는 알렉과의 첫 대면을 하게 된다. 알렉과의 대면에서 테스는 "어머니가 가라고 해서 왔는데 사실은, 저도 그럴 생각이 있었지만요. …… 저는 우리가 당신 집과 친척이라는 걸 알려드리러 왔어요"("Mother asked me to come," Tess continued; "and, indeed, I was in the mind to do so myself likewise. But I did not think it would be like this. I came, sir, to tell you that we are of the same family as you." Tess 28)라고 말하자, 알렉은 가문에 관한 이야기와 더불어 테스를 위해 딸기를 입에다 먹여주고 장미밭에 가서 장미꽃을 꺾어 가슴에 꽂으라고 주고 모자에도 꽂아주고 난 뒤 천막으로 와서 식사를 하는 테스의 예쁜 모습을 지켜본다. 하디는 이 부분에 대해 "여성을 대상화하여 관음적인 입장을 강조하게 만드는 장면"[131]으로 강조하였다. 폴란스키는 원작이 주는 관음적인 특성을 살리기 위해 카메라로 나스타샤 킨스키의 딸기를 먹는 매혹적인 입술모습을 단계적으로 클로즈업하여 보여주면서 관음적 이미지를 강조하였다. 이와 더불어 폴란스키는 원작에 없는 장면인 알렉이 테스에게 고기를 썰어서 주는 장면을 강조하여 영상으로 처리하면서 테스 입술의 붉은색, 딸기의 붉은색, 장미의 붉은색 그리고 고기의 붉은 색상이 주는 비극성을 강조하기보다는 테스에 대한 알렉의 성적 욕망을 드러내 보이는 것으로 표

---

131) Peter Widdowson, *On Thomas Hardy: Late Essays and Earlier*, Basingstoke: Macmillan, 1998. p.131.

현하였다. 이 장면에서 BBC 드라마는 원작이 주는 관음적인 이미지의 모습은 강조하지 않고 단순하게 알렉이 테스에게 딸기를 먹여주는 모습만을 보여주었다. BBC 드라마는 하디 원작의 내용에 충실하게 각색하였지만 원작이 주는 관음적인 이미지와 색상이 주는 비극적 요인 등에 대해서는 재현하지 않고 생략하여서 원작과 폴란스키 영화만큼 그 의미가 비중 있게 전달되지 않았다.

9월 축제일에서 돌아오는 길에 테스는 알렉과 함께 트란트릿지로 가기 위해 체이스 숲으로 들어간다. 어둠과 안개로 덮여 있는 비극을 잉태하는 체이스 숲에서 테스는 알렉에게 반강제적으로 순결을 잃는 가장 비극적인 부분을 원작에서는 애매모호하게 처리하였다.

> "알렉은 무릎을 굽혀 테스의 따뜻한 숨결이 그의 얼굴에 닿을 때까지 몸을 아래로 숙였다. 그리하여 순식간에 알렉의 뺨이 그녀의 뺨과 닿았다. 그녀는 깊은 잠에 빠져 있었고 속눈썹에는 눈물 자국이 남아 있었다. 주위는 어둠과 적막뿐이었다."

> "He knelt, and bent lower, till her breath warmed his face, and in a moment his cheek was in contact with hers. She was sleeping soundly, and upon her eyelashes there lingered tears. Darkness and silence ruled everywhere around."(*Tess* 57)

테스의 비극적인 요소 중에 가장 큰 요인이 된 사건이 전개되는 장면이다. 하디의 원작에서 가장 생생한 부분인 '희생의 이미지(sacrificial images)'132)를 불러일으키고 있는 체이스 숲에서의 알렉과 테스와의 관계를 폴란스키는 로맨스적 요소를 삽입하여 알렉은 테스로 인해

---

132) Dale Kramer, *Critical Essays on Thomas Hardy: The novels*, Boston: G. K. Hall & Co. 1990. p.221.

말에서 떨어지게 되고 두 사람의 성적인 관계가 달빛과 안개 속의 분위기에서 처리되면서 원작과는 다르게 변형되어 각색 처리되었다. 또한, 폴란스키는 체이스 숲에서 관계를 맺은 후 원작에는 전혀 없는 부분을 할리우드식 멜로드라마 요소를 가미해서 알렉이 테스에게 모자를 사주고 호수에서 뱃놀이를 하는 아름다운 연인들의 관계로 처리하였다. 반면에 BBC 드라마에서는 말을 타고 오는 중에 테스는 알렉에게 기대어 잠깐 졸고, 짙은 안개 속에서 알렉과 테스가 관계를 맺는 장면은 다소 어둡게 묘사되고 있다. 그러나 원작과 다르게 테스와 관계를 맺고 난 후 알렉이 숲에서 눈물을 흘리면서 넋이 반쯤 나가 있는 상태인 테스에게 "안개가 사라지고 있어. 우리는 집에 가는 길을 찾을 수 있을 거야"라고 말하고 떠나는 알렉의 무책임성을 보여주었다. 이 장면에서 테스는 순결 상실로 인해 눈물을 흘리고, 옷이 풀어 헤쳐진 상태에서 울면서 새들에게 휘파람을 불어주는 장면으로 원작이 변형되어 각색 처리되었다. 그렇지만 원작의 많은 부분이 변형되어 영상으로 처리되었다고 볼 수는 없다.

체이스 숲에서 알렉에게 순결을 빼앗기고 말롯의 집에 돌아왔을 때, 테스는 어머니 조안이 "그 사람을 결혼하게 붙잡을 생각이 없었으면 좀 조심하지 그랬어!"("You ought to have been more careful if you didn't mean to get him to make you his wife!" Tess 64)라고 나무라자, 테스는 다음과 같이 처절하게 자신의 처지를 비참하게 여기며 어머니 조안에게 울분을 토해낸다.

> "아, 엄마, 엄마!" 처절한 심정으로 어머니 조안을 쳐다보며 울분을
> 토해낸다. "내가 어떻게 알 수 있었겠어요? 넉 달 전에 집을 떠날

때 난 겨우 어린애였는데요. 왜 모든 남자들은 위험하다고 말해 주
지 않았어요?"

"O mother, my mother!" cried the agonized girl, turning passionately
upon her parent as if her poor heart would break. "How could I be
expected to know? I was a child when I left this house four months ago.
Why didn't you tell me there was danger in men-folk?"(*Tess* 64)

위 대화는 테스가 알렉에게 체이스 숲에서 처녀성을 잃고 집으로
돌아와서 엄마와 원망 어린 대화를 하는 장면이다. 하디의 독자는 순
결을 잃고 슬픔에 차 있는 테스에게 순결의 책임이 자식에게 있는 것
처럼 말하는 테스의 엄마 조안을 "테스는 엄마 조안이 아버지 더비필
드와 선술집에 술 마시러 갈 때 어머니를 대신하여 동생들을 돌보는
역할이며, 테스가 생각하는 엄마는 테스가 집을 떠나야 하는지 말아
야 하는지 결정할 수 없을 정도로 무기력한 존재"133)로 기억하게 한
다. 그러나 폴란스키는 가정에서의 테스의 존재를 강하게 피력하는
이 장면을 영상화하지 않고 들판에서 아이에게 젖을 먹이는 테스의
모습으로 전환시킨다. 즉, 나스타샤 킨스키가 이러한 테스의 삶의 측
면들을 연기하지 않았다는 것은 폴란스키가 "테스의 비극을 남성들
로 인하여 결정되는 것이 아니고 비극적인 가족관계에서 비롯된 것
임을 빠뜨렸기 때문에 생긴"134) 일이다. 이 장면에 대해 BBC 드라마
는 슬픔에 차서 집에 돌아오는 테스가 엄마 조안에게 "위험한 것도
있다고 왜 말 안했어? 왜 나한테 경고를 안 했어?"라고 말하며 슬피
우는 테스를 엄마 조안이 안타깝게 내려다보는 것으로 영상화하였다.

---

133) Charles L, Fierz, 1999, p.107.
134) Charles L, Fierz, 1999, p.107.

BBC 드라마에서 테스는 집안의 경제적 압박감을 해결해나가는 강한 여성의 이미지를 드러내 보이면서도 한 남자에게 순결을 빼앗긴 나약한 여성의 이미지 또한 보여준다. 테스는 알렉에게 순결을 빼앗기고 말룻에 돌아와 슬픔이라는 뜻을 가진 '쏘로우(Sorrow)'를 낳는다. 그러나 아기가 세상에 태어난 것 자체가 죄를 지은 것이라고 생각한 아버지는 가문의 이름을 더럽혔다고 하여 신부가 세례를 주기 위해 집안으로 들어오는 것을 거절한다. 결국 테스는 동생들을 모두 깨워 본인 스스로 세례 줄 것을 결심한다.

"기다란 흰색의 잠옷에다, 검은 머리채를 등 뒤로 곧게 허리까지 땋아 늘이고 있었기 때문에 그녀는 이상하게 키가 커 보이고 또 위압적인 인상을 주었다. 가물거리는 촛불의 희미한 빛은 다행스럽게도 그녀의 모습으로부터, 햇빛 속에서라면 드러났을 그녀의 작은 흠집들-그루터기에 긁힌 손목의 상처와 피곤에 지친 두 눈을 감추어 주었다. 지극히 열정적인 그녀의 모습은 불행의 원인이 되었던 그녀의 얼굴을 변모시키는 효과를 발휘하여, 거의 제왕의 풍모에 가까운 위엄이 가미된 완벽한 아름다움을 갖춘 아름다운 모습으로 그녀의 얼굴을 드러냈다. 졸음에 벌게진 눈을 끔벅거리며 무릎을 꿇고 앉은 어린것들은 놀라움을 잠시 멈추고 준비가 다 되기를 기다렸다. 밤이 너무 늦은 까닭에 그들의 둔감한 신체는 놀라움이 지속되는 것을 허용하지 않았던 것이다. 동생들 중에서 가장 놀란 아이가 물었다. "누나, 정말로 아기한테 세례를 줄 거야?" 소녀 같은 어머니는 엄숙하게 그렇다고 대답했다. "이름은 뭐라고 할 건데?" …… 쏘로우, 성부와 성자와 성령의 이름으로 그대에게 세례를 주노라."(김보원, 2000: 112~113)

Her figure looked singularly tall and imposing as she stood in her long white night-gown, a thick cable of twisted dark hair hanging straight down her back to her waist. The kindly dimness of the weak candle abstracted from her form and features the little blemishes which sunlight might have revealed--the stubble-scratches upon her wrists, and the

weariness of her eyes--her high enthusiasm having a transfiguring effect
upon the face which had been her undoing, showing it as a thing of
immaculate beauty, with a touch of dignity which was almost regal. The
little ones kneeling round, their sleepy eyes blinking and red, awaited her
preparations full of a suspended wonder which their physical heaviness at
that hour would not allow to become active. The most impressed of them
said: "Be you really going to christen him, Tess?" The girl-mother replied
in a grave affirmative. "What's his name going to be?" …… "Sorrow, I
baptize thee in the name of the Father, and of the Son, and of the Holy
Ghost."(*Tess* 74)

위 장면은 당시 가장 논란이 되는 부분이다. 특히 사생아를 낳은
죄 많은 여성인 테스가 자신의 아이에게 세례를 준다는 것 자체가 당
시 사회에선 논란이 되었다. 세례를 주는 이 부분에서 테스는 기독교
문화가 정의하는 타락한 여인의 모습보다는 제왕처럼 강한 위엄을
지닌 당당한 여성의 모습을 보여준다. 원작의 종교적 색채 중에 가장
논란이 되는 이 부분에 대해 폴란스키는 세례를 주기 위해 찾아온 신
부에게 아버지 더비필드가 "신에게 가서 그렇게 전해요. …… 이 집에
한 발자국도 못 들어와"라고 주장하여, 결국 신부는 집에 들어오지
못했고, 아이는 세례를 받지 못하는 것으로 처리한다. 결국 테스 혼자
"제게 벌을 내리시고 아이에겐 자비를 베푸소서"로 영상화하여 원작
과는 달리 세례식을 생략한다. 다음날 테스는 신부에게 찾아가서 세
례식의 적법한 절차와 기독교식 장례식을 부탁하지만 거절당하자 나
뭇가지 두 개와 끈으로 조그마한 십자가를 만들어 매장하는 것으로
세례식에 대한 암시와 장례를 재현하였다. 특히 기독교식 윤리에 대
해 비판하고 있는 하디의 원작과는 다르게 폴란스키는 비극적 요소
의 매체가 되고 있는—알렉이 회개하여 전도하는 부분에서 테스를 만

나 새로운 비극을 향하는 부분 등— 많은 종교적인 부분들을 영상으로 처리하는 것을 생략하여 원작의 충실성은 현저하게 떨어지게 만들었다. 폴란스키는 종교적인 권위를 가지고 있는 모습으로 등장하는 BBC 드라마와는 다르게 교구신부의 모습을 양봉업자의 옷차림을 하고 있으며 성직자의 제의적 의상에 대한 여성화된 패러디처럼 보이게 하였다. 표면상으로 편협한 교회와 종교에 대한 비판의 시각을 지닌 하디의 비판적 사고에 대해 폴란스키는 위선적인 종교의 모습으로 풍자화하여 영상으로 처리하는 전략을 취하였다.[135] 그러나 BBC 드라마는 폴란스키의 영화와는 다르게 대부분 종교적인 부분들을 원작과 충실하게 각색하여 처리하였다. 특히, 세례를 직접 동생들과 함께 주는 장면에서 테스는 나약하고 수동적인 모습에서 벗어나며, 종교적인 타락한 여인의 죄의식을 탈피한 당당한 모습을 지닌 여성으로 처리하였다.

아이를 잃고 슬픔에 빠진 테스는 집안의 가장으로서 생계를 꾸리기 위해 탈보테이즈 낙농장으로 일하러 떠난다. 그곳에서 선진적인 사상을 가지고 있는 에인젤을 만나게 되고 마음의 평화를 찾으며 삶에서 가장 행복한 날을 보내게 된다. 탈보테이즈 낙농장에서 에인젤은 테스에게 결혼해달라고 청하지만 테스는 "묻지 마세요. 이유를 말씀드렸잖아요-어느 정도는요. 저는 어울리지가 않아요- 자격이 없어요."("Don't ask me. I told you why--partly. I am not good enough--not worthy enough." Tess 137)라고 말하며 거절한다. 그러나 에인젤이 집요하게 구애해오자 테스는 "전-전 더비필드가 아니라 더버빌 집안이에

요- 우리가 지나쳐온 그 옛날 저택의 주인이었던 사람들과 같은 집안의 후손이예요!"("I--I--am not a Durbeyfield, but a d'Urberville--a descendant of the same family as those that owned the old house we passed." Tess 147~148)라고 말하면서 거듭 거절하지만 결국엔 에인젤에게 결혼을 승낙한다. 결혼 승낙 후 테스에게 다가오는 비극의 암시와 불길한 징조는 계속된다. 그러나 폴란스키는 결혼하기 전 세 번 일요일에 교회에서 결혼을 예고하는 '결혼예고', 결혼하는 당일 언급되는 더버빌 가문의 마차 살인사건 및 오후에 수탉의 우는 소리 등 "초자연적인 부분과 연관되어 있는 부분"136)들은 대부분 영상화하지 않고 생략하였다. 폴란스키는 비극적인 요인을 암시하는 이러한 초자연적인 부분들에 대해 영상으로 처리하지 않았지만 탈보테이즈 낙농장에서의 삶을 밝은 빛으로 처리하여 테스와 에인젤의 로맨스적 요소를 희망의 장소로 재현하였다. 또한 에인젤이 연주하는 아름다운 음악과 자연의 아름다움을 화면 전체에 묘사하면서 아름다운 남녀의 사랑노래로 테스에게 희망을 전해주는 부분으로 영상화하였다. BBC 드라마는 폴란스키 영화와 마찬가지로 탈보테이즈 생활을 테스에게 꿈과 희망으로 가득 차 있는 행복한 곳으로 보여주고, 또한 낙농장에서의 생활을 통해 테스가 주위사람들로부터 인격적인 존중을 받는 장소로 영상을 처리하였으며, 테스에게 다가오는 불길한 비극의 암시인 초자연적인 부분들은 생략하였다. 테스와 에인젤은 결혼식 전 여행에서 테스를 알아보는 한 남자를 만나게 되고 에인젤은 테스가 모욕을 당했다는 생각에 주먹으로 후려친다.

---

136) Jeremy Strong, 2006, p.197.

이 사건을 계기로 테스는 고백편지를 써서 에인젤의 방 문지방에 넣어두었으나 2~3일 후에 문지방 밑에서 고백편지를 발견하게 된다. 즉, 테스가 생각하는 기적은 아직 일어나지 않았던 것이다. 테스는 편지가 잘못 들어갔다는 사실을 알고 재차 과거를 고백하려 한다. 테스가 층계참에서 에인젤을 만났을 때 "꼭 해야 될 얘기가 있어요-제 실수와 잘못을 모두 말씀드리고 싶어요!"("I am so anxious to talk to you--I want to confess all my faults and blunders!" Tess 166)라고 말하자 에인젤은 이젠 시간이 많으니 결혼 후에 서로 간의 잘못에 대해서 고백하자고 한다.

> "…… 테스, 내 사랑하는 이여 적어도 결혼하는 오늘만은 당신은 완벽한 사람이 돼야 해요! 결혼식 후에 시간이 많으니 그때 고백합시다. 나도 잘못을 같이 고백하겠소."
>
> "No, no--we can't have faults talked of--you must be deemed perfect today at least, my Sweet!" he cried. "We shall have plenty of time, hereafter, I hope, to talk over our failings. I will confess mine at the same time."(*Tess* 166)

위 대화는 결혼 전 마지막으로 테스는 다시 한 번 용기를 내어 자신의 죄 많은 과거에 대해 털어놓고 싶었으나 결혼에 취한 에인젤이 결국 결혼 후로 서로 간의 고백을 돌리는 장면이다. 결혼 후에 서로 간의 고백을 하지만 에인젤의 과거에 대해 테스는 용서를 하지만, 테스의 과거에 대해 에인젤은 용서하지 않고 오히려 "다시 말하지만, 내가 사랑했던 여인은 당신이 아니오."("I repeat, the woman I have been loving is not you." Tess 179)라고 말하며 자비를 요청하는 테스를 일종의 가증스러운 위선자이자 사기꾼으로, 그리고 순결의 가면을 쓴 죄인으로 여기며 테스의 사고나 태도를 자신이 속한 계층보다 더 낮은 계층의 사람들의 태도로 정의를 내리는 위선적인 모습을 보인다. 선진적인 사고를 지니고 있는 에인젤이 결국은 기독교적 여성의 순결관을 극복하지 못하고 테스를 압박하는 이중적인 모습을 보이며 당대의 순결관과 이상적인 여성관에 고착화된 모습을 보여준다. 테스는 본인이 예전부터 예감했던 불길한 일들이 결국 일어나고 있다는 것을 느끼고 있었다.

"하지만 그의 두 눈이 이상하게 허공에 고정되어 있는 것을 발견하면서 …… 그는 방 한가운데에 이르자 조용히 멈춰서더니 슬픈 목소리로 중얼거린다. '죽었구나! 죽었어! 죽었어!'라고 외치며 때때로 걸어 다니기도 하고 심지어 이상한 행동까지 하였다. …… 그가 이제 몽유병 상태에 빠져 버린 것을 테스는 알 수 있었다. …… 그녀의 입술에 키스를 하였다. …… 아! 그가 무슨 꿈을 꾸고 있는지 그녀는 그제야 알아차렸다. …… 수도원장의 텅 빈 석관이 북쪽 벽에 바짝 붙어 놓여 있었는데, …… 클레어는 그 속에다 테스를 조심스럽게 눕혔다. 그녀의 입술에 두 번째 키스를 한 다음 그는 마치 몹시 바라던 일이 끝나기라도 한 것처럼 깊은 한숨을 내쉬었다. 테스는 관에서 일어나 앉았다. …… 그 다음날 아침 그를 만나자마자 테스는 지난밤의 짧은 여행에 자신이 얼마나 관계하였는지를 에인젤이 모르고 있다는 사실을 깨달았다. 다만 자기 스스로는 조용히 잠을 자지는 않았구나 하는 것은 알고 있는 듯했다. 사실 그날 아침 그는 죽음처럼 깊은 잠에서 깨어났다. 삼손이 머리를 흔들듯이 뇌가 활동을 시작하는 처음 얼마 동안 그는 밤새 무슨 이상한 일이 일어났다는 느낌은 있었다. 하지만 임박한 현실의 문제들이 곧 그 문제에 대한 생각을 밀어내고 말았던 것이다."(김보원, 2000: 303～308).

"…… and her first flush of joy died when she perceived that his eyes were fixed in an unnatural stare on vacancy. When he reached the middle of

the room he stood still and murmured in tones of indescribable sadness--
"Dead! dead! dead!"
Under the influence of any strongly-disturbing force Clare would
occasionally walk in his sleep, and even perform strange feats, such as he
had done on the night of their return from market just before their
marriage, when he re-enacted in his bedroom his combat with the man
who had insulted her. Tess saw that continued mental distress had
wrought him into that somnambulistic state now. …… As soon as they
met the next morning Tess divined that Angel knew little or nothing of
how far she had been concerned in the night's excursion, though, as
regarded himself, he may have been aware that he had not lain still. In
truth, he had awakened that morning from a sleep deep as annihilation;
and during those first few moments in which the brain, like a Samson
shaking himself, is trying its strength, he had some dim notion of an
unusual nocturnal proceeding. But the realities of his situation soon
displaced conjecture on the other subject."(*Tess* 193~196)

이 장면에서 독자와 테스 둘 다 에인젤이 드디어 테스의 과거를 용서하고 결혼 전의 서로 사랑하는 사이로 되돌아가 행복한 결혼생활을 이끌어가려고 한다고 생각한다. 그렇지만 우리는 곧 에인젤이 "몽유병에 걸려 있음을 깨닫게 되며 헛된 희망"137)이라는 것을 인식한다. 이 부분에서 하디의 소설에서는 에인젤이 스스로가 느끼는 순결문제를 극명하게 표현하고 있으며, 결국 에인젤이 생각하는 순결한 테스가 죽었다고 인식하며 다가오는 불행을 고조시킨다. 원작에서 중요하게 묘사되는 이 부분이 폴란스키 영화와 BBC 드라마에서는 테스를 순결한 여인이라고 생각한 에인젤이 충격을 이기지 못하고 실망어린 모습으로 멍한 모습을 보이며 밖으로 걸어가는 장면으로만 처리하였다. "테스는 여자로서 그리고 노동계급으로서 착취를 당하

---

137) Jeremy Strong, 2006, pp.195~196.

는"138) 플린트컴-애쉬-하디의 소설 플롯에서 중요하게 여겨지는 장소-로 일하러 가는 도중 숲에서 잠을 청하기도 한다. 이렇듯 소설 플롯에서 중요한 장소인 탈보테이즈와 플린트컴-애쉬에 대해 잉햄이 언급한 것처럼 탈보테이즈는 여성으로서 그리고 노동자의 모습으로서 테스에게 꿈과 희망을 제시하는 장소였다면, 플린트컴-애쉬는 비인간적인 노동의 모습과 붉은 독재자인 탈곡기로 인한 노동착취의 현장인 것이다. 즉, 탈보테이즈와 플린트컴-애쉬는 소설 플롯의 중요한 장소이자 그 성격이나 실제상황이 현저하게 대조적인 모습을 띄고 있다. 폴란스키의 영화와 BBC 드라마에서도 소설의 "주요한 플롯 기능자로서 역할을 하는"139) 탈보테이즈와 플린트컴-애쉬 생활을 통해 테스에게 희망과 절망감을 대비시키며 보여주는 영상 전략을 취하였다. 특히, 플린트컴-애쉬는 테스에게 자연은 때로는 안식처가 되고 때로는 비극의 요인이 된다는 것을 더욱 강조하며 보여준다. 원작에서 묘사되는 숲 중 체이스 숲은 알렉에게 순결을 빼앗기는 비극의 장소가 되었고, 플린트컴-애쉬로 가는 숲은 테스를 쉬게 하는 잠자리가 되어주면서 '꿩'의 죽음을 통해 다가오는 테스의 죽음 또한 암시해주는 역할을 한다.

> "마침내 날이 샜다. 잠깐 사이에 하늘이 훤해지더니 숲 속도 밝아졌다. 세상이 활동하는 시간을 확실하게 알리는 낮익은 햇살이 좀 더 강해지자 그녀는 곧 낙엽 더미에서 빠져나와 대담하게 주변을 둘러보았다. 그제야 그녀는 자기를 불안하게 만들었던 소리가 무엇인지 깨달았다. …… 나무 밑에는 화려한 깃털이 피범벅이 된 몇 마

---

138) Patricia Ingham, *The Language of Gender and Class*, London and New York: Routledge, 1996, p.167.
139) 윤천기, 2009, p.115.

리 꿩이 흩어져 있었다. 어떤 것은 죽어 있었고, 또 어떤 것은 힘없이 날개를 파닥거렸으며, 하늘을 쳐다보는 놈, 가쁜 숨을 내쉬는 놈, 몸부림을 치는 놈, 몸을 축 늘어뜨린 놈-모두 고통스럽게 몸뚱이를 비틀고 있었고, 다만 더 이상 견디지 못한 운 좋은 몇 마리만 밤새 고통이 끝나 있었다. …… 고통을 받고 있는 새들이 마치 자기 자신인 것 같은 충동이 들어 테스는 그 꼼짝 못하고 있는 살아 있는 새들을 고통에서 해방시켜 주어야겠다는 생각이 먼저 들었다. 그렇게 하기 위해 그녀는 눈에 띄는 새들은 모두 찾아서 제 손으로 목을 비틀어 죽인 다음, 사냥터지기들이 찾으러 다시 올 때까지-그들은 십중팔구 오게 되어 있었다-원래 있던 그곳에 그대로 놓아두었다.”(김보원, 2000: 342~343)

“Directly the assuring and prosaic light of the world's active hours had grown strong she crept from under her hillock of leaves, and looked around boldly. Then she perceived what had been going on to disturb her. The plantation wherein she had taken shelter ran down at this spot into a peak, which ended it hitherward, outside the hedge being arable ground. Under the trees several pheasants lay about, their rich plumage dabbled with blood; some were dead, some feebly twitching a wing, some staring up at the sky, some pulsating quickly, some contorted, some stretched out--all of them writhing in agony, except the fortunate ones whose tortures had ended during the night by the inability of nature to bear more. …… With the impulse of a soul who could feel for kindred sufferers as much as for herself, Tess's first thought was to put the still living birds out of their torture, and to this end with her own hands she broke the necks of as many as she could find, leaving them to lie where she had found them till the game-keepers should come--as they probably would come--to look for them a second time.”(*Tess* 218~219)

위 장면은 다르게 생각하면 테스가 총을 맞고 꿈틀거리는 꿩들을 죽인 모습에서 잔인성을 볼 수 있으나 테스 자신이 처한 상황과 작품의 전체를 비교해보면 또 다른 테스의 모습을 보여준다. 사냥 후에 테스의 주위에서 죽어가는 꿩의 고통 속에서 우리 인간들의 “냉혹성과 잔인성"[140)]을 엿보며 테스는 스스로가 세상에서 가장 불쌍하다고 여겼지만 사냥꾼의 총에 맞아 죽어가는 꿩들의 몸부림을 보며 자신만이 세상에서 가장 불행하다고 여겼던 것을 부끄럽게 여긴다. 테스는 꿩의 죽음과 자신이 처한 현재의 삶에 대한 동질감을 느끼고, 하디는 꿩의 죽음을 테스의 파멸과 비교하여 암시하고 있다. 폴란스키 영화에서는 짙은 안개가 낀 들판에서 사냥꾼들이 개들을 데리고 다니며 사냥하는 모습이 나오고 테스가 숲에서 잠을 자기 위해 나뭇잎을 모으고 "모든 것이 덧없구나"라고 홀로 독백하는 순간에 가장 순수함을 상징하는 사슴을 보게 되는 장면을 영상 처리하였으나 꿩의 죽음 등 자연이 주는 비극적 암시는 시각적인 이미지인 영상으로 처리하지 않았다. 폴란스키는 이러한 자연이 주는 비극성에 대한 시퀀스가 생략되어서 체이스 숲을 제외한 자연은 단순한 소설 플롯의 정보제공자로서 존재하는 영상의 전략을 취하였다. 폴란스키와는 약간 다른 모습으로 BBC 드라마는 플린트컴-애쉬로 일하러 가는 도중에 결혼 전 여행에서 만난 그로비와 사냥을 하고 있는 그로비의 동료들에게 놀림을 당하자 테스는 스스로 울부짖으면서 흙으로 자기 얼굴을 비비며 상처를 내는 처참한 모습을 보여준다. 이러한 자기 학대의 모습을 영상으로 보여주면서 자연을 단순한 아름다움과 희망의 상징이 아닌 비극의 모습을 지닌 영상으로 처리하였다. 그러나 꿩의 죽음이라는 자연이 주는 비극적 암시는 영상으로 처리하지 않았다. 즉, 폴란스키 영화와 BBC 드라마는 에인젤과의 사랑 및 탈보테이즈 낙농장의 밝은 모습 등에서 자연은 아름답고 밝은 모습으로 처리하였으나

---

140) 곽세, 1992, p.17.

플린트컴-애쉬와 체이스 숲이 주는 자연은 어둡고 비극적인 요소를 지닌 캐릭터로서 묘사하였다. 원작의 제43장 척박한 플린트컴-애쉬의 생활에서 테스는 삶이 너무 힘들고 희망이 없다고 판단하여 에인젤의 부모를 만나기 위해 사제관이 있는 에민스터로 찾아가지만 차마 만날 수가 없어서 멀리서 바라만 본다. 테스는 자기 인생의 위기가 다가오고 있음을 느끼면서 척박하고 고통스러운 플린트컴-애쉬 농장으로 되돌아오는 중에 자신은 죄인 중의 죄인이었으나 클레어 신부를 만나 회개하였다고 하는 소리를 듣게 된다.

> "하지만 테스에겐 성경의 구절보다 그 내용을 말하는 목소리가 더욱더 놀라웠다. 그 목소리는 있을 수 없는 것처럼 보였지만 정확히 알렉의 음성이었다."

> "But more startling to Tess than the doctrine had been the voice, which, impossible as it seemed, was precisely that of Alec d'Urberville."(*Tess* 238)

위 장면은 테스가 고통과 아픔 속에서 에민스터에 있는 에인젤의 부모에게 모든 상황을 설명하기로 굳은 결심을 하고 갔으나 결국 만나지 못하고 돌아오는 길에 자신을 불행의 구덩이로 몰아넣었던 사람의 목소리를 듣는 장면이다. 바로 그 목소리는 테스 자신을 비극으로 몰아넣었던 결코 용서할 수 없는 사람의 목소리였던 것이다. 그러나 자신의 순결을 앗아간 알렉과의 우연한 만남이 테스를 다시 한 번 거대한 비극적인 메커니즘으로 몰아넣는 요인이 되게 한다. 이러한 눈에 보이지 않는 거대한 힘에 좌우되는 우연한 만남을 한마디 말로 표현한다면, 그것은 우주 속에 내재해서 세계의 모든 것을 통찰하는 '내재적 의지'라고 보고 있다.141) 이러한 내재적 의지는 인간의 힘으로는 도저히 어찌할 수 없는 것이며, 인간의 외부세계에만 존재하는 것이 아니고 인간 내부에서도 존재하는 초자연적인 운명의 주관자를 의미하는 것이다. 하디의 작품 『테스』에서의 "비인간적인 잔인성은 이러한 내재적 의지"142)에 연관되어 있으며 작품 전체를 지배하는 거대한 메커니즘으로 자리 잡고 있는 것이다. 특히 원작의 제5장 여자는 값을 치른다(The Woman Pays)는 남자들로 인해 고통을 받는 불행한 테스에 대한 안타까움을 표현한 장이다. 또한 이 장은 에인젤도 알렉과 다를 바 없이 잔인하고 억압하는 남성상을 보여주는 장으로 전개되며 테스가 알렉뿐만 아니라 에인젤에게서도 똑같은 슬픔과 고통을 맛보게 되는 부분이다.143) 그러나 폴란스키 영화와 BBC 드라마에서는 에인젤은 알렉만큼 난폭하게 표현되지는 않았다.

이처럼 테스가 에인젤의 부모를 만나지 못하고 플린트컴-애쉬로 돌아올 때 설교하고 있는 알렉과 우연히 만난 후 보게 되는 돌기둥 '크로스 인 핸드(Cross-in-Hand)' 부분을 폴란스키는 색다른 영상으로 그려내고 있다. 폴란스키는 원작의 흐름을 바꾸어서 에인젤의 부모를 만나기 위해 에민스터 사제관으로 가는 도중에 사제관에서 에인젤 부모와 상면이 이루어지지 않을 것이라는 암시와 평생 만나고 싶지 않는 알렉을 만남으로써 발생하는 우연이 만들어낸 비극적 요소를 상징적으로 암시하기 위해 '크로스 인 핸드'의 의미를 지나가는 노인한테 듣는 장면으로 처리하였다. 또한 내재적 의지로 인한 비극의 씨앗인 알렉과의 만남과 알렉의 설교 장면 등은 영상화하지 않고 알렉

---

141) 곽세, 1992, pp.25~26.

142) Satoshi, Nishimura, "Language, Violence, and Irrevocability: speech acts in Tess of the D'urbervilles," *Studies in the Novel*, 37.2, 2005, p.221.

143) Charles L Fierz, 1999, p.107.

이 말을 타고 플린트컴-애쉬로 테스를 찾아오는 장면으로 처리하면서 비극적 요소보다는 로맨스적인 요소를 가미하였다. BBC 드라마는 비극적인 요소를 동반하면서 원작에 충실하게 알렉이 천막 안에서 사람들에게 성서의 갈라디아서를 설교하며 본인은 죄인이라는 말을 하는 중에 테스를 발견하게 되는 것으로 처리한다. 이 장면과 더불어 천막에서 도망가는 테스를 쫓아가서 자기가 저지른 과거를 용서하라고 말하는 알렉의 모습을 보여주면서, 알렉의 말을 듣고 슬픔에 가득 찬 얼굴을 한 테스가 아이를 낳았고, 그 애의 이름이 '쏘로우'였다고 말하는 것으로 폴란스키의 영화와는 다르게 테스가 처한 비극의 부분들을 더욱 강조하면서 애절하게 말하는 테스의 모습을 영상화하였다. 또한 알렉이 말하는 교회를 "당신네 훌륭하고 고귀한 교회가 그 애에게 허락한 거라곤 거지의 무덤이 전부였어!"라고 알렉이 믿는 종교를 비판하면서 다시는 알렉 당신을 보고 싶지 않다고 말하며 떠나는 것으로 묘사하였으나 비극의 상징인 '크로스 인 핸드'는 영상으로 처리하지 않고 생략하였다. 이 장면에서 BBC 드라마가 폴란스키의 영화처럼 인간 스스로가 헤쳐나가기 힘든 비극적 메커니즘을 비유한 크로스 인 핸드를 영상으로 처리하였더라면 과거의 욕망으로 가득 찬 모습을 지닌 알렉과의 비극적인 만남이 더욱 강조되었을 것이다.

하디의 원작에서는 플린트컴-애쉬로 돌아와서 일하는 테스를 쫓아온 알렉이 테스에게 결혼하자고 말하는 장면, 붉은 탈곡기의 노동의 착취 장면 그리고 알렉과의 논쟁 속에서 장갑으로 알렉을 쳐서 피가 나오게 하는 장면 등의 에피소드를 통해 더욱더 테스의 비극성을 강조하고 있다. 그러나 폴란스키는 탈곡기의 노동착취 등 원작에 충실하게 영상으로 처리하였으나, 에인젤의 브라질 생활과 테스에게 저지른 뉘우침 장면, 동생 리자 루가 어머니가 편찮으시다고 말하는 장면 등을 생략하거나 일부는 변형적으로 각색하여 영상 처리하였다. 또한 아버지 더비필드가 위독하여서 돌아가시면 테스 가족이 쫓겨나니 자신이 도와줄 수 있게 해달라는 것으로 영상화하였지만 당시의 산업 사회의 발전으로 농촌생활의 피폐화와 노동자 계급의 열악한 조건 등에서는 원작의 의미를 전달하지 못하고 단순히 이사하는 모습으로 처리하는 아쉬움을 갖게 하였다. BBC 드라마는 폴란스키 영화보다는 원작의 의미를 최대한 살려서 비극적인 요소들을 제공하거나 암시하면서 각색 처리하였으나 폴란스키와 유사하게 당시의 사회적 요인들에 대한 설명 없이 영상 처리하는 한계를 지니고 있다. 즉, 이러한 사회적 요인들을 영상으로 처리하지 않음으로 인해 BBC 드라마와 폴란스키 영화에서는 농촌의 경제적인 현실이 만들어낸 비극적인 요소들의 시퀀스를 원작의 의미를 살려서 사실적으로 각색하지 않고 변형하여 원작이 주는 감동을 충분하게 전달하지 못했다.

이어서 테스는 아버지의 사망으로 인하여 이사 가는 중에 알렉이 와서 다시 한 번 더버빌 집안의 마차에 관한 살인사건을 언급하면서 앞으로 일어날 살인사건에 대한 비극적 암시를 상기시켜준다. 테스는 집안이 처한 "경제적 현실을 해결할 수 있는 가장 쉬운 방법"[144]으로 알렉에게로 돌아가는 것을 선택하게 되는 것이다. 브라질에서 돌아온 에인젤은 테스를 찾아다니면서 어머니 조안을 만나 테스가 샌번에 산다고 듣고 찾아 나선다. 폴란스키는 원작에 충실하게 각색하여 재현하였으나 테스에게 닥칠 비극적 암시인 더버빌 집안의 마차에 관

---

144) Charles L Fierz, 1999, p.107.

한 살인사건은 영상으로 처리하지 않음으로써 유전적으로 내려오는 비극적인 요인들에 대해서는 작품 전체에서 생략하였다. BBC 드라마는 폴란스키 영화와 마찬가지로 테스가 경제적인 현실을 해결하기 위해 알렉에게로 돌아가는 부분을 영상으로 처리하였지만, 비극적 암시인 더버빌 가문의 조상들이 벌인 유전적인 상황과 연결된 마차 살인사건은 영상에서 생략하는 전략을 취하였다. 결국 BBC 드라마와 폴란스키 영화는 트링엄 신부를 통한 더버빌 가문의 내력을 통해 집안의 불행이 시작되었음을 보여주고 있으나, 조상부터 내려오는 마차의 살인사건을 영상화하지 않음으로써 하디가 전하고자 하는 인간의 힘으로는 거부할 수 없는 내재적 의지로 인한 비극적 상황들이 관객들에게 효과적으로 전달되지 못하는 결과를 가져왔다. 이처럼 전체적인 틀에서 보면 영상과 소설작품은 확실히 매체적인 측면에서 차이가 존재하기에 관객과 독자들에게 동일한 효과를 줄 것이라고 생각하는 것은 무리한 작업일 것이다. 원작에서의 비극의 정점의 촉매자인 에인젤과 테스의 만남의 장면, 테스와 알렉의 말다툼 장면, 그리고 알렉을 살해하고 도주하는 장면들을 폴란스키는 테스와 알렉과의 격렬한 말다툼 없이 아침을 먹는 알렉과 식탁에 엎드려서 슬피 우는 테스의 모습으로 처리하였다. 그리고 알렉의 집에 일자리를 구하러 갔을 때 알렉이 고기를 썰어주는 칼과 유사한 칼을 영상으로 보여주면서 특별한 살해 장면 없이 급하게 계단을 내려가는 테스의 모습과 집안일을 하는 브룩스 부인이 천정에 피가 고이는 것을 보고 이층으로 올라가서 소리 지르는 것으로 살해 장면을 처리하였다. 이 장면을 BBC 드라마는 원작에 충실하게 에인젤을 만나고 온 테스와 침대에 누워 있는 알렉과 격렬한 말다툼과 몸싸움을 하는 광경을 브룩 부인이 문틈으로 보고 급하게 내려오고, 잠시 후에 브룩 부인이 천정에 피가 고이는 것을 보고 올라가서 반라의 몸으로 앞가슴에 칼이 꽂아져 있는 알렉을 보면서 소리 지르는 것으로 살해 장면을 처리하였다. 그러나 원작에서는 내러티브를 통해 보여주었듯이 테스가 알렉을 살해하게 되는 심리적인 경향은 가족에서부터 야기된 산물이며, 알코올 중독의 상황인 가족의 구조에서 발생된 것임에도 불구하고 폴란스키의 영화와 BBC 드라마에서는 이 비극적 장면에 대한 가족의 구조 등에 대해선 아무런 영상의 제시도 하지 않은 채 단순히 살해의 사실만을 영상화하였다.[145] 살인이라는 비극의 최대 요인을 폴란스키의 영화와 BBC 드라마는 원작을 최대한 충실하게 각색하려고 하였지만 테스의 캐릭터에 대한 가족관계의 영향력에 대한 증거를 충분하게 보여주지 않고 처리함으로써 부분적으로는 실패하였다.

원작의 마지막 장면에서 테스는 살해를 하고 에인젤과 도주를 하고 서로의 사랑을 확인하며 스톤헨지에 도착해서 에인젤에게 자신의 진심 어린 심정으로 사랑하는 동생 리자 루는 자기의 분신과 같아서 동생을 보살펴달라고 부탁하며 자신의 죽음이 리자 루를 통해서 다시 이어진다고 한다.

> "리자 루는 제가 가지고 있는 것 중에서 나쁜 건 하나도 없고 좋은 것만 가지고 있어요. 리자 루가 당신의 여인이 된다면, 죽음도 우리를 갈라놓지 못한 셈이 되는 거예요."
>
> "She has all the best of me without the bad of me, and if she were to become yours it would almost seem as if death had not divided us ……."(*Tess* 311)

---

145) Charles L Fierz, 1999, p.108.

위 장면은 작품의 마지막 장면이고 작품 전체를 투영하는 가장 인상적인 장면이다. 테스는 알렉을 죽이고 도망치는 중에 에인젤에게 자신의 동생 리자 루를 부탁하고 그 리자 루를 통해서 자신과 연결될 거라는 것을 강조하는 부분이다. 그리고 스톤헨지의 돌을 가리키면서 "여기에서 하느님께 번제물146)을 바쳤나요?"("Did they sacrifice to God here?" Tess 311)라고 에인젤에게 물으면서 테스 자신에게 다가오는 '번제물의 이미지'인 죽음을 암시하고, 결국 교수형으로 테스의 비극적 상황들을 종결하였다. 폴란스키는 테스가 스톤헨지에 도착해서 에인젤에게 "더버빌 가문보다 더 오래되었어요. 죽은 후에도 다시 만날 수 있을까요?"라고 말하며 돌 위에서 잠을 잔다. 그러나 원작의 마지막 장면에서 하디는 내러티브를 통해 죽음의 과정들을 스톤헨지를 통해 "테스의 과거와 그녀가 저지른 범죄 및 그녀의 죽음까지 냉혹하게 독자들에게 제시하지만"147) 폴란스키는 테스가 체포되어 카메라에서 멀어지는 것으로 처리하면서 리자 루에 대해서는 전혀 언급 없이 자막으로 "웨식스의 수도인 윈톤체스터에서 교수형당했다"로 처리하여 종결한다. BBC 드라마는 스톤헨지에 도착해서 테스는 에인젤에게 "당신이 그 애와 결혼하면 죽음도 우릴 갈라놓지 못할 것 같아요"라고 말한다. 잡히고 난 뒤 감옥에 있는 테스의 모습을 영상 처리하여 보여주면서 형장으로 가는 테스의 모습에 테스와 에인젤의 만남의 장면, 오월제일 춤 장면 등이 오버랩되고, 내레이터를 통해 원작과는 다르게 '주님의 기도' 소리와 함께 사형당하는 장면을 보여준다.

---

146) 번제물의 의미는 '기독교' 구약시대에, 짐승을 통째로 태워 제물로 하느님께 바친 제사. 안식일, 매달 초하루와 무교절, 속죄제에 번제물을 지냈다.

147) Charles L Fierz, 1999, p.108.

에인젤은 교도소 언덕에서 사형을 집행한 표시인 검은 깃발이 올라가는 것을 보고 슬피 울면서 리자 루와 손을 잡고 같이 떠나는 것으로 원작의 마지막 부분을 충실하게 처리하였다. 폴란스키 영화와는 다르게 BBC 드라마는 작품 전체에서 종교적인 색채를 영상으로 처리하면서 하디가 전하고자 하는 종교적인 색채를 최대한 전달하였고 마지막 장면에서는 종교적인 부분을 변형적으로 각색하여 원작에 없는 부분인 주님의 기도를 삽입함으로써 테스의 비극적인 삶을 더욱 슬프게 처리하였다. 결론적으로 폴란스키의 영화와 BBC 드라마는 원작과는 다르게 변형하여 각색하였지만, 영상이라는 매체의 특성을 최대로 활용한 결론 부분은 원작보다 더 잘 재현된 장면이라 하겠다. 이와 같이 원작 『테스』의 주요 플롯을 비교적 충실하게 각색한 폴란스키 영화 <테스>는 원작에서 보이는 여성상의 재현과 계급적 상황, 종교적인 색채 및 테스를 둘러싼 비극적인 요인들을 생략하거나 다른 형태로 제시한다. 폴란스키는 영화의 여주인공 테스 역을 맡은 나스타샤 킨스키를 원작에서 보이는 "심신의 고난을 견뎌내는 강인한 인내력이 있고, 모진 역경에 처해서도 수치스러운 선택을 피하려는 강한 자존심이 있는"[148] 여인으로 처리하기보다는 남성들이나 관객들에게 볼거리의 한 부분으로서 응시의 대상이 되게 하는 여성의 육체와 성적인 부분에 중점을 두고 있다. 그러면서도 실질적인 가정의 가장으로서 주체적이며 적극적인 행동의 인격체인 테스보다는 할리우드식 멜로드라마의 유형을 띤 시각적인 아름다움의 대상으로 재현해내고 있다. 그러나 BBC 드라마에서의 주인공 테스는 원작의 이미

---

148) 양영수, 『산업사회와 영국소설』, 동인, 2007. p.157.

지를 충실하게 각색하여 가정의 경제적인 상황을 헤쳐 나가는 강한 여성의 이미지를 보여준다. 폴란스키의 영화와 BBC 드라마는 압도적인 비주얼을 사용해서 자연의 아름다움과 비극적인 요소를 전해주고 있는 음악 등 관객들을 위한 다양한 볼거리를 제공한 이미지는 성공적이었지만, 원작이 전해주는 초자연적인 비극적 요소, 자연과 연관된 비극적 암시와 종교적인 특성들이 많이 생략되었다는 것은 한계로 지적되지 않을 수 없다.

3) 결론

하디는 테스의 사랑을 아름답고도 치밀하게 묘사하였으며, 비열하고 탐욕스럽고 욕망에 불타는 알렉과 위선적인 에인젤을 등장시켜 빅토리아조의 인습, 기독교 사상의 비판과 도덕성에 비판을 가하고 있다. 작품 전반에 테스의 의지는 본인의 의지와는 상관이 없는 그 어떤 지배적인 힘에 의하여 조정된다. 이러한 지배적인 힘과 대립하고 갈등하는 상황에서 테스의 비극은 나타나게 된다. 이러한 비극적 요인을 조정하는 내재적 의지는 자연, 우연, 유전, 사랑, 종교, 색상 등 여러 가지 요인들로 설명될 수 있다. 테스의 성격은 내적인 비극의 요인으로써 테스를 비극적 상황으로 몰고 가는 데 중요한 역할을 수행한다. 또한 에인젤의 순결에 관한 집착과 알렉의 지나친 소유욕의 추구와 같은 성격은 테스의 비극적인 운명에 작용하는 가장 큰 요소로 존재하고 결국에는 주인공 테스에게 살인동기를 제공하여 파멸로 몰아넣는다. 이외에 다른 비극의 요인으로써 말 프린스의 죽음, 에민스터를 다녀오는 도중에 개종한 알렉과의 우연적인 만남, 그리고 에인젤과의 결혼 전 여행지에서 과거를 아는 남자와의 만남 등은 이해하기 힘들지만, 하디는 우연을 운명의 대행자로 빈번하게 사용하여 비극적 요소를 피해갈 수 없는 것으로 강하게 묘사하였다. 체이스 숲과 플린트컴-애쉬로 가는 도중 숲에서의 노숙 및 꿩 등 동물들의 죽음이 그려지는 자연은 작품의 배경으로만 있는 것이 아니고, 어둠, 안개의 모습을 한 하나의 비극적 요인들로 테스를 불행에 빠지게 하는데 중요한 역할을 하고 있다. 과거를 고백하며 용서를 구하는 테스에게 계급적 제도를 인식시키는 에인젤, 가족의 경제적인 압박과 가난을 헤쳐 나가는 가장으로서 시달리는 테스의 모습, 사회적인 인습 등이 그녀를 더욱 불행의 상황 속으로 몰아넣는다. 즉, 테스의 비극은 알렉에게 잃은 순결 자체보다는 사회적인 인습과 종교관에 더 큰 원인이 있다고 볼 수 있다.

하디의 소설 『테스』가 전하는 이러한 원작의 비극적 의미는 폴란스키의 영화와 BBC 드라마에서는 새로운 형태로 영상화된다. 원작과 영화, 그리고 드라마를 비교 분석한 결과를 보면, 먼저 폴란스키는 여주인공 나스타샤 킨스키를 할리우드 영화의 멜로드라마의 여성으로 각색하고 있음을 볼 수 있다. 폴란스키는 테스라는 여성을 주체적이며 자기주장이 강한 여성의 모습보다는 관능적인 여성의 모습을 강하게 영상화해서 남성들의 볼거리로 만들어 관객들에게 즐거움을 선사하였다. 이러한 영상이미지는 영화가 가지고 있는 대중성과 상업성을 동시에 획득하고 있다. 3시간이라는 긴 상영시간에도 불구하고 지속적으로 발생하는 비극적 상황으로 인한 테스의 모습으로 관객은 지루한 느낌이 없이 영화에 몰입하게 된다. 물론 원작에서 하디가 의도한 자연, 종교적인 색채, 우연적인 상황, 자연과 연관된 비극적인 요인 및 암시 그리고 당대 농촌사회의 몰락과 계급적 상황 및 조상에 얽힌 유전적인 특징 등은 영상화되지 못하는 한계를 보인다. 이와 더불어 작품 전체의 비극을 이끌고 있는 테스 부모의 알코올 중독으로 인한 경제적 압박, 말 프린스의 죽음, 당대 기독교적 종교관을 비판한 쏘로우의 세례와 장례식, 더버빌가에 내려오는 마차살인, 결혼예고와 수탉의 울음, 에인젤의 몽유병 장면, 마지막 교수형의 암시와 슬퍼하는 에인젤과 리자 루의 모습 등은 영화에서 생략되고 있다. 오히려 알렉과 에인젤, 그리고 테스의 관계가 지나치게 할리우드식 사랑에만 포커스가 맞추어져 있어서 아쉬움은 남지만 전체적으로 원작에 충실하게 각색하였다. BBC 드라마는 원작이 주는 깊이와 영상매체 간의 대중성을 적절하게 조화시켜서 놀라울 만큼 원작에 충실하였고, 폴란스키 영화에서 다루지 않았던 세밀한 부분까지 각색하여 영상으로 처리하였다는 것이 가장 큰 장점이라 하겠다. 영화로는 원작의 깊이를 충분히 파악할 수 없었으나 오히려 BBC 드라마와 함께 감상하여서 '충실한 각색'의 의미를 더 잘 느낄 수 있는 계기가 되었다. 이렇게 폴란스키의 영화 <테스>, BBC 드라마 <더버빌가의 테스>는 각각 그 장르적 특성을 살리면서 각색과 변형을 통하여 원작에서 묘사하기 힘든 영상미학을 우리에게 보여주고 있다.

제5장

영상번역

1. 영상번역의 정의

1) 영상번역이란 무엇인가

영화번역은 그 전체의 내용과 등장인물들의 성격, 역할, 관계 등을 완전히 파악한 후에 착수해야 한다. 무엇보다 현장감을 살리는 것이 중요하며, 표현은 대부분 구어체를 쓴다. 특히 영화 대본의 경우 비디오를 통해서 화면을 보아 가면서 번역해야 오역이나 착오를 줄일 수 있으나, 그렇지 못한 때에는 작품을 몇 번이고 통독하여 작품의 내용을 안전히 파악하는 것이 중요하다. 그러므로 영화번역이란 영화의 한 구성요소인 대사만 번역하는 것이 아니다. 번역자는 영화를 총체적으로 파악함으로써 그 작품의 주제, 감독의 연출 의도 등을 대사 속에 나타내야 한다. 또한 영화번역은 드라마를 만들어가는 것이므로 단순한 번역에 그치지 말고 시나리오를 쓰는 작가의 입장에서 번역에 임해야 한다. 번역자 민병숙은 "영화번역이란 뽕잎을 먹어 실로 뽑아내는 누에의 작업과 같고, 일상언어를 시어로 변용시키는 시인의 작업과 같다. 따라서 번역의 필수조건은 인간과 인생에 대한 소화능력과 언어구사력이지 단순한 외국어 실력이 아니다. 외국어나 좀 알면 '나도 번역이나 해볼까' 하는 것은 팔다리가 있으니 '나도 발레나 해볼까' 하는 것과 같다"고 말했다. 결국 이 말은 영화번역이란 영상작품의 재창조 작업이란 뜻이다.

박찬순은 영화번역에서 유의할 사항을 몇 가지 제시하였다. 첫째, 영화의 메시지, 즉 주제가 편견 없이 올바르게 전달되어야 한다. 만약 어떤 반전영화에서 전쟁에 비판적인 장군의 성격이 'cautious'라고 묘사되어 있는 것을 번역자가 '소심한'으로 번역하고 전체적인 흐름을 그쪽으로 끌고 간다면, '신중한' 장군으로 번역한 것과는 엄청난 차이가 나게 된다. 이러한 오류를 막기 위해서는 기획자 측의 기획의도를 사전에 알아두고, 충분한 번역시간을 가져야 한다. 둘째, 대사는 무엇보다도 전달기능을 우선적으로 고려해 번역해야 한다. 일회적 시간예술인 방송에선 다시 돌려보거나 곱씹어서 생각해볼 시간적 여유가 없기 때문에 즉시 전달 가능한 표현을 쓰는 것이 효과적이라는 것이다.

(예) He had never laid his wife on the bed of roses.

이 예문을 직역하면 '그는 좀처럼 아내를 장미침대에 누인 적이 없었다'가 된다. 그런데 서양사람들이 '장미침대'라는 표현을 쓸 땐 안락하고 편안한 생활을 뜻한다. 'Life is no bed of roses.' 라는 서양속담은 '인생은 결코 안락한 것이 아니다'는 뜻이다. 그러나 우리나라 사람들의 생각 속에는 장미침대라는 것이 생경하게 들려서 순간적으로 커뮤니케이션 기능이 약하다고 할 수 있다. 소설이라면, '장미침대'를 살려주고 주를 달아서 '안락한 생활'이라고 설명해줄 수도 있다. 그러나 총알처럼 지나가는 영화의 대사라면 우리 식 표현으로 가장 잘 전달될 수 있는 대사로 바꿔 주어야 한다.

> 그 남잔 아내를 꽃방석에 앉힌 적이 없어요.
> 그 남잔 아내를 편안하게 해준 적이 없어요.

가능한 한 비유를 살려준 쪽이 원작의 향기를 좀 더 살렸다고 할 수 있을 것이다. 뜻풀이만을 해줄 경우 표현이 평범해져서 대사의 맛이 살아나지 않을 우려가 있다. 셋째, 대사 속에 인물의 성격이 나타나야 한다. 어린이에게 하는 아버지의 대사일 경우, '너희 아빠는 보수적인 사람이 아니다'보다는 '너희 아빠는 앞뒤가 꽉 막힌 사람이 아니다' 또는 '너희 아빠는 답답한 사람이 아니다'로 바꿔 주는 것이 어린이 시청자에게 전달이 잘될 것이다. 공상만화 영화에서 어린이가 하는 대사 중에 '외계인을 보면 친절하게 대하자는 공감대가 형성이 돼 있대'는 '외계인을 보면 정답게 대하자고 마을 사람들이 뜻을 모았대'로, '엄마는 나한테 애정이 없어'는 '엄만 날 사랑하지 않아'로 바꾸이주는 것이 좋다. 넷째, TV 외화는 전피매체의 특성상 고유문화와 충돌되는 이질적인 외국문화를 빠른 속두로 파급시키므로 충격직인 것은 순화하는 등 방송에 알맞게 고치고 때로는 각색할 필요도 있다. 또한 폭력물에 나오는 난폭한 대사나 불륜을 다룬 영화의 난잡한 대사 등은 순화시킬 필요가 있다. 외국어의 잔인하고 끔찍스러운 표현을 그대로 옮겨 놓음으로써 우리말을 오염시킬 수 있기 때문이다. 다섯째, 대사의 의미는 상황으로 파악해야 한다. Good morning을 굳이 '좋은 아침'이라고 번역해야 한다면 Good afternoon은 '좋은 점심', Good evening은 '좋은 저녁'으로 해야 하는가? 이들은 그저 '안녕하세요?' 정도면 충분하다. 자구에 매달리는 번역으로는 상황을 제대로 전달할 수 없다. 코미디일 경우에도 역시 자구에 얽매이지 말고 상황을 번역해내야 한다. 여섯째, 영화번역은 문어체가 아닌 실생활에서 쓰는 자연스러운 구어체여야 한다. 영화의 대사답지 않은 생경한 표현은 자연스럽게 다시 다듬어주어야 한다. '우리도 이제 문화에 좀 노출돼야겠어'보다는 '우리도 이제 문화생활을 좀 해야겠어'가 자연스럽다. 그리고 어느 시민이 자기와는 별 이해관계도 없는 일이지만 공익을 위해 공무원에게 꼬치꼬치 캐고 들자 친구가 "Stop being your own worst enemy"라고 충고를 한다면 "네 자신의 최대의 적이 되는 짓은 그만둬"라고 하기보다는 "공연히 반감 사지 마"로 번역하는 것이 좋다. 이처럼 자국어와 언어구조가 완전히 다른 언어를 번역할 때에는 언어기호나 문법규칙만 바꾼다고 번역이 되는 것이 아니다. 같은 상황에서도 그 언어 특유의 표현방식이 있으므로 상황과 의미를 완전히 소화한 뒤 자국어로 재창조해 내야 한다. 일곱째, 문화적으로 생경한 표현이나 관용구는 가능한 한 자연스런 목표언어로 바꾸되 지나치게 토속적인 것으로 바꾸어 화면과 유리되게 해서는 안 된다. 예를 들면 'a piece of cake'를 '누워서 떡먹기'로, 'I'll bet against his winning'을 '그 녀석이 이기면 내 손에 장을 지지겠다'로 번역하는 것은 좋지 않다. 이런 번역은 의미전달은 잘되지만 화면과 유리되어 우스꽝스럽게 들리기 때문이다. 여덟째, 영화번역자는 무엇보다도 대본에 나와 있지 않은 영상언어를 읽을 줄 알아야 한다. 대본만으로는 도저히 파악할 수 없는 영화가 있다면 영상언어를 통해서 충분히 이해하여야 한다. 아홉째, 관계 설정과 어미 처리에 신중해야 한다. 서양 언어에는 존칭이 따로 없다. 그러나 우리 경우에는 호칭과 어미 처리로 존칭을 나타내기 때문에 번역에 들어가기 전에 관계를 설정하고 그에 따라 어미 처리를 해주어야 한다. 열 번째, 이름은 일관성 있게 한 가지로 통일해야 한다. 성으로 할 것인지, 이름으로 할 것인지를 정해 써야 한다. 그렇지 않으면 이름을 혼동할 수가 있기 때문이다.

영화번역은 영화의 종류에 따라 그 스타일이 조금씩 달라져야 한다. 여기서는 더빙용 번역과 자막용 번역으로 구분하여 살펴보기로 한다.

2) 영상번역의 종류: 더빙번역과 자막번역

(1) 더빙용 번역

더빙번역의 경우, ST의 문화 특정적 표현을 TT 문화에 동화시키는 현지화 기법이 빈번하고, 또 성우가 기용되므로 TT 관객은 ST 배우의 발화가 아닌 TT 성우의 발화만을 듣게 되므로 더빙이 번역이라는 것을 잠시나마 잊고 TT 문화에 친숙한 억양, 음성 그리고 표현으로 영화를 관람할 수 있다. 이런 맥락에서 더빙은 문화적 충격을 최소화한다. 그러나 한편으로는 ST 배우의 발화가 완전히 사라진다는 특성 때문에, 더빙을 영화에 대한 정부의 검열수단으로 보는 시각도 있다.[1) 더빙용 번역은 원음을 죽이고 그 위에 번역대사를 입히는 것이므로 무엇보다도 화면과 맞아야 한다. 주인공들의 입놀림이나 호흡, 대사의 길이가 화면과 일치되어야 함은 물론 제스처나 연기, 뉘앙스까지도 화면과 맞게 번역되어야 한다. 대개의 경우 번역대사가 길어지게 마련이어서 함축미를 살린 표현의 절제를 능숙하게 할 수 있어야 한다. 이 점이 영화번역자에게는 가장 어렵고, 엄청난 시간과 노력이 드는 작업이다.

> (예) Well, my father was French-Canadian. My mother was American. I was born in South Dakoda(영화 '4시의 악마 The Devel at four O'clock' 중에서).

이 대사를 주인공이 너무 빨리 말해 버려 우리말로는 그 시간 안에 세 문장을 모두 소화해낼 수 없을 때에는 문맥상 핵심이 되는 내용만 간추려야 한다. 여기서는 이름이 프랑스 이름 같다고 하자. 자신의 출신을 밝히는 것이므로 부모의 국적과 출생지만 가려서 길이를 맞추는 게 중요하다.

> (번역 1) "네에, 아버지가 프랑스계 캐나다인이십니다. 어머니는 미국인이시고 전 남다코다에서 태어났습니다."

> (번역 2) "어머니가 미국인이고 출생지도 미국이지만, 아버지가 프랑스계 캐나다인이십니다."

빠른 시간 안에 일회적으로 지나가는 TV 영화의 대사로선 (번역 1)보다 (번역 2)가 훨씬 전달이 잘된다. 번역과정에서 이런 취사선택의

---

1) 장민호, 『번역과 자막』, 한국문화사, 2008, p.26.

작업이 없이 있는 그대로 모두 번역이 됐을 경우에는 더빙 시에 성우들이 곤경에 빠지게 된다. 입빠른 연기자가 설사 그것을 모두 구겨 넣었다 해도 너무 빨라 전달이 되지 않는다. 또 연기할 시간이 없이 대본을 읽어버리게 되어 자연스럽고 생생한 영화대사가 되지 않는다. 그러나 빠른 코미디 영화의 경우에 대사의 속도감을 가능한 한 살려서 전체적인 흐름을 원작과 맞춰주는 것도 중요하다. 화면과 대사의 조화라는 필요악 때문에 외화의 더빙대사가 열악한 문장으로 흐르는 것은 어쩔 수 없지만, 번역자는 그 필요악을 최소화하기 위해 힘써야 한다.

(2) 자막용 번역

자막번역은 외화를 우리말로 번역함에 있어 우리말 대사를 일정한 규격의 자막으로 처리하여, 실제 원음(Original Sound)을 들으면서 우리말로 된 대사를 음미할 수 있도록 해주는 번역작업이다. Subtitle이라고도 불리는 자막은 영화나 드라마, 다큐멘터리 등에서는 주인공이나 내레이터의 대사뿐 아니라, 화면에 나오는 자막, 신문기사, 간판, 메모, 편지, 지도의 지명 따위도 모두 자막으로 번역해야 한다. 또 다큐멘터리에서 흔히 쓰는 방법으로, 내레이터의 대사는 우리말 녹음으로 처리하고 그 외 인터뷰를 하거나 자료화면에 등장하는 인물의 대사는 자막으로 처리하는 경우도 있다.[2] 자막은 첫째는 자수를 알맞게, 둘째는 대화의 흐름이 잘 나타나게, 셋째는 읽기 쉽고 이해하기 쉽게 넣는 것이 중요하다. 영상번역 시 자막번역의 요령들은 다음과 같다.

---

2) 이은숙, 『번역의 이해』, 동인, 2009, p.191.

첫째, 자막은 문장을 단위로 완성한다. 한 문장을 두 개의 자막으로 나눌 수 없다. 둘째, 대사의 호흡이 끊어지면 그에 따라 자막도 나누어진다. 한 문장 안에서도 호흡이 끊어지는 부분이 있으면 두 줄로 나누어 번역한다. 하지만 중요한 대화는 한 자막으로 처리하지 않는다. 두 사람의 대화가 짧게 이어지더라도, 두 대화 사이에 약간의 긴장감이 필요한 경우에는 시간적 공간을 두기 위해 자막을 따로 처리한다. 셋째, 대본에서 자막과 자막 사이에는 한 행의 간격을 두어 구분한다. 한 자막에 있는 대사의 줄과 줄 사이는 띄지 않는다. 넷째, 한 자막은 두 줄을 넘지 않는다. 한 줄에 들어가는 글자 수를, 글자만 세어 12자 이내로 맞추는 것이 좋다는 작가도 있고, 띄어쓰기나 문장부호를 포함해서 14자 이내로 맞추어 달라는 PD도 있다. 글자 수가 일정한 한도를 넘어서면 화면에 자막이 넘치므로 일정한 기준을 반드시 지키도록 한다. 다섯째, 두 사람의 대화가 짧게 이어질 때는 한 자막으로 처리한다. 각각의 대사 앞에 '-' 표시를 붙여 서로 다른 화자의 대사임을 나타낸다. 여섯째, 맞춤법이나 띄어쓰기를 제대로 지켜서 쓴다. 문장의 끝에 마침표를 붙이지 않는다. 일곱째, 대부분의 경우, "Yes"나 "No" 등으로 끝나는 간단한 대답이나 짧은 인사, 연이어 반복되는 대사, 여러 가지 신음소리, 영화 속에 자주 등장해 어느 정도 귀에 익은(?) 욕설들은 굳이 번역할 필요가 없다. 이와는 반대로, 대사가 너무 짧아서 직역하면 내용을 이해하기 어려운 경우에는 오히려 대사를 늘려서 번역하기도 한다. 여덟째, 동일한 인물의 호칭이 여러 가지로 나타날 때, 줄거리에 영향을 주지 않는 범위 안에서 인물의 호칭을 통일한다. 아홉째, 대사가 진행되는 속도와 눈으로 읽는 속도가 일치하도록 문장을 축약한다. 자막이 화면상에 떴다가 사라지는 시간을 고려한다. 즉, 대사의 실연시간보다 좀 더 짧은 시간 안에 자막을 전부 읽을 수 있도록 길이를 조절한다. 짧게 줄이는 것이 불가능할 때에는 길게 한 줄로 넣는 것보다는 짧게 두 줄로 넣는 것이 보기에 좋다. 문장을 축약할 때, 비중이 약한 대사 위주로 생략한다.[3)](#)

　자막 또는 더빙에 관한 선호는 언어권별로 다양하고, 국가별로 정부의 정책, 소요예산, 관객의 기호 등 다양한 요소에 의해 영향을 받는다. 중국의 경우, 높은 문맹률 등으로 과거 더빙이 선호됐고, 미국의 경우 자막영화를 보기는 매우 힘들다. 반면, 타이완에서는 법에 따라 외국영화는 반드시 자막을 넣도록 의무화되어 있다. 유럽에서는 자막영화가 보편적이어서, 일부 유럽에서의 높은 영어구사능력의 원인으로 자막영화가 거론되기도 한다. 위들러와 루이캔(Widler and Luyken)에 따르면 극장입장객을 대상으로 조사한 결과, 과반수가 자막영화가 언어습득에 도움이 된다고 응답했으며, 일부(16%)는 자막영화 관람의 목적이 바로 언어습득에 있다고 응답했다. 그는 또한, 자막영화 관람자의 과반수가 대졸 이상의 학력이었다고 보고하고 있다. 이렇듯 자막·더빙 선호는 여러 가지 요소가 개입되어 복잡한 양상을 나타낸다. 그러나 자막과 더빙에 대한 선호는 관람자의 의지에 관계없이 어려서부터 어떤 형식에 더 많이 노출되었느냐에 따라 결정된다고 보는 시각도 있다. 자막 또는 더빙에 대한 선호는 후천적으로 학습될 수도 있다는 것이다. 영상번역의 특성인 시간적 제약과 공간적 제약 그리고 가독성에 대하여 살펴보면 다음과 같다.

---

3) 이석규 외 5인, 2002, pp.275~284.

3) 영상번역의 특성: 시간적 제약, 공간적 제약 및 가독성

(1) 시간적 제약

영화번역에서 시간적 제약은 명백하고도 미시적인 제약으로 작용한다. 영어의 경우, 자막의 숫자는 35글자를 넘을 수 없고 행은 두 줄을 넘길 수 없으며 자막은 화면과 같은 시간 동안만 남아 있을 수 있다. 중국어 자막의 경우 통상 한 줄로 15자를 넘지 못하며 6초 이상 화면상에 남아 있지 못한다. 한국의 경우는 1행은 빈칸 포함 13자다. 극장용 영화는 우측 세로쓰기를 하므로 1행 10자였다. 영상이 메시지의 큰 부분을 차지하는 경우, 자막이 덮는 화면의 면적을 최소화하기 위해 두 줄보다는 한 줄짜리 자막이 선호되기도 한다. 두 줄짜리 자막일 경우 첫째 줄과 둘째 줄의 상대적 길이도 고려사항이다. 자막번역의 TT는 영화 화면상의 자막으로 나타나며 글자 하나의 크기와 개수가 정해져 있기 때문에 일반 출판번역이 전체 쪽수라는 비교적 '거시적' 공간제약을 받는다면 영화번역은 개개의 화면이라는 극히 '미시적' 제약을 받는다.

(2) 공간적 제약

일반번역에서 공간적 제약이란 문단 또는 그 이상의 단위 나아가서는 번역물 전체 쪽수를 의미하는 거시적 차원에서 작용하지만, 자막과 영상이 시간적으로 일치해야 하고 스크린 하단이라는 공간과 글자 수의 제약이 있으므로, 자막번역에서의 공간적 제약은 장면을 단위로 하는 매우 미시적인 개념이다. 영화에서의 공간적 제약은 결국 시간적 제약과 동시에 작용하므로 그 구분에 별 실익이 없어 보인다. 그러나 시간적 제약을 배제하고도 여전히 공간적 제약이 남는 경우도 있으므로 공간적 제약은 시간적 제약과는 구분되는 별도의 의미를 갖는다. 만화번역은 정지된 영상에 대한 번역과 같다. 따라서 시간적 제약이란 있을 수 없고, 대화상자[4]라는 순수한 공간적 제약만이 적용된다. 자막의 공간적 제약은, 자막이 위치하는 스크린 하단이라는 한정된 물리적 평면을 말한다. 영화에서 공간적 제약은 시간적 제약과 밀접하게 관련되어 있어 자막은 줄 수와 자수에 제한을 받는다. 영어자막의 경우, 글자 간 간격을 포함해 33자, 또는 40자에 두 줄을 넘지 못하며, 가운데 또는 왼쪽 정렬로 화면 하단에 배치된다. 한글자막 경우 극장용 영화는 글자 간 간격을 제외하고 한 줄 8자, 비디오용 영화는 한 줄 13자 두 줄을 넘지 못한다. 자막글자가 너무 작거나, 함축적인 어려운 단어가 사용돼 관람자의 독해능력을 벗어날 경우 시청자는 영상에 치중하기 위해 자막 읽기를 포기할 수도 있다.

(3) 가독성

자막의 시간적·공간적 제약은 결국 자막의 가독성에 대한 제약으로도 작용한다. 루케(Luque)는 "더빙의 핵심은 동시성이요, 자막의 핵심은 가독성이다"라고 말할 정도로 가독성은 자막의 매우 중요한 질적 특성이다. 가독성(readability)이란 글로 된 텍스트 또는 기타 기호를 사용함에 있어서 수신자 입장에서 가장 이해하기 쉬운 기호를 사용하려는 속성이다. 가능한 한 가장 많은 관객에게 가장 빨리 메시지를 선날하려는 매스컴에서 가독성은 특히 강조된다. 영화는 정보의 전달기능보다는 오락적 측면이 강하므로, 가독성의 의미는 더욱 커지게 된다. 즉, 정보입수가 오락성보다 중요할 경우 관객은 가독성이 낮아도(─읽

---

4) 만화 속 등장인물의 머리 위에 타원 또는 사각형 모양으로 뾰족한 침이 붙어 있는 글상자.

기가 어려워도), 이를 감수하지만, 오락성이 우선일 경우 가독성이 낮
으면 읽기를 포기하는 경향이 높다. 가독성은 앞서 언급된 영화번역의
시간적·공간적 제약과도 매우 밀접하게 관련돼 있다. 시간적·공간적 제
약이 관람객의 인지능력 한계와 맞물려 작용하므로 이를 극복하기 위
한 해결책으로 자막의 양적 축소현상이 발생하게 된다. 인류사에 있어
서 최장기 베스트셀러라는 성경책, 독자의 숫자라는 측면에서 가장 대
중적인 책이기도 한 성경은 세월이 흐르면서 끊임없이 변신해왔다. 성
경이 판을 거듭하면서 변화하는 가장 큰 이유는 가독성이다. 나이다
(Nida)는 성경의 가독성을 향한 변신이야말로 번역 일반에서도 적용되
어야 할 중요한 원칙이라고 설명한다. 그의 주장을 계기로 성서번역은
교회뿐 아니라 번역학에 있어서도 매우 중요한 위상을 차지한다. 성서
번역을 통해 일련의 번역원칙을 확인한 나이다는 성서번역의 대전제
를 "대중성"에 두었고 그의 번역지침들 역시 성서의 대중화를 통한 포
교를 염두에 둔 것이었다. '문어체보다 구어체를 우선하라'든지, '기독
교 신자보다 비신자를 우선하라' 등의 번역지침 등이 그것이다. 나이
다는 등가라는 용어를 번역학에 최초로 도입하고 정의한 사람이다. 어
휘의 사전적 의미나 통사적인 면 등에 치중하는 '형식적 등가(formal
equivalence)'가 아닌 ST 독자에게 받는 메시지와 TT 독자가 받아들이는
메시지가 같은, 실질을 중시하는 '역동적 등가(dynamic equivalence)'일
때 번역은 정당성을 갖게 된다고 나이다는 주장한다. ST의 형식에 얽
매이지 않고 독자의 입장에서 번역하기 위해선 또 다른 관점이 필요
한데, 나이다는 이것을 번역의 이해가능성(intelligibility)이라고 불렀고
이는 '가독성'의 또 다른 이름에 지나지 않는다.5)

---

5) 장민호, 2008, pp.30~40.

2. 소설의 영화화와 자막번역연구

영화의 서술능력이 상당히 두드러지기 때문에 영화는 회화도 연극도 아닌, 소설과 가장 강한 인연으로 결합되어 발달해왔다. 영화도 소설도 세부를 풍부하게 묘사하면서 긴 이야기를 하고, 또 동시에 둘 다 말하는 쪽의 시점에서 말하는 것이다. 소설이라는 형태로 화자에게 말하는 것이면 뭐든지, 대개는 영화에서 영상화하고 말할 수 있다. 양자의 차이는 영상에 의한 서술과 언어에 의한 서술이라는 명백하고 커다란 차이는 별도로 친다 해도, 금방 분간할 수 있다. 우선 영화는 현실의 시간 속에서 이야기되기 때문에, 소설보다도 제약이 큰 데 비해 소설은 아무리 길어도 상관없다. 일반적으로 영화는 셰익스피어가 "우리들의 무대에서의 불과 2시간의 일"이라고 불렀던 점으로 제한되는 것이다. 대중소설은 오랜 시간에 걸쳐서 상업영화의 제재의 보고였다. 현재의 대중소설의 경제학에서는 대개의 출판업자에게 그 소설이 영화로서 재이용될 수 있는지가 최대의 관심사가 되었다. 대중소설은 대개 영화를 위한 제1의 원고에 지나지 않는다고 생각되는 경우가 있다. 하지만 상업영화는 이제는 소설의 시간적 확대를 재현할 수 없다. 영화가 보다 짧은 서술로 한정되어 있는 반면, 소설에는 없는 시간적인 가능성을 갖고 있다는 사실은 말할 필요도 없다. 에피소드를 통해서 진달될 수 없는 것이 영상으로는 바꾸어놓을 수 있을지도 모른다. 여기에서 두 가지 서술형식의 가장 본질적인 차이를 볼 수 있다.

소설은 작자에 의해 이야기되고, 독자는 작자가 바라는 것밖에 보고 들을 수 없다. 어떤 의미에서 영화는 역시 작자에 의해 이야기되지만, 관객은 감독이 의도한 것보다 훨씬 많은 것을 보고 들을 수 있다. 소설가가 어느 장면을 영화와 같은 정밀함으로 묘사하려고 하는 것은 어리석은 짓이고, 소설가가 묘사한 것은 모두 그의 언어, 그의 편견, 그의 시점이었던 필터를 통과하는 곳에 좀 더 중요한 의미가 있다. 이러한 영화와 소설의 특성들이 합하여서 영상화했을 경우 우리는 독자의 관점에서 관객의 관점으로 이동되어 감독이 관객에게 전달하고자 하는 메시지를 파악하기 위해서 노력한다.[6]

이와 같이 문학텍스트를 영상화했을 경우에 영화에서는 감독이 원작이 담고 있는 메시지를 그 시대의 사상적 맥락으로 재해석하여 새로운 창조를 하기 때문에 상호 유사한 특성을 지니면서도 차이점을 보여준다. 문학작품과 영상의 차이는 본질적으로 매체가 가지는 표현방식의 차이에 기인한 것이며, 이러한 표현방식의 특징들을 미학적으로 형상화하는 것에 있다고 할 것이다. 특히 문학작품과 영화로 영상화된 작품을 비교해보는 연구는 "소설과 영화 및 드라마라는 각기 다른 장르별 재현의 차이를 살피는 데 유용할 뿐만 아니라, 그 차이를 초래한 여러 가지 기법을 점검해보는 데도 긴요하다. 이는 궁극적으로 원작소설의 이야기 구성이나 서술 기법상의 독창성을 반증하는 작업이 될 수도 있다."[7] 이러한 원작소설의 이야기 구성이나 서술 기법상의 독창성을 가지고 있는 문학텍스트와 영화텍스트 사이의 가장 일반적이며 빈번한 상호교류를 우리는 '각색(adaptation)'이라 할 수 있을 것이다.[8]

특히 원작소설을 영화화했을 경우에 평자들은 원작의 내러티브 재료를 그대로 옮겨놓았는지, 원작소설의 핵심적인 내러티브 구조를 유

---

6) 이일범 편저, 『영상예술의 이해』, 신아사, 1999, pp.21~22.

7) 고영란, 2002, pp.191~192.

8) 이형식·정연제·김명희, 2004, p.11.

지하면서 독창적인 재해석이나 해체적 전복을 시도하였는지, 혹은 원작소설의 충실성과는 전혀 상관없이 오락성과 대중성을 중시하며 완전하게 새로운 작품으로 변형 각색했는지를 판단하여 각색영화의 평가기준으로 삼았다. 각색영화에 대한 평가기준으로 "지프리 와그너(Geoffrey Wagner)는 『소설과 시네마』(The Novel and the Cinema, 1975)에서 각색의 세 가지 범주를 첫 번째로 '원작소설을 그대로 옮겨놓은 각색인 전환', 두 번째로 '원작을 따르지만 의도적으로 또는 무심코 어떤 부분을 변화시키는 논평' 그리고 세 번째로 '전혀 다른 예술작품을 만들어내기 위해 원작으로부터 상당히 많이 이탈하는 유사' 등으로 나누고 있다." 그리고 루이스 자네티(Louis Gianetti)는 '원작에서 어떤 아이디어나 상황을 선택하여 원작과 상관없이 독자적으로 자유롭게 영화를 진행시켜 나가는 느슨한 각색', '최대한 원작의 정신에 가깝게 문학작품을 영상적 시각에서 재창조하는 것을 말하는 충실한 각색' 그리고 '오리지널 연극작품을 각색하는 경우에만 한정된다고 할 수 있는 원작 그대로의 각색'으로 세 가지 각색을 제시하고 있다."[9] 이러한 원작의 각색을 바탕으로 형상화된 영상이 청자에게 얼마나 원작의 고유의미를 충실하게 잘 전달하는지를 판단할 수 있는 것은 영상의 시각적인 이미지와 시간 및 공간적 제약을 만족하는 자막번역을 통해서 가능할 수가 있다. 특히 원작의 원문텍스트의 충실성과 원작의 의미와 문화를 동시에 반영하여 번역문 독자에게 전달하는 가독성이 영상을 통해 청자에게 얼마만큼 충실성과 가독성을 담고 전달하는지 번역이론을 적용함으로써 살펴보고자 한다. 본 연구에서는 토마스 하디(Thomas Hardy, 1840~1928)의 원작소설 『더버빌가

---

9) 이형식·정연제·김명희, 2004, pp.17~21 재인용.

의 테스』(Tess of the D'Urbervilles, 1891)를 1979년 로만 폴란스키 (Roman Polanski)에 의하여 충실하게 각색하여 영화화된 <테스>의 자막을 토대로 원작의 충실성과 목표텍스트의 가독성이 축소번역, 생략, 삭제 및 언어의 경제 등 자막번역을 통해 어떻게 청자에게 전달되는지를 사례분석을 통해 고찰해보고자 한다.

1) 영상번역에 있어서 충실성과 가독성10)

번역행위에 대해 김효중은 "번역은 원문텍스트를 이해, 분석하고 번역등가를 찾아서 원문텍스트에 상응하는 번역문텍스트를 생성하는 창조적 활동이다"11)라고 주장한다. 이러한 다양한 번역이론에 대한 국외 학자들의 '충실성'과 '가독성'에 관련된 번역이론을 살펴보면 번역학자 수잔 바스넷(Susan Bassnett)은 "충실성에 대해 번역자가 원작을 읽고 이해하는 능력에 연관된 것이지 원작에 얼마나 충실한가 하는 종속적 개념에 의존하지는 않는다"12)라고 설명하였다.

피터 뉴마크(Peter Newmark)가 제시하는 여덟 가지 번역방법13) 가운데 하나인 '충실한 번역(faithful translation)'에 대해 살펴보면, 목표언어의 문법구조에 적절하도록 번역하면서 원문텍스트의 정확한 의미를 재현하려는 번역방법이다. 문화와 밀접한 관련이 있는 어휘는 소

---

10) 2009년 9월한국번역학회 번역학연구에 발표한 「토마스 하디의 소설 『더버빌가의 테스』의 영화화와 자막연구」 논문에 자막에 대한 선행연구를 추가·설명하여 편성하였음.

11) 김효중, 2004, p.127.

12) Susan Bassnett-Mcguire, 1980, p.53.

13) 피터 뉴마크가 제시하는 8가지 번역의 방법은 출발어를 강조하는 단어 대 단어 번역, 직역, 충실한 번역, 의미를 중심으로 하는 번역이 있으며, 도착어를 강조하는 번안, 자유스러운 번역, 관용어 번역 그리고 소통을 중심으로 하는 번역이 있다(이은숙, 2008, p.89 재인용).

리 나는 대로 그대로 옮겨 '음차번역'하고, 원문텍스트에 쓰인 원문텍스트 내의 언어가 원문텍스트 내의 문법이나 어휘의 쓰임에서 잘 쓰지 않는 표현이라 하더라도 그대로 옮겨주며, 원저자의 의도와 원저자가 쓴 텍스트의 실현에 전적으로 충실해야 한다고 설명한다.[14] 호레이스(Horace)와 키케로(Cicero)는 "번역을 통하여 그들 자신의 모국어와 문학을 풍부하게 만든다는 기본적인 원칙 때문에 '충실함'을 더욱 엄격하게 의식하여 출발어에 가깝도록 하기보다는 도착어로 쓰인 번역의 미학적 가치판단의 기준을 중요시하였다."[15] 이러한 원문텍스트의 충실성과 목표텍스트의 가독성의 논쟁에 대해 슈톨제(Stolze)는 "초기의 번역자들은 더욱이 그들의 방법론을 세웠지만, 하나의 특수한 언어사용으로서 번역행위를 이론적으로 파악하고 학문적으로 기술하는 것은 아직도 성공하지 못하고 있다. 번역활동에 대한 수많은 의견들은 근본적으로 항상 설득력 있게 이론적으로 입장을 설명하지 못하고, '충실한' 번역과 '자유로운' 번역 사이의 근본적인 논쟁의 주위를 맴돌고 있다. 대체적인 규칙으로서 사람들은 오랫동안 그리고 학교의 외국어 수업에서 부분적으로 오늘날까지 다음과 같이 가르치고 있다: '가능한 축역을 하고 필요한 만큼 자유롭게 번역하라'"[16]라고 주장하였다.

텍스트상에서 이렇듯 학자들에 따라 번역의 충실성과 가독성에 대한 이론서 개념은 약간의 차이는 있으나 실제로 현장에서 번역업무에 종사하는 번역자는 충실성과 가독성 중 어떠한 방법에 중점을 두

---

14) 이은숙, 2008, p.86 재인용.

15) Susan Bassnett-Mcguire, 1980, pp.43~44 재인용.

16) 박용삼, 2003, pp.105~106 재인용.

고 번역을 행할 것인지에 대해서는 번역의 기능에 따라 판단이 달라질 수 있기 때문에 심사숙고해서 적용해야 한다. 즉, 번역에 있어서 '충실성(정확성)'과 '가독성'에 관한 비평가들의 평가기준은 명확한 경계가 없이 주관적인 판단과 양식에 따라 이루어지는 경향이 있다. 따라서 비평가는 이 두 가지 기준의 객관성 여부 및 양극화의 폐해 등을 항상 염두에 두어야 한다.[17] 이와 같이 번역의 적용방법은 어느 한쪽에 더욱더 많은 중심을 두고 번역할 수가 없기 때문이다. 번역은 가독성만을 중시한 나머지 원문을 얼버무려서 새로운 창작번역물을 읽게 해서도 안 되며, 반대로 원문의 충실성만을 고려한 나머지 독자가 제대로 이해하지 못한다면 번역을 하는 원래의 목적도 상실하게 될 것이다. 번역은 외국어로 된 원문텍스트를 읽고 이해할 수 없는 사람들을 위한 행위[18]이기 때문이다. 본 논문에서는 텍스트상의 '충실성(정확성)'과 '가독성'의 번역이론을 바탕으로 로만 야콥슨(Roman Jakobson)의 세 가지 번역[19] 중 기호 간(intersemiotic) 번역인 영상번역에 초점을 맞추어 살펴보고자 한다. 야콥슨이 말하는 기호 간 번역인 영상번역은 소설을 토대로 각색되거나 혹은 글로 쓰인 시나리오를 바탕으로 매체를 달리하여 해석된 야콥슨의 세 번째 종류의 번역에 해당된다. 기호 간 번역은 언어기호를 음악, 무용, 영화 혹은 그림 등

---

17) 전현주, 2008, p.155.

18) 이은숙, 2008, p.88.

19) 로만 야콥슨에게 언어의 의미란 곧 기호학적 사실이며 어떤 언어적 기호의 의미는 결국 또 다른 대안기호로 그것을 해석한 것이다. 그는 매우 포괄적이고 광범위한 의미로 번역을 정의하면서 사실 "해석(interpretation)"이란 단어를 사용하고 있다. 그의 기호해석은 1) 언어 내(interlinguistic) 번역: 동일언어 내에서 언어기호(verbal sign)를 다른 기호로 해석(rewording), 2) 언어 간(interlinguistic) 번역: 한 언어를 다른 언어로 해석(translation proper), 3) 기호 간(intersemiotic) 번역: 비언어적 기호체계를 사용하여 언어기호를 해석(transmutation)으로 세 가지 종류의 번역으로 나뉜다(류현주, 「로만 야콥슨의 번역이론과 영상번역: 우리말 사용 실태를 중심으로」, 『번역학연구』, 제9권 4호, 한국번역학회, 2008, p.78 재인용).

의 기호로 처리해 다른 예술장르로 자막 처리되면 언어 간 번역개념
이 되고 수용자(관객 또는 청자)의 편의 혹은 이해를 돕기 위해 다시
더빙으로 처리된다면 언어 내 번역이 되기도 한다. 이렇듯 영상번역
은 야콥슨의 세 가지 번역의 특성을 다 포함하고 있어서 원작과 영상
번역에서의 자막의 상호 텍스트성[20]을 살펴보는 데 유용하다. 본고
는 효율적인 논문의 사례분석을 위해서 영상번역에서 빈번하게 발생
하는 축소번역, 생략, 삭제 및 언어의 경제 등에 대한 선행연구 논문
을 짚어보고자 한다.

박윤철은 2007년 발표한 논문에서 영-한 영화 자막번역에서 발생
하는 축소번역 현상을 선행연구들을 통해 살펴보았으며, 이를 바탕으
로 기존 텍스트 중심의 축소번역 분석에 대한 문제점을 지적하였으
며, 시각기호(visual code)에 의한 축소번역을 영화 두 편을 통해 검증
하여 영화자막 분석에 또 하나의 접근방법을 제안하였다.[21]

박윤철은 2008년 발표한 논문에서 국내외 학자들의 자막번역의 개
념을 설명하였으며 이러한 개념들의 이론적 틀을 바탕으로 두 편의
영-한 영화 <노팅힐>, <비밀과 거짓말의 차이>의 자막을 통해 생략
과 삭제를 보여줬다. 그리고 자막번역 시 시간과 자막글자 수의 제약
으로 인해 발생할 수 있는 생략과 삭제 및 누락에 대한 정의와 더불
어 자막의 여러 제약요인들에 의해 명시적으로 목표텍스트에 나타내
는 경향 또한 보여주었다.[22]

장민호는 2004년 발표한 논문에서 영화 4편을 통해서 영화번역의

---

20) 류현주, 2008, p.79.

21) 박윤철, 「영화자막에서 시각기호에 의한 축소번역: 영상번역 중심으로」, 『번역학연구』, 제8권 1호, 한국번
역학회, 2007, pp.125~145.

22) 박윤철, 「자막번역의 생략과 삭제」, 『번역학연구』, 제9권 4호, 한국번역학회, 2008, pp.169~189.

대중성, 공손화법, 영화번역과 생략, 전체적 축약, 부분적 생략, 포괄하기, 일반 개념화, 구체화 및 직역 등 언어의 경제에 대한 상세한 분석을 보여줬다. 그리고 영화번역과 도착어 독자의 가독성을 살린 도착어 문화의 고려, 외국화(Foreignization),[23] 귀화(Naturalization),[24] 중화(Neutralization)[25] 등의 개념도 예문을 통해서 상세하게 설명하였다.[26]

장민호는 2007년 발표한 논문에서 최근의 영화일수록 자막에 나타나는 번역기법이 목표텍스트 언어의 화용을 더욱 잘 반영한다고 생각하여 최근 5년 내 출시된 미 할리우드 5편의 영화를 대상으로 텍스트 축소와 메시지 변화에 대하여 보여주었다.[27]

지금까지 논문을 분석하기 위한 기본 틀인 이론적 배경에서는 원문텍스트와 목표텍스트상의 충실성과 가독성의 개념에 대한 이론 및 자막번역에서 보이는 축소번역, 생략, 삭제 및 언어의 경제 등에 관한

---

23) 외국화란, 번역에 있어 TT의 문화적 요소를 최소화하고 ST 문화를 TT에 최대한 반영하는 번역기법이다. 특히, 베누티는 외국화 기법은 주로 문학번역(literary translation)에서 적용돼 왔으며, 실용번역(non-literary translation)에서는 주로 현지화 기법이 사용된다고 말한다. 경제, 과학, 지리 등 정보전달 위주의 실용문에서는 즉각적인 이해를 도출하는 것이 가장 중요하기 때문이라고 한다. 반면에 문학번역은 정보뿐 아니라 ST의 억양, 함의, 다의적 표현, 상호 텍스트성 등을 TT로 담아내기 어렵기 때문에 외국화 전략을 쓰게 된다는 것이다. 외국화 기법은 종종 '번역조(translationese)'로 나타나며 번역되는 과정에서 TT보다 약세인 ST의 문화와 언어의 정체성이 번역과정에서 상실된다(장민호, 2008, pp.75~77).

24) 귀화는 현지화(localization)이다. 도착어 자막은 도착어 청자에게 보다 친숙한 어휘로 대체된다. ST의 단어와 명제적 의미(사전적 의미)는 다르지만 유사한 의미와 뉘앙스(impact)를 갖는, 독자에게 친숙한 표현으로 번역하는 것을 말한다. 번역에 있어서 현지화의 역사는 매우 길다. 자막은 때로 정치적 선전도구(political apparatus)로 활용되어 관객의 이데올로기에도 영향을 준다. 영화번역에서도 현지화 번역기법이 나타나지만, 영화번역에서의 현지화 기법은 주로 유머효과를 증가시키기 위해 사용되는 경우가 대부분이다(장민호, 「번역과 언어의 경제: 영화번역을 중심으로」, 『국제회의 통역과 번역』, 6-2, 한국통역번역학회, 2004, p.119: 장민호, 2008, pp.80~81).

25) 중화는 문화 특정적인 ST의 표현을 TT에서 살리기를 포기하고 대신 '중립적(neutral)' 의미만을 전달하는 기법이다. 중화는 ST가 갖는 여러 의미 중에서 가장 중요한, 또는 번역자가 가장 중요하다고 여기는 의미를 선택해 문화특정성(culture specificity)이 없는 TT 단어로 대체하는 것이다. TT 독자들에게 익숙하지 않은 단어를 사용하기보다는 ST 독자들 사이에 공유되는 인지적 보완소를 이용해 표현하는 것이다. 중화는 번역자의 입장에서 볼 때 여러 가지로 편리한 기법이다(장민호, 2008, p.82).

26) 장민호, 2004, pp.97~125.

27) 장민호, 「영화번역에서의 텍스트 축소와 메시지 변화」, 『국제회의 통역과 번역』, 제9권 1호, 한국통역번역학회, 2007, pp.3~29.

최근 자막번역 관련 선행연구논문을 살펴보았다. 자막번역에서 발생하는 축소번역, 생략, 삭제 및 언어의 경제는 다음 텍스트 분석에서 자막을 통해 다루고자 한다. 본 논문에서는 원문텍스트상에서의 충실성과 가독성을 바탕으로 소설원작을 충실하게 각색하여 오락성과 대중성을 중요시하는 영화로 되었을 때 원작의 충실성과 가독성이 자막번역을 통해 어떻게 청자에게 전달되는지를 알아보고자 한다. 이와 더불어 본 논문은 문학작품을 각색한 영화도 일반 대중성과 오락성을 중요시하는 일반 대중영화처럼 가독성을 높이려면 무조건 언어의 경제성과 간결성을 추구하기 위해 짧은 단어를 사용해야 하는 지를 알아보며, 그리고 시간과 공간적 제약을 충족시켜야 하는 자막번역에서는 일반적으로 사용하는 축소번역, 생략, 삭제 및 언어의 경제를 어떤 방법으로 번역하여 처리해야 하는지를 자막의 구체적인 분석을 통해 살펴보겠다.

2) 자막 분석

1979년 로만 폴란스키에 의하여 영화화된 <테스>는 토마스 하디의 원작소설에 그 뿌리를 두고 있지만 나름대로의 특징을 지니고 있다. 하디의 작품 『더비빌가의 테스』는 "빅토리아시대 문화연구의 일환"으로 영국문학 속에 등장하는 여성의 육체에 대한 당시 사회의 "계급과 젠더" 및 이데올로기 문제와 연관되면서 새로운 방법론의 연구로 활성화되고 있다.[28] 영화 <테스>는 작품의 플롯, 농촌생활의 배

---

28) 장정희, 2007, p.248.

경, 주요인물 등을 원작소설과 유사하게 다루어 사실성을 최대한 살리
고 원작의 구조를 충실하게 각색하여 이끌어간다. 원작을 이끌어갔던
대부분의 사건이 영화 속에 그대로 반영되면서 등장인물들 대화 역시
원작소설 속의 언어를 최대한 원작에 맞게 살리고 있다. 논문에서 다
루는 사례분석은 작품의 흐름을 따라 원작의 언어를 충실하게 영상화
한 폴란스키 영화 <테스>(1979)의 자막을 기준으로 삼았다.

> [ST 1]
> Parson: Nothing Whatever, save possibly chasten
> yourself by thinking: 'How are the mighty fallen.'
> Good night, Sir John.
>
> [TT 1]
> 목사: 전혀 없어요. 왜 몰락하게 됐는지 생각하면서
> 자신을 단련하는 길 외에는요.
> 그럼, 안녕히 가세요, 존경.
> (영화 <테스(Tess) 1979>)[29]

　폴란스키는 트링엄 목사가 존 더비필드와 대화중에 더버빌 가문의
몰락에 대한 이야기를 하면서 더버빌 가문에게 남은 재산을 물어보
는 존의 질문에 대한 답변의 장면으로 원작과 동일한 대사를 사용하
여 영상으로 각색 처리하였다. 그러나 영화자막에서는 사울 왕과 요
나탄의 죽음에 대해 다윗이 애도하며 탄식하는 부분인 '사무엘기 하
권 1장 19절'을 인용한 ST의 'How are the mighty fallen'을 TT에서 '아,
용사는 쓰러졌도다 또는 어쩌다 용사들이 쓰러졌는가'라고 번역하였
으면 좋았을 텐데 '왜 몰락하게 됐는지'로 번역하여 원작의 충실성이

---

29) 본 논문의 사례분석에서 사용한 자막번역은 폴란스키 영화 〈테스(*Tess*) 1979〉에서 발췌하였음을 밝혀둔다.

저하되게 번역하였다. 또한 자막은 청자를 위한 가독성을 살려 'save possibly chasten yourself'를 '왜 몰락하게 됐는지 생각하면서 자신을 단련하는 길 외에는'이라고 번역 처리하였으나 '마음을 달래는 수밖에 별 도리가 없지요'라고 처리하는 방법이 시간 및 공간적 제약을 충족해야 하는 자막의 기능에 있어서 청자의 가독성을 높여주는 전략이 될 것이다.

    [ST 2]
John: I would sell him the title.
Yes, I'll sell it. At a fair price.
Joan: Not less than a thousand pounds.
John: That's right tell him that
I'll take the thousand pounds.
Well now I come to think of it,
He can have it for a hundred.
I won't stand on trifles.
Fifty. Twenty pounds, tell him and not a penny less.

    [TT 2]
아버지: 작위를 팔겠다고 전해라.
그래 적당한 금액에 팔겠다고 해.
어머니: 천 파운드 이하로는 안 돼요.
아버지: 천 파운드면 팔 거야, 다시 생각해보니
백 파운드면 되겠구나. 쩨쩨해선 안 돼.
50, 아니 20파운느노 좋아. 그 이하로는 설대 안 된다.

위 ST의 'That's right tell him that……' 부분을 TT로 번역하면서 영화자막의 특성을 살려서 삭제[30]를 하였으며 ST의 'I won't stand on

---

30) "삭제는 원문텍스트의 필수요소나 문장 전체를 목표텍스트에 나타내지 않은 현상을 말하는데, 생략이 임의적이고 문장 일부를 제거한다고 가정한다면 삭제는 이와 다른 양상을 지니고 있다. 즉, 생략이 반복적 잉여표현이나 언어구조, 통사적, 문체론적 차이로 인해 발생한다면, 삭제는 청자와 화자 간 공통 공유정보

trifles'의 어휘적인 의미인 '나는 사소한 것에 연연하지 않겠다'라는 표현을 TT의 문화권에 적당한 어휘로 대체하면서 가독성을 살려 '쩨쩨해선 안 돼'로 번역하는 전략을 취하였다. 그러나 TT의 '백 파운드면 되겠구나'의 행위의 주체는 'He(알렉)'이지만 '쩨쩨해선 안 돼'의 행위의 주체는 아버지인데도 불구하고 도착어 한국어에서 주어의 생략으로 인하여 행위의 주체가 애매모호하게 처리되었다. 위 예문은 원작을 충실하게 각색한 부분으로 아버지 더비필드가 딸 테스와 부인 조안에게 하는 발화로서 테스를 알렉 더버빌 집안으로 보내서 알렉에게 더버빌 가문의 작위를 팔려는 장면이다. 그러므로 아버지 John의 간절한 바람을 혼자서 독백하는 것처럼 처리하여 '난 까다롭게 굴진 않아' 또는 '난 푼돈 가지고 까다롭게 굴진 않을거야'라고 번역 처리하는 것이 원작의 의미를 충실하게 전하면서 목표텍스트의 청자들을 위한 가독성을 높여주는 좋은 번역이 될 것이다. 또한 위 예문에서 도착어의 주어들은 원작과는 다르게 생략되었다. 이와 같이 주어와 호칭의 생략은 도착어 한국어에서는 자연스럽게 이루어진다. 특히, 영상번역의 특성상 주어의 생략에 대해 황선길은 "영상매체는 영상표현이 있기 때문에 영상이 표현하고 있는 인물, 즉 주어를 생략할 수 있다. 그리고 우리말은 서양말에 비해 1인칭 주어가 자주 생략된다"[31]라고 언급하였다.

[ST 3]
Alec: You mind my driving?

를 근거로 불필요한 요소를 제거함으로써 인지 부담을 줄인다(박윤철, 2008, p.178)."
31) 황선길, 『문법파괴 영상번역』, 범우사, 1999, p.32.

Tess: No, sir. I shall walk.

Alec: But it's four miles to Trantridge, at least.

Tess: Well I wouldn't care if it were twenty.

[TT 3]

알렉: 내 운전 솜씨가 마음에 들지 않나?

테스: 네, 전 그냥 걷겠어요.

알렉: 트랜트리지까진 4마일이나 더 가야 해.

테스: 20마일이라도 괜찮아요.

위 예문에서는 알렉이 테스와 마차를 타고 가면서 테스에게 천천히 마차를 몰고 갈 테니 키스를 해달라고 하자, 테스가 알렉의 거친 운전에 대한 저항의 표시로 모자를 떨어뜨려서 마차를 타지 않고 걸어가겠다는 장면으로 트랜트리지까지는 거리가 멀다는 의미를 함축해서 표현하는 부분이다. 이러한 거리감에 대한 개념으로 ST의 'four miles와 twenty'를 이국화[32]의 개념을 적용하여 '4마일과 20마일로' 번역하는 전략을 취하였으나, TT의 청자에게는 거리감을 느낄 수 없으므로 가독성을 저해시키는 결과를 초래할 수 있다. 오히려 자국화 개념으로 번역하는 전략을 취하여서 TT 독자를 위한 목표문화권의 도량형 단위인 킬로미터로 환산하여 '6킬로미터와 32킬로미터'로 환산하여 표기하는 전략을 취하였으면 좋았을 것이다.

---

32) 베누티(Venuti)는 쉴라이어마허(Schleiermacher)로부터 '자국화 번역(친숙하게 하기, domesticating translation)'과 '이국화 번역(낯설게 하기, foreignizing translation)'이라는 개념을 도입하였는데 자국화 번역은 번역문텍스트의 독자들이 원문텍스트의 생소함을 가능하면 느끼지 않도록 채택하는 명료하고 자연스러운 양식의 번역방법이며, 이국화 번역은 원문텍스트에 존재하는 이국풍의 요소를 번역문텍스트에 그대로 옮겨 의도적으로 번역문텍스트 언어권의 관습에 적합지 않은 번역문텍스트를 생산하는 번역의 방법이다(이근희, 2005, pp.77~79). 특히 베누티는 이국화 전략이란 "이국텍스트의 언어적, 문화적 차이가 받아들여지게끔 번역문텍스트 언어의 문화적 가치에 압력을 가해 자민족 일탈을 유도함으로써 독자를 이국으로 보내는 것(Jeremy Munday, 2006, p.209)"이라고 말한다.

[ST 4]

Alec: Tell me Tess. Didn't you find my mother a little······ odd?
Tess: Why. I hardly know her sir.
Alec: Well, I'm not in her good books at the moment.
But you should find her favour if you treat her livestocks well.

[TT 4]

알렉: 테스, 우리 어머니가 약간 이상하지 않아?
테스: 전 부인을 잘 모르는데요.
알렉: 난 어머니와 사이가 좋지 않지.
하지만 가축을 잘 돌봐 주면 어머니께서 널 좋아할 거야.

위 장면은 알렉이 자신과 맹인인 어머니와의 사이가 좋지 않음을 테스에게 말하는 부분이다. 위 예문의 자막에서는 ST의 'I'm not in her good books'를 TT의 '어머니와 사이가 좋지 않지'라고 번역하는 전략을 취하였다. 그러나 ST의 관용적인 표현[33]인 'not in her good books'의 어휘적인 의미를 살려 충실성과 가독성을 충족시키기 위해 '난 지금 어머니 눈밖에 난 사람이지만'으로 처리하는 것이 원문에 대한 충실성과 가독성을 높여주는 효과를 가져 올 것이다. 때로는 원작의 소설을 충실하게 각색하여 영화화한 작품은 부분적으로 원문의 의미를 직역함으로써 오히려 문학작품을 이해하는 청자들에게 원작의 의미를 높여주는 번역이 될 수도 있을 것이다.

[ST 5]

Alec: What's all the row about?

---

33) 몸짓과 마찬가지로 언어에서도 습관적으로 오랫동안 사용해 온 탓에 그 뜻이 화석처럼 굳어져 버린 표현들이 적잖다. 언어학에서는 그러한 표현을 흔히 '관용어'라고 부른다. 이러한 관용어는 나라에 따라 문화권에 따라 몸짓이 다르듯이 언어에서 사용하는 관용어도 저마다 다르다. 예를 들어 남의 말을 귀담아듣지 아니하고 지나쳐 흘려버림을 이르는 뜻으로 우리나라에서는 '쇠귀에 경(經) 읽기' 일본에서는 '말귀에 염불'이라고 사용한다(김욱동, 2007, p.227).

Quickly, jump up beside me.
Man: Out of the frying pan, into the fire!

　[TT 5]
알렉: 무슨 일인가? 어서 타.
남자: 혹을 떼려다 혹을 붙였군!

위 TT에서는 ST의 'Quickly, jump up beside me'를 장면의 시간 및 공간 제약으로 인해 간략하게 축소된 번역[34]을 활용하여 '어서 타'로 번역하는 전략을 취하였다. 또한 속담이나 격언 등 ST의 관용적인 표현을 번역할 때엔 번역자는 목표문화권의 언어권에 존재하는 유사한 의미의 속담이나 격언으로 번역하여야 하며 목표문화권의 독자가 쉽게 이해할 수 있도록 원문텍스트 의미의 충실성을 살리고 목표문화권의 청자를 위한 가독성을 높이기 위한 등가를 적용시켜야 한다. 즉, 위 예문에서는 ST의 관용적인 표현인 'Out of the frying pan, into the fire'를 '혹을 떼려다 혹을 붙였군'이라고 표현하기보다는 원작의 특성을 살려 ST의 충실성과 TT의 가독성의 효과를 높이기 위해서는 작은 재난을 피하여 큰 재난에 빠진다는 표현의 의미인 '프라이팬에서 불로 뛰어드는 격이군, 엎친 데 덮치다 혹은 늑대를 피하려다 호랑이를 만나다'라고 번역을 하는 전략을 취하였으면 청자가 더 쉽게 이해하는 효과를 가져 올 수 있었을 것이다.

---

34) "축소번역: 출발어와 원문내용이나 의미 또는 문제를 변경, 생략, 삭제, 압축과 같은 형태로 도착어 텍스트에 문장길이를 줄이거나 핵심의미 표현으로 전달하는 번역을 말한다(박윤철, 2007, p.125)." 특히, 영상의 특징인 "영화자막의 양적 축소는 자막번역의 특성 내지는 제약으로서, 당연히 전개되거나, 적극적으로 추구해야 하는 보편적 현상으로 널리 인정되고 있다. 자막의 양적 축소는 감흥과 정보를 전달함에 있어 간결하게 표현하려는 언어사용의 한 측면으로 설명되기도 한다(장민호, 2008, p.49)."

[ST 6]
Alec: You are absurdly melancoly, Tess. You can hold your
own for beauty against anyone. Queen or common.
I tell you that as a practical man who wishes you well.
If you are wise, you'll let the world get a clearer site
of that beauty. Before it fades. Why not make the most
of life? We didn't fare so badly together, did we?
Tess: I was blinded for a while, that's all.
Alec: That's what all women say.

[TT 6]
알렉: 지나치게 우울한 거 아냐, 테스?
넌 어느 누구보다도 아름다워, 왕족이든 평민이든.
네가 잘되길 바라는 뜻에서 하는 소리야.
현명하다면, 아름다움이 시들기 전에
빛나게 보이도록 해, 왜 아름다움을 감추는 거지?
우린 잘 지냈었잖아?
테스: 잠시 눈이 멀었을 뿐이에요.
알렉: 모든 여자들이 으레 하는 소리지.

　TT는 알렉이 원작의 비극성을 야기시키는 체이스 숲에서의 테스와
의 관계 이후 떠나는 테스에게 하는 대사 중에 '넌 어느 누구보다도
아름다워, 왕족이든 평민이든'이라고 번역하였으나 앞뒤 문장의 연결
성이 떨어지므로 오히려 '당신의 미모는 누구에게도 떨어지지 않아.
여왕이든 평민이든 누구에게도 말이야'로 번역하는 전략을 취하는
것이 좋으며, 또한 '아름다움이 시들기 전에 빛나게 보이도록 해, 왜
아름다움을 감추는 거지?'라고 번역한 문장도 관용적인 표현인 'make
the most of, ~을 최대한 활용하다'의 어휘적인 의미를 살리면서 '아름
다움이 시들기 전에 세상 사람들이 당신의 아름다운 모습을 보도록
해. 왜 삶을 누리지 않는 거니'라고 번역하는 전략을 취하면 청자에

게 목표텍스트의 가독성의 효과를 충족시키는 결과를 가져올 수 있다.

　　[ST 7]
Alec: I'm a bad lot. I suppose-a damn bad lot.
I was born bad, and I warrant I'll die bad.

　　[TT 7]
알렉: 난 나쁜 놈인가 봐.
정말로 나쁜 놈이야.
태어날 때도 그랬고
틀림없이 죽을 때도 그럴 거야.

　　위 예문은 원작에서 알렉이 체이스 숲에서 반 강제적으로 테스를 범하고 난 뒤 테스가 다음날 새벽에 떠나자, 테스의 뒤를 쫓아간 알렉이 테스를 만나서 자신의 행위에 대하여 언급하는 부분이다. 하디의 원작대사와 동일하게 취급한 이 장면에서 원작의 충실성과 독자를 위한 가독성을 대체로 우수하게 처리하였다. 그러나 ST의 'I suppose', 'I warrant'와 같은 화자 생각을 강조하는 연결 기능을 수행하는 담화 표지들이 생략되는 구조적 생략[35]을 보인다. 이러한 구조적 생략은 목표텍스트의 가독성을 제고해서 '태어날 때도 그랬고, 틀림없이 죽을 때도 그럴 거야'라고 번역하는 전략을 취하였으나, 오히려 원문테스트의 충실성을 충족시키는 번역의 전략을 취하면서 '난 태어날 때도 나쁜 놈이었으니, 난 나쁜 놈으로 죽을 기야'로 번역히는 것이 더욱더 효과적인 번역전략이다.

---

35) "영화 자막의 목표텍스트에 흔히 발견되는 것은 'you know', 'you see', 'oh', 'now', 'I mean'과 같은 담화 표지들이 생략된다는 것이다. 사실, 담화 표지들은 특정 의미를 가진 발화로서 기능하기보다 이전 발화와 이후 발화에 부가 설명하는 연결기능을 가지고 있다. 따라서 담화 표지들은 발화 맥락에 정보성이 낮은 의미로 구조적 생략에 해당된다(박윤철, 2008, p.180)."

　[ST 8]

Vicar: I've to baptise it before lord gathers it to his bosom.
John: What child are you speaking of?
All my children are baptised. You all know.
Vicar: Durbeyfield. Don't play games with your mighty.
John: I don't play sir. I work! I work! Like a beast of a field.
You can tell the almighty that for me!

　[TT 8]

목사: …… 주님 곁으로
가기 전에 아이에게 세례를 해줘야죠.
아버지: 아이라니요?
우리 아이들은 다 세례를 받았잖아요.
목사: 더비필드, 신과 장난해서는 안 되오.
아버지: 장난이요? 전 장난은커녕 들판의 짐승처럼 일만한다고요!
신에게 가서 그렇게 전해요!

　위 예문은 'You all know' 발화와 반복문장인 'I work!' 발화가 목표 텍스트에서 삭제되었다. 이러한 발화가 삭제되는 것은 문장 전체에서 청자들을 위해서 불필요한 문장일 수 있어서 삭제를 하였다. 그리고 더비필드는 자신이 낳은 6명의 아이들은 다 세례를 받았기 때문에 고귀한 더버빌 가문의 수치인 테스가 낳은 아이를 대외적으로 인정할 수가 없어서 내 아이들은 다 세례를 받았다고 목사에게 말한다. 그러나 목사는 테스가 낳은 아이가 세례를 받지 않았다는 것을 알기에 더비필드에게 신을 놀리지 말라고 한다. 이러한 원작의 충실성과 목표 텍스트 독자를 위한 가독성을 살려 번역자는 ST의 'play games with'를 단순한 어휘적인 의미보다는 '신과 장난하다'로 번역하여 처리하였으나 오히려 어휘적인 의미를 살려 '신을 놀리다 또는 속이다'로 표현하는 것이 청자에게 좀 더 가독성의 효과를 줄 수 있다. 그 이외 다

른 부분들은 원문텍스트의 충실성과 목표텍스트의 청자를 위한 가독
성까지 충족시키는 번역의 전략을 취하였다.

Crick: Ah well, if you can swallow that, so be it.
Tis what I hain't touched for years······
It lies in my innards like lead······
To my thinking, the beasts aren't giving all they should.

[TT 9]
크릭: 그럼 좋을 대로 해.
난 수년 동안 입에 대지도 않았지.
우유를 마시면 속이 안 좋거든.
우유가 많이 안 나오는 것 같아.

원작에서는 테스는 아이 '쏘로우'를 잃고 슬픔에서 벗어나고 새로
운 생활을 위해 일자리를 구하러 탈보테이즈 낙농장에 도착하는 장
면이다. 이 부분도 원작의 의미를 충분히 살리기 위해 폴란스키는 원
작의 내용과 동일한 대사를 사용하여 각색하였다. 그러나 영화 자막
에서는 낙농자의 주인인 크릭이 테스에게 하는 대사로 ST의 'if you
can swallow that, so be it. Tis what I hain't touched for years······ It lies in
my innards like lead' 대사를 TT에서는 '그럼 좋을 대로 해 난 수년 동
안 입에 대지도 않았지, 우유를 마시면 속이 안 좋거든'으로 번역하
는 선략을 취하였으나 자막의 특성인 시간과 공간제약의 종속을 크
게 벗어나지 않음으로 원문텍스트의 충실성과 청자의 가독성을 살려
서 '그것을 마실 수 있다면 그렇게 해. 몇 년 동안 손도 대보지 않았
지. 그걸 마시면 내 뱃속에서 납덩이가 되는 것 같아'로 번역하는 전
략을 취하는 것이 더 좋았을 것이다. 특히, 이 장면에서는 크릭 씨가

우유 통을 향하면서 테스에게 가져오는 상황에서 영상의 특성인 시각적인 이미지가 주는 효과를 살려주는 발화상황을 근거로 하여 ST의 'if you can swallow that'를 삭제하는 전략을 취하였다. 또한 ST의 'the beasts aren't giving all they should'를 명시적인 의미를 살려 '우유가 많이 안 나오는 것 같아'로 청자의 가독성을 살려서 번역하는 전략을 취하였다.

   [ST 10]
Jonathan: That's because there's a new hand come among us.
Deborah: I've known it's happened before.
Jonathan: They do say that the milk, goes
up into their horns at such times.
Angel: Anyone would think we were back in the Middle Ages.

   [TT 10]
조나단: 낯선 사람 때문에 그런 거죠.
데보라: 전에도 이런 일이 있었어요.
조나단: 우유가 뿔로 간다고 하잖아요.
에인젤: 누가 들으면 우릴, 중세시대 사람으로 알겠군요.

위 예문은 원작을 충실하게 각색하여 처리한 부분이며 테스가 일자리를 구하기 위해 탈보테이즈 낙농장에 도착해서 일하는 사람들을 시켜볼 때 일하는 사람과 주인 부부와 일꾼이 하는 내사이나. 내사 중 ST의 'there's a new hand come among us' 발화를 TT의 '낯선 사람 때문에 그런 거죠'라고 번역하는 전략을 취하였으나 원문텍스트의 충실성과 목표텍스트 청자의 가독성을 높이기 위해서는 'a new hand'를 일반적인 어휘의 의미인 '낯선 사람'으로 처리하는 것보다 일하러 온 테스를 '새로운 일꾼이 왔기 ……'라고 번역하여 처리하는 것이 문맥의 흐름에 더욱더 맞는 번역방법이다. 또한 위 예문에서 자막의 특징인 공간적 제약을 고려하여 'I've known'과 'They do say that'을 생략하였다. 이러한 생략은 영상번역에서 흔히 발생하는 "언어의 경제[36] 효과로서 같은 감흥과 정보를 전달함에 있어 발화의 의미전달을 간결하게 표현하려는 언어생활의 한 측면이다."[37]

[ST 11]
Tess: And stare at it with all your might.
And by and by you feel you are falling into the sky.
Miles and miles from your body which
you con't seem to need at all.

[TT 11]
테스: 그렇게 쳐다보면, 하늘로 빨려 들어가는 느낌이 들죠.
육체와 점점 멀어져 육신을, 전혀 느끼지 못하게 돼요.

위 예문에서 연결어인 'and' 발화요소가 생략된 것을 발견할 수 있다. 이와 같이 연결어가 생략된 부분은 테스가 식탁에서 식사를 하는 동료들에게 영혼과 육체에 대한 부분을 계속해서 시적인 표현으로 설명하는 의미이기 때문에 생략하였다. 그리고 TT는 ST의 'with all your might, 전력을 다하여'라는 부분을 생략하여 '그렇게 쳐다보면'으로 처리히였으나 충실성과 기독성을 살려 '정신을 집중해시 하늘을

---

36) 영상자막에서는 출발어와 도착어의 길이로 인하여 언어의 경제와 불경제는 끊임없이 야기되는 번역상의 문제이다. "출발어의 메시지가 도착어와는 다른 문화적 배경을 전제하고 있다면 번역자의 경제하려는 의지(her will to economize)에도 불구하고 도착어는 길어질 수밖에 없는 경우도 많이 있다. 그러나 이런 길어진 번역이 언어의 불경제(linguistic dyseconomy)를 의미하는 것은 아니다. 언어의 경제는 상대적인 개념이다. 더 길어질 수도 있는 도착어의 대안 표현 중에 번역자는 가장 짧은 것을 선택하는 것도 언어의 경제인 것이다(장민호, 2004, p.115)."

37) 장민호, 2004, p.105.

쳐다보면'으로 처리하는 것이 바람직하다. 또한 TT는 ST의 'by and by'와 'Miles and miles'를 생략 또는 점점이라고 함축적으로 번역이 되어 있지만 테스가 말하는 이 부가어들은 육체에서 영혼이 이탈하는 거리감을 설명한 부분이어서 '곧, 잠시 후'와 수천 마일 또는 까마득히 멀리'라는 부분으로 번역하는 전략을 취하는 것이 더 원작의 의미를 전달하는 데 유용한 번역이 될 것이다.

[ST 12]
Angel: I have other plans.
Mr. Clare: Other plans?
Angel: Very much sir.
Mercy Chant appeals more to you than she does to me.
I'm not disputing her merits.
I'm only speaking of my own inclinations.
Mrs. Clare: My dearest boy.
Mr. Clare: Angel, just remember you're addressing your parents!

[TT 12]
에인젤: 전 다른 계획을 갖고 있어요.
아버지: 다른 계획?
에인젤: 네, 아버지.
머시 첸트는 저보다, 두 분이 더 좋아하시죠.
그녀가 훌륭하다는 건 알지만
제 의견을 말씀드리고 싶어요.
어머니: 얘야!
아버지: 에인젤, 지금 누구와 대화를, 나누는지 잊지 말거라!

위 예문은 에인젤의 부모님이 독실한 기독교 신자이고 고귀한 가문의 자녀인 머시 첸트를 아들 에인젤의 배후자감으로 일찍부터 생각하고 있어서 이것을 알고 있는 에인젤이 부모에게 반항적으로 발화하는 장면이다. TT의 에인젤이 발화하는 '머시 첸트는 저보다, 두 분이 더 좋아하시죠'라고 번역하였는데 부모의 마음을 알면서도 테스를 배우자로 생각하고 있기에 원작의 의미를 살려 '머시 첸트는 저보다도 부모님들의 마음에 드는 처녀입니다'라고 번역하여 처리하고, 그리고 아버지로부터 꾸지람 비슷하게 당하는 ST의 'just remember you're addressing your parents'를 오히려 꾸지람을 살려서 '에인젤, 그걸 부모에게 하는 말이라고 하느냐!'로 번역하는 전략을 취하는 것이 더 바람직하다고 여겨진다.

    [ST 13]
Angel: Tessy, darling!
Happiness seems to put an edge on my appetite.
I'm starving.

    [TT 13]
에인젤: 오, 내 사랑.
행복이 내 식욕을 돋우는군.

위 예문에서 Tessy라는 애칭은 작품 전체에서 발화자인 에인젤이 테스에게서 마침내 결혼에 대한 긍정적인 답을 받자 에민스터 사제관에 계신 부모님에게 테스의 존재를 말하고 난 뒤에 테스를 만났을 때 가장 행복한 화자의 감정을 강하게 표현하는 애칭인데도 자막번역의 성격상 생략하였다. 그러나 문학작품을 각색하여 영상화한 경우에는 일반적인 호칭의 개념이 아닌 작품 전반의 플롯을 구성하는 부분의 애칭이나 감탄어구는 생략하는 것보다 번역하는 것이 오히려 청자들에게 원작의 의미를 살려주는 효과를 준다. 또한 위 예문에서 ST의 'put an edge on'의 어휘적인 의미는 '(칼 따위를)갈다, 연마하다'이나 목표

텍스트 청자의 가독성을 충족시키기 위해 '행복이 내 식욕을 돋우는
군'으로 번역 처리하여 문장흐름을 잘 연결하였으나, 이 원문텍스트
문장의 대안번역으로 '행복하니까 식욕이 생기네 또는 식욕이 절로
나는 것 같군요'라고 번역하는 전략을 취하면 가독성뿐만 아니라 추
가적으로 원문텍스트의 충실성까지 충족시키는 번역이 될 수 있다.

3) 결론

하디의 원작 『더버빌가의 테스』를 충실하게 각색하여 영상화한 감
독 폴란스키는 테스를 너무나 사랑하여 원작소설의 대사를 그대로
시각적인 이미지로 옮긴 것으로도 유명하다. 본 논문에서는 비록 원
작이 주는 가부장적인 시대에 살아가는 테스의 강한 여성성의 이미
지와 당대의 이데올로기 및 테스를 둘러싸고 있는 내재적인 의지에
비롯된 비극적 요소에 초점을 맞추지는 않았지만 원작을 충실하게
각색한 영화 <테스>의 등장인물의 대사를 통한 원작의 의미가 얼마
나 충실하게 전달이 되었는지 그리고 관객을 위해 얼마나 가독성을
잘 살렸는지에 주안점을 두고 분석하였다. 물론, 소설 원작의 의미를
충실하게 번역하는 TT의 가독성의 의미가 영상으로 옮겼을 때 자막
을 통하여 관객에게 선하는 충실성과 가독성의 효과에 대한 측정은
아주 다를 것이다. 폴란스키 감독은 원작자 하디가 독자에게 전달하
려고 하는 메시지를 깊이 있게 생각하여 원작에서 사용한 대사를 영
화 속에서 충실하게 각색하여 영상으로 옮겼다.

영화 <테스>는 180분의 긴 상영시간 동안에 펼쳐지는 영화 속의
테스라는 가녀린 여인을 중심으로 알렉 더버빌과 에인젤 클레어의

멜로드라마적 대사와 장면에 초점이 맞추어진 것 또한 간과할 수 없다. 전체적으로 영화 <테스>의 자막번역은 시간 및 공간적 제약에 충족해야 하는 작업임에도 불구하고 원작의 충실성을 위해 직역과 의역을 혼합한 번역이었으나, 사례분석에서 충실성과 가독성을 높이기 위해 대안번역을 제시한 것과 같이 문학작품의 성격을 살려서 번역을 하였으면 하는 아쉬움이 남는다. 또한, 자막번역에서 흔히 발생하는 번역의 전략인 축소번역, 생략, 삭제 및 언어의 경제들이 영화 전반에 발생하지만 하디의 원작 『더버빌가의 테스』의 의미를 손상시키거나 왜곡된 부분은 없었으며 오히려 영상을 통하여 원작을 이해하는 결과를 가져오기도 하였다. 영상번역자가 자막을 처리함에 있어서 문학작품의 특성을 살려 청자의 가독성을 높이기 위해 의역을 지향하는 부분이 있어 애매모호한 부분도 있었지만 대체적으로 자막언어의 간결성과 경제성을 고려한 번역 또한 두드러졌다.

영화번역은 일반번역과는 달리 발화, 텍스트, 영상, 음향 등 다양한 기호를 대상으로 하여 텍스트 형식의 자막을 생산하는 작업이다. 영화번역을 제외한 일반번역이 한 언어의 텍스트에서 다른 언어의 텍스트로 수평 이동하는 언어 간 번역이라면 영화번역은 기호 간 번역이라는 점이 큰 특징이다. 영화번역은 영상과 함께 자막이 존재해야 하는 시간의 제약, 자막이 스크린의 일정부분을 넘지 않아야 하는 공간적 제약을 준수해야 한다는 점이 일반번역과 획연하게 다른 점이다. 예를 들면, 한글의 경우는 띄어쓰기를 제외하고 극장용 영화는 화면당 2줄을 기준으로 한 줄당 8자까지를 유지하며, 자막은 화면과 같은 시간 동안만 남아 있을 수 있다는 번역지침이 번역과정에 적용되고 있다. 영화번역에 따르는 시간 및 공간적 제약은 영화번역자에게는 축소의 압력으로 작용한다. 이런 점 때문에 자료 코퍼스의 영화번역에서도 축소번역이 많이 발견되는 것이다. 이렇듯 영화번역에 있어서 축소번역이나 간결성과 경제성을 추구하는 언어의 경제 등이 발생하는 것은 원문텍스트가 담고 있는 의미가 번역과정에서 어느 정도 감소되거나, 첨가되거나 하여 왜곡되는 것이 불가피한 경우가 발생하게 되는 데 그 이유가 있으며, 그 이유는 원문텍스트와 목표텍스트의 언어체계가 다르고, 엄밀한 의미의 일대일 대응은 곤란하기 때문이다.38) 자막번역은 원작소설의 번역과는 다르게 원작을 감독이 전하고자 하는 메시지 중심으로 최대한 감독이 추구하고자 하는 각색을 선택해서 청자의 입장에 맞게 영상화한 것을 자막번역의 개념에 맞게 번역하는 것이다. 그러므로 영상번역자는 원작이 주는 충실성과 목표텍스트 독자가 받는 가독성의 효과를 청자에게 자막으로 전달했을 때 마치 자막이 없이 본 것과 같은 효과를 주는 번역의 전략을 취하는 것이 중요하다.

---

38) 장민호, 2007, pp.4~5 재인용.

참고문헌

고영란, 「워더링 하이츠의 영화화와 멜로드라마」, 『문학과 영상』,(문학과 영상
　　　학회) 2, 2002.
＿＿＿, 「소설 『테스』의 전지적 작가시점과 영화 <테스>의 클로즈업」, 『수원
　　　대학교 논문집』 23, 2005.
곽세, 「Tess of the D'urbervilles에 나타난 비극의 상징과 요인」, 충남대학교 교육
　　　학석사학위논문, 1992.
권미선, 「번역, 모순된 작업」, 『번역비평』 창간호, 고려대학교출판부, 2007.
김경희, 「문학번역에서의 충실성 문제」, 『통역과 번역』, 제12권 1호, 2010.
김명균, 「아동문학번역의 충실성과 가독성 연구-루이스 캐롤의 『이상한 나라
　　　의 앨리스』를 중심으로」, 『신영어영문학』, 2009.
＿＿＿, 「토마스 하디의 소설 『더버빌가의 테스』의 영화화와 자막연구-로만
　　　폴란스키의 <테스>를 중심으로-」, 『번역학연구』, 제10권 3호, 2009.
김서정, 『멋진 판타지』, 굴렁쇠, 2002.
김숙희, 「Tess of the D'Urbervilles에 나타난 순결과 비극의 문제」, 조선대학교
　　　석사학위논문, 1997.
김순영, 「『이상한 나라의 앨리스』를 통해 본 언어유희의 번역」, 『번역학연구』,
　　　제8권 2호, 2007.
김선형, 「문학번역의 이론과 실제 그리고 평가-번역자의 입장에서」, 영미문학
　　　연구회, 2008.
김욱동, 『번역인가 반역인가』, 문하수첩, 2007.
김한성, 「번역태도의 자국화와 이국화: 일본어 소설 『고도』의 영역 및 한역 비
　　　교분석」, 번역학연구, 제12권 1호, 2011.
김효중, 『번역학』, 민음사, 1998.
＿＿＿, 『새로운 번역을 위한 패러다임』, 푸른사상, 2004.
김희진, 「문학번역의 충실성 개념 재고-『이상한 나라의 앨리스』에 나타난 음
　　　성적 언어유희의 한국어와 프랑스어 번역을 중심으로」, 『통번역학연
　　　구』, 제13권 2호, 한국외대출판부, 2010.

남성우, 『통번역의 이해와 수행』, 한국문화사, 2006.

류현주, 「로만 야콥슨의 번역이론과 영상번역: 우리말 사용 실태를 중심으로」, 『번역학연구』, 제9권 4호, 한국번역학회, 2008.

______, 「문학번역비평-오만과편견」, 『통번역학연구』, 제13권 1호, 2009.

______, 「비평 담론에서의 "낯설게 하기"와 "이국화"」, 『영미어문학』, 제92호, 2009.

문학과 영상학회, 『영미문학 영화로 읽기』, 동인, 2001.

박수현, 「댄 브라운의 『다빈치 코드』 번역 연구-충실성과 문학장르의 특징을 중심으로」, 부산외국어대학교 통역번역대학원 석사학위논문, 2009.

박용삼, 『번역학 역사와 이론』, 숭실대학교, 2003.

박윤철, 「영화자막에서 시각기호에 의한 축소번역: 영상번역 중심으로」, 『번역학연구』, 제8권 1호, 한국번역학회, 2007.

______, 「자막번역의 생략과 삭제」, 『번역학연구』, 제9권 4호, 한국번역학회, 2008.

변선희, 「문학번역의 열린 특성」, 『통역번역연구소 논문집』, 제6집, 2002.

선이미, 「『이상한 나라의 앨리스』에 나타난 자국화와 이국화 번역연구」, 부산외국어대학교 통역번역대학원 석사학위논문, 2009.

손정희, 『소설, TV드라마를 만나다』, 푸른사상, 2008.

송수진, 「토마스 하디의 『더버빌 가의 테스』 영한 번역 연구」, 성균관대학교 번역대학원, 2002.

시공디스커버리총서, 『루이스 캐럴-이상한 나라의 앨리스와 만나다』, 시공사, 2001.

쓰지 유미, 『번역자 산책』, 이희재 역, 궁리, 2001.

양영수, 『산업사회와 영국소설』, 동인, 2007.

양윤정, 『황금빛 오후의 만남-루이스 캐럴의 판타지동화 앨리스의 세계』, 열음사, 2006.

영미문학연구회 번역평가사업단, 『영미명작, 좋은 번역을 찾아서 1』, 창비, 2005.

우에노 료, 『현대 어린이문학』, 햇살과나무꾼 역, 사계절, 2003.

유명우, 「한국의 번역과 번역학」, 『번역학연구』, 제1권 창간호, 2000.

윤수진, 「특수한 경우: '낯섦'을 '낯설게' 번역하기」, 『번역비평』, 창간호, 고려대학교출판부, 2007.

윤천기, 「텍스트의 충실성의 문제: 폴란스키의 『테스』와 하디의 『더버빌가의 테스』」, 『신영어영문학』, 42, 신영어영문학회, 2009.

이근희, 『번역의 이론과 실제』, 한국문화사, 2005.

이보영 편저, 『비극적 소설을 중심으로 본 토마스 하디 연구』, 예림기획, 2003.

이석규 외 5인, 『우리말답게 번역하기』, 역락, 2002.

이유선, 『판타지문학의 이해』, 역락, 2005.

이은숙, 「문학번역 평가의 문제: 충실성과 가독성을 중심으로」, 『통역과 번역』, 제10권 2호, 한국통역번역학회, 2008.

______, 『번역의 이해』, 동인, 2009.

______, 「문학번역평가에 대한 고찰: 충실성을 중심으로」, 『통역과 번역』, 제13권 2호, 2011.

이일범 편저, 『영상예술의 이해』, 신아사, 1999.

이향, 『번역이란 무엇인가』, 살림, 2008.

이향만, 「소설 각색영화와 비평의 패러다임: 미국 소설 영상 읽기」, 『문학과 영상』, 2, 문학과 영상학회, 2003.

이형식·정연제·김명희, 『문학텍스트에서 영화텍스트로』, 동인, 2004.

이혜승, 「외국인에 의한 한국 문학번역 고찰」, 『통역과 번역』, 제12권 1호, 2010.

이희재, 『번역의 탄생』, 교양인, 2009.

장민호, 『번역과 언어의 경제: 영화번역을 중심으로』, 『국제회의 통역과 번역』, 6-2, 한국통역번역학회, 2004.

______, 『영화번역에서의 텍스트 축소와 메시지 변화』, 『국제회의 통역과 번역』, 9-1, 한국통역번역학회, 2007.

______, 『번역과 자막』, 한국문화사, 2008.

장정희, 『토마스 하디와 여성론 비평』, L. I. E, 2007.

전봉주, 「제인 오스틴의 영화적 재생산-<오만과 편견>」, 광운대학교 박사학위논문, 2007.

전성기, 『佛韓 번역 대조 분석』, 어문학사, 1996.

______, 「번역비평과 해석」, 『불어불문학연구』 72집, 한국불어불문학회, 2007.

______, 「인문학 번역과 번역 문법」, 『번역비평』 창간호, 고려대학교 출판부, 2007.

전헌호, 「번역의 이론」, 『가톨릭사상』, 대구가톨릭대학교출판부 가톨릭사상연구소, vol.29, 2003.

전현주, 『번역비평의 패러다임』, 한국학술정보, 2008.

전혜선, 「토마스 하디의 『더버빌가의 테스』와 로만 폴란스키의 <테스>: 빅토리아시대 여성성을 중심으로」, 광운대학교 석사학위논문, 2005.

정혜용, 「번역비평 규범으로서의 가독성과 충실성 개념」, 『프랑스문화예술연구』, 20집, 2007.

＿＿＿, 「번역문학 비평을 위하여」, 『한국번역비평학회』, 고려대학교출판부, 2007.

조성원, 「번역평가 기준으로서의 '충실성'과 '가독성'에 대하여-영미문학연구회 번역평가사업에 대한 소고」, 영미문학연구회, 2007.

최의식, 「문학번역의 이론과 실제-발자크의 『고리오 영감』을 중심으로」, 홍익대학교 대학원, 2008.

최정화, 『통역번역입문』, 신론사, 1998.

＿＿＿, 『통역 번역자에 도전하라』, 넥서스, 2001.

최진혁, 「문학번역의 언어 내외적 접근-『프랑켄슈타인』번역 사례를 중심으로」, 한국항공대학교 석사학위논문, 2008.

한국천주교 주교회의 성서위원회, 『공동 번역 성서』, 한국천주교중앙협의회, 2005.

한인경, 「번역에서의 등가에 대한 연구-그 개념과 구현양상을 중심으로」, 서울대학교대학원 석사학위논문, 2000.

허미란, 「영한번역의 충실성과 가독성 연구-The Great Gatsby를 중심으로」, 부산외국어대학교 통역번역대학원, 2006.

허상문, 『영국소설의 이해』, 우용, 2001.

＿＿＿, 『주제별로 보는 우리 생애 최고의 영화』, 영남대학교출판부, 2009.

황선길, 『문법파괴 영상번역』, 범우사. 1999.

Anonymous, "The Literature/Film Reader: Issues of Adaptation," *Literature/Film Quarterly* 36.3. 2008.

Baker, Mona, *In Other Words*, London and New York: Routledge, 1992.

＿＿＿, (ed) *Routledge Encyclopedia of Translation Studies*, London & New York: Routledge. 1998.

＿＿＿, 『말바꾸기』, 곽은주·최정아 외 2인 역, 한국문화사, 2005.

＿＿＿, 편집, 『라우트리지 번역학 백과사전』, 한국번역학회 옮김, 한신문화사, 2009.

Bassnett-McGuire, Susan, *Translation Studies*, (London: Methuen and Co. Ltd, 1980.

＿＿＿, 『번역이란 무엇인가』, 김지원·이근희 역, 한신문화사, 2004.

Carroll, Lewis, *Alice in Wonderland*, Ed. Donald J. Gray. New York: Norton & Company Inc., 1992.

Corrigan, Timothy, *Film and Literature: An Introduction and Reader*, New Jersey: Prentice-Hall, 1999.

Fierz, C. L. "Polanski misses: A Critical Essay Concerning Polanski's Reading of Hardy's Tess," *Literature/Film Quarterly*, 27.2(1999).

Gussow, Adam, "Dreaming Holmberry-Lipped Tess: Aboriginal reverie and spectatorial desire in Tess of the D'urbervilles," *Studies in the Novel*. 32.4(2000).

Harbinson, Christopher, "Echoes of Keats's 'Lamia' in Hardy's Tess of the D'Urbervilles," Notes and Queries, 49.1, 2002.

Hardy, Thomas, *Tess of the D'urbervilles*, ed., Scott Elledge, New York: Norton & Company Inc. 1991.

Ingham, Patricia, *The Language of Gender and Class*, London and New York: Routledge, 1996.

Israël, Fortunato, 『통번역과 등가』, 이향·편혜원·김도훈 역, 한국문화사, 2004.

Jackson, R, *Fantasy: The Literature of Subversion*. London: Methuen and Co. Ltd., 1981.

Koller, Werner, 『번역학이란 무엇인가』, 박용삼 역, 숭실대학교출판부, 1990.

Kramer, Dale, *Critical Essays on Thomas Hardy: The novels*, Boston: G. K. Hall & Co. 1990.

Laurence, Raw, "Adaptation Studies: Its Past, Present, and Future," *Literature/Film Quarterly*, 36-1, 2008.

Munday, J, 『번역학 입문』, 정연일·남원준 역, 한국외국어대학교출판부, 2006.

______, *Introducing translation Studies*, Routledge, London and New York, 2008.

Nelson, Brian, "Preface: Translation Lost and Found", Australian Journal of French Studies, Victoria: Vol. 47, Iss.1. Jan-Apr 2009.

Neubert, A & Shreve, G. M. *Translation as Text*, The Kent State University Press, Kent, Ohio, 1992.

Newmark, Peter, *About Translation*, Multilingual Matters Ltd, Clevedon, 1991.

Nida, E. A, 『언어 간 의사소통의 사회언어학』, 송태효 역, 고려대학교출판부, 2002.

Nishimura, Satoshi, "Language, Violence, and Irrevocability: speech acts in Tess of the D'urbervilles," *Studies in the Novel*, 37.2(2005).

Nord, Christiane, 『번역행위의 목적성』, 정연일·주진국 옮김, 한국외국어대학교, 2006.

Schulte, Rainer & Biguenet John, 『번역이론: 드라이든에서 데리다까지의 논선』, 이재성 옮김, 동인, 2009.

Steiner, George, *After Babel-aspects of language & translation*, Oxford University Press, Oxford,1998.

Strong, Jeremy, "Tess, Jude, and the Problem of Adapting Hardy," *Literature/Film Quarterly*, 34.3(2006).

Venuti, L., *The Translator's Invisibility*, Routledge, Londonand New York, 1995.

______, *The Translator's Invisibility*, Routledge, London, 2008.

Widdowson, Peter, *On Thomas Hardy: Late Essays and Earlier*, Basingstoke: Macmillan, 1998.

참고 사이트

http://100.naver.com/100.nhn?docid=149591

www.bbc.co.uk/tess/

분석 텍스트

American Film, <Tess>, 1979.

BBC Drama, <Tess of the D'urbervilles>, 2008.

Carroll, Lewis, 『이상한 나라의 앨리스』, 손영미 역, 시공사, 2001.

______, 『이상한 나라의 앨리스』, 심상우 역, 계림, 2005.

______, 『이상한 나라의 앨리스』, 이동민 역, 소담, 1993.

______, 『이상한 나라의 앨리스』, 최용준 역, 열린책들, 2007.

______, 『이상한 나라의 앨리스』, 최인자 역, 북폴리오, 2005.

Hardy, Thomas, 『더버빌가의 테스』, 김보원 역, 서울대학교출판부, 2000.

______, 『더버빌가의 테스』, 김회진 역, 범우사, 1981.

______, 『더버빌가의 테스』, 신대현 역, 홍신문화사, 1992.

______, 『더버빌가의 테스』, 유녕숙 역, 문학동네, 2011.

______, 『더버빌가의 테스』, 이동민 역, 소담, 1994.

______, 『더버빌가의 테스』, 이진석 역, 청목, 1989.

______, 『더버빌가의 테스』, 이호규 역, 혜원출판사,1991.

______, 『더버빌가의 테스』, 정종화 역, 민음사, 2009.

김명균(金明均) ──────────────────────────────

  현) 대구외국어대학교 영어통번역전공 교수

  『(러시아 전래동화) 쉽게 읽는 러시아어』
  『(번역연습을 위한) 시사영어 1』

  「아동문학번역의 충실성과 가독성 연구-루이스캐롤의 『이상한 나라의 앨리스』를 중심으로-」
  (2009)
  「소설 『더버빌가의 테스』와 영화 <테스> 및 드라마 <더버빌가의 테스> 비교연구」(2009)
  「토마스 하디의 소설 『더버빌가의 테스』의 영화화와 자막연구」(2009)
  「老舍의 『月牙兒』과 토마스 하디의 『더버빌가의 테스』에 관한 비교연구」(2010)
  「문학번역의 가독성 연구: 토마스 하디의 『더버빌가의 테스』를 중심으로」(2011)
  「영한문학번역 평가에 있어서 충실성 연구」(2011)
  「번역비평: 번역대상 독자를 위한 번역전략」(2012)
  외 다수

번역연구

초 판 인 쇄 | 2013년 3월 8일
초 판 발 행 | 2013년 3월 8일

지 은 이 | 김명균
펴 낸 이 | 채종준
펴 낸 곳 | 한국학술정보㈜
주   소 | 경기도 파주시 문발동 파주출판문화정보산업단지 513-5
전   화 | 031) 908-3181(대표)
팩   스 | 031) 908-3189
홈 페 이 지 | http://ebook.kstudy.com
E - m a i l | 출판사업부 publish@kstudy.com
등   록 | 제일산-115호(2000. 6. 19)

ISBN   978-89-268-4130-3 93740 (Paper Book)
           978-89-268-4131-0 95740 (e-Book)